DRUMMOND
Da Rosa do Povo à Rosa das Trevas

DRUMMOND
Da Rosa do Povo à Rosa das Trevas

Prêmio **anpoll** 2000 de Literatura

Vagner Camilo

Ateliê Editorial

Copyright © 2001 by Vagner Camilo

Direitos reservados e protegidos pela Lei 9.610 de 19.02.1998.
É proibida a reprodução total ou parcial sem autorização, por escrito, da editora.

1ª edição, 2001
2ª edição, 2005

Dados Internacionais de Catalogação na Publicação (CIP)
(Câmara Brasileira do Livro, SP, Brasil)

Camilo, Vagner
Drummond: Da Rosa do Povo à Rosa das Trevas / Vagner
Camilo. – São Paulo: Ateliê Editorial, 2001.

Bibliografia.
ISBN 85-7480-050-3

1. Andrade, Carlos Drummond de, 1902-1987 – Crítica e Interpretação   I. Título.

01-2107   CDD-869.9109

Índices para catálogo sistemático:
1. Poesia: Literatura brasileira: História e crítica   869.9109
2. Poetas brasileiros: Apreciação crítica   869.9109

Direitos reservados à

ATELIÊ EDITORIAL

Estrada da Aldeia de Carapicuíba, 897

06709-300 – Granja Viana – Cotia – SP

Telefax (11) 4612-9666

www.atelie.com.br / e-mail: atelie_editorial@uol.com.br

2005

Impresso no Brasil

Foi feito depósito legal

SUMÁRIO

Agradecimentos 13

INTRODUÇÃO

1. Movimentos de Passagem 17
2. Fortuna e Infortúnio Críticos 23

PARTE I
ENTRE O ESTETICISMO ESTÉRIL E O DOGMATISMO PARTIDÁRIO

1. A Constituição de um Campo Literário Autônomo: Formalismo
   e Especialização do Trabalho Artístico nos Anos 40-50 49
2. As Razões do Pessimismo: Sectarismo Ideológico no
   Contexto da Guerra Fria 63
3. Uma Retirada Estratégica 89

PARTE II
DA COMUNICAÇÃO PRECÁRIA AO SILÊNCIO DAS PEDRAS: *NOVOS POEMAS* (1948)

1. Do Impulso Amistoso ao Mergulho no Nirvana 103

2. Do Mergulho no Nirvana ao Obscuro Enigma das Pedras 123

PARTE III
DA ROSA DAS TREVAS À LUZ DO ROSÁRIO: *CLARO ENIGMA* (1951)

1. Sondagem Periférica do Enigma 151
   Dedicatória 152
   Epígrafe 157
   O Rigor da Arquitetura 164
2. Da Sombria Aceitação da Noite ao Legado do Impasse 169
   A Total Imanência na Noite 172
   Entre o Talvez e o Si 182
3. A Poética do Impasse: Do Lamento ao Tédio e à Agressão 191
   Entre o Lamento e o Contentamento de Escrever 191
   Um Suspiro sem Paixão 194
   Hermetismo Injurioso 198
4. Entre o *Desengaño* e uma Utopia Desencarnada 205
   Engaños e Desengaños 205
   Do Sonho ao Despertar 210
   Do Asfalto à Alameda 215
5. Elementos de uma Cosmovisão Trágica 227
6. Drummond *Héautontimorouménos*: Culpa Social 243
7. No Tribunal do Clã Mineiro: Culpa Familiar 263
8. Culpa, História e Natureza 277
   "Toda História é Remorso" 277
   Do Pó ao Pó: A História como Natureza 287
9. Ouro sobre Azul: Revelação Final 299

BIBLIOGRAFIA 313

Drummond: Da Rosa do Povo à Rosa das Trevas

À memória de Antônio Augusto e Maria Augusta (vivos em mim) e "a um (outro) varão que acaba de nascer" (Leonardo).

A Isabel, Viviane e Vilma, sempre.

O negro e o cinzento da arte moderna, a sua ascese de cores é, negativamente, a sua apoteose [...]. Na sua tensão para a catástrofe permanente, a negatividade da arte está ligada à méthexis [nas trevas].

ADORNO

AGRADECIMENTOS

O presente estudo é uma versão ligeiramente modificada da tese de doutorado apresentada ao Departamento de Teoria Literária do Instituto de Estudos da Linguagem (IEL) da Unicamp em setembro de 1999 e argüida por uma banca composta pelos professores doutores Bento Prado Junior, Iumna Simon, Alcides Vilaça e Murilo Marcondes Moura, aos quais gostaria de registrar meus primeiros agradecimentos pela leitura atenta e sugestões valiosíssimas. Ao Prof. Bento Prado, em especial, agradeço também pelo belo depoimento de quem conheceu de perto o contexto responsável pela guinada poética de *Claro Enigma* e ao qual alude na apresentação gentilmente feita para este livro. A Iumna Simon devo ainda mais: o delineamento dos contornos definitivos do contexto de especialização do trabalho artístico a que se reporta o livro, graças ao curso dedicado à lírica brasileira nos anos 40 e 50, por ela ministrado na Pós-Graduação do IEL. Além dela, Roberto Schwarz (que integrou a banca do exame de qualificação da tese) muito contribuiu, sobretudo para as discussões da primeira parte do livro.

A Fernando Py devo o acesso aos originais de *Claro Enigma*, que foi pronta e gentilmente franqueado por intermédio de Suetônio Valença e

Raquel Valença, aos quais vão aqui também meus agradecimentos. A Raquel agradeço ainda a recepção simpática na Fundação Casa de Rui Barbosa, para a pesquisa no acervo de Drummond, no Museu-Arquivo de Literatura Brasileira.

Ao CNPq, agradeço a bolsa concedida entre 1995 e 1998.

Vai, ainda, um agradecimento especial a André Mota, pelas consultas históricas, e a Roberto Pereira, pela presença sempre amiga.

Por último (mas sempre em primeiro lugar), a Vilma Arêas, mais do que agradecimento (nunca suficiente), vai minha *gratidão* – essa *palavra-tudo*, como diria Drummond – pelo tanto que aprendi nesses anos todos de convívio próximo e que está além, muito além das exigências da orientação.

Drummond: Da Rosa do Povo à Rosa das Trevas

INTRODUÇÃO

1

Movimentos de Passagem

Na introdução a *Poesia e Poética de Carlos Drummond de Andrade*, John Gledson notava uma tendência cada vez mais freqüente, na recepção crítica do poeta itabirano, de se

desistir da interpretação global da poesia, já tentada principalmente por Sant'Anna e Merquior, e uma volta ao estudo 'parcial' – a palavra é de Silviano Santiago, e o seu livro, um exemplo excelente desse tipo de estudo[1].

Além de Santiago, lembra ainda o estudo de Iumna Simon, também parcial, por se ater a um livro em particular (*A Rosa do Povo*). O presente estudo vem confirmar essa tendência, visto que se ocupa apenas do exame específico da guinada classicizante operada na lírica de Drummond dos anos 50, com a publicação de *Claro Enigma* (1951) e prenunciada pela magra antologia de 1948, intitulada *Novos Poemas*.

O alcance dessa guinada foi e tem sido objeto de polarização da crítica[2], não raramente tendendo a uma apreciação pouco valorativa, quan-

---

1. John Gledson, *Poesia e Poética de Carlos Drummond de Andrade,* São Paulo, Duas Cidades, 1981, p. 16.
2. Tal polarização é assim resumida por Francisco Achcar: "Houve quem celebrasse essa direção [a da poesia de *Claro Enigma*] como sinal de amadurecimento do poeta, como expressão

do confrontada com a *poesia social* de *A Rosa do Povo* (1945) ou mesmo com a poesia *objetual* de *Lição de Coisas* (1961). Sobre essa tendência considerável na recepção crítica do livro de 51 é possível dizer de antemão que muitas das ressalvas feitas pelos intérpretes parecem decorrer seja da desconsideração para com as articulações mais íntimas e sempre dialéticas que unem o pessimismo e o formalismo de *Claro Enigma* a certas especificidades do contexto político e estético dos anos 40-50; seja da incompreensão frente à reapropriação drummondiana do legado "clássico", que nada tem de *regressiva* ou *restauradora*, como se costuma supor. Em contrapartida, os raríssimos intérpretes que chegaram a considerar algo nesse sentido não o aprofundaram de forma satisfatória, a ponto de dispensar novas investidas críticas.

Em virtude disso, a presente abordagem tem por objetivo retomar tais articulações e examiná-las mais detidamente, elegendo, para tanto, duas balizas históricas que parecem atuar de forma mais decisiva nessa viragem poética. De um lado, o neoclassicismo e o formalismo do livro são vistos em relação a um momento marcado, entre nós, pela crescente especialização do trabalho artístico, à qual se refere Antonio Candido, de maneira sumária, em conhecido estudo[3]. De outro, a frustração do projeto lírico-participante dos anos 40 e o pessimismo social dominante na obra são vistos como decorrência do radicalismo ideológico do PC no pós-guerra, que levaria à imposição do realismo socialista como padrão artístico a ser seguido à risca, de acordo com a orientação jdanovista proveniente da matriz soviética.

Merquior já havia reconhecido a razão dessa viragem na "intolerância dos grupos de extrema-esquerda", embora sem lhe dar contornos e fundamentos históricos mais nítidos, e sem estabelecer o contraponto, visado aqui, com o contexto de especialização do trabalho intelectual e

de aprofundamento em suas preocupações existenciais e especulativas, e testemunho de grande mestria verbal. Outros – os que privilegiaram o lado renovador de Drummond – viram no livro uma 'virada' reacionária, um retrocesso afinado com a campanha, promovida pela 'Geração de 45', de 'restauração' das convenções pré-modernistas" (Francisco Achcar, *A Rosa do Povo* e *Claro Enigma: Roteiro de Leitura*, São Paulo, Ática, 1993, pp. 54-55).

3. Antonio Candido, "Literatura e Cultura de 1900 a 1945", *Literatura e Sociedade*, São Paulo, Companhia Editora Nacional, 1985.

Drummond: Da Rosa do Povo à Rosa das Trevas

artístico. Foi ele também quem reconheceu, com justiça, que, apesar do embate frustrado de Drummond com essa intolerância, "vários textos em prosa e em verso nos provam que ele não se afastou absolutamente de sua sensibilidade no tocante aos problemas sociais"[4].

Assim, diante de uma conjuntura histórica marcada pela frustração da utopia revolucionária e de todo empenho participante, o sujeito lírico, que, segundo alguns intérpretes, acabaria por abandonar a "praça de convites"[5] para supostamente recolher-se ao isolamento de sua torre-de-marfim, estaria, na verdade, operando uma retirada estratégica, como espero demonstrar através do exame não só da poesia dessa fase, mas também da produção em prosa que lhe é correspondente (*Passeios na Ilha*, 1952).

A atitude, portanto, nada tem de meramente demissionária. É antes produto de uma percepção mais ampla e *distanciada* da História, que abarca além do "estreito rio presente". Uma História que se revela regida por atos recorrentes e por uma "cega destinação" (segundo a expressão de Luís Costa Lima) contra a qual todo esforço de transformação tende inevitavelmente ao fracasso, de onde o tão propalado pessimismo emergente nessa fase da obra. A essa conversão da História em Natureza associam-se outros aspectos que suponho decisivos para a devida compreensão do livro de 51. São eles a concepção de tempo cíclico, a retomada do mito e o senso de fatalidade ou destino, que, juntos, definem a herança *trágica* presente na lírica de Drummond, reconhecida por alguns intérpretes, mas muito raramente examinada a fundo. Acrescente-se a essa herança, como peça-chave, a matriz de um conflito em torno do qual muitos teóricos formularam suas definições do trágico e que também avulta com força no conjunto da obra drummondiana: *o sentimento de culpa*, já uma vez examinado, através de suas manifestações diretas e indiretas, por Antonio Candido[6]. Levando adiante o que revelou o crítico, busco não só identifi-

---

4. José Guilherme Merquior, *Verso Universo em Drummond*, Rio de Janeiro, José Olympio/ SECCT, 1975, p. 193.
5. A expressão, como se sabe, foi empregada por Drummond na *Antologia Poética* de 1962 para definir suas poesias de cunho mais abertamente social.
6. Antonio Candido, "Inquietudes na Poesia de Drummond", *Vários Escritos*, São Paulo, Duas Cidades, 1995.

Introdução

car as raízes históricas dessa culpa, como também certa mudança operada no modo de lidar com ela, em virtude do pessimismo decorrente da frustração político-ideológica mencionada atrás.

Na abordagem das questões sumariadas até aqui, o presente estudo se divide em três partes, além da introdução e da revisão da fortuna crítica feita a seguir. A primeira delas é dedicada ao referido contexto de especialização do trabalho artístico e intelectual, e de recrudescimento da política cultural adotada pelo PC no pós-guerra, à luz do qual pretende-se compreender a guinada operada na lírica drummondiana e a nova atitude do poeta, sintetizada de forma mais explícita na prosa coetânea de *Passeios na Ilha*. A segunda parte ocupa-se do exame minucioso do livro de 48, *Novos Poemas*, que assinala a transição entre a poética social de *A Rosa do Povo* e a pessimista e classicizante de *Claro Enigma*. Mais do que assinalar, o livro de 48 parece querer *encenar* o *movimento de passagem* entre uma poética e outra, bem como as razões que a motivaram, através de uma ordenação rigorosa dos poemas que, partindo da "Canção Amiga", ainda movida pelo impulso solidário da poética participante de 45, encerra-se com "O Enigma", cujo título já estabelece a ponte com o livro seguinte, do qual se ocupa a terceira e última parte desta abordagem. Nele, o *aclarar* do enigma encena também um outro movimento de passagem: dos "poemas escuros" (Achcar) da primeira seção – "Entre Cão e Lobo" – ao *ouro sobre azul* que resplandece nos derradeiros versos de "Relógio do Rosário", dando fecho à coletânea e ao presente estudo.

Um último ponto a esclarecer, antes de passar à revisão da fortuna crítica, diz respeito à ênfase posta nas relações entre a guinada classicizante de *Claro Enigma* e o contexto marcado tanto pelo sectarismo ideológico como pela especialização do trabalho artístico-literário, que corre o risco de afigurar-se como determinismo demasiadamente estreito. Assim pareceu a alguns dos primeiros leitores do livro, ainda sob a forma de tese, que inclusive justificavam sua impressão chamando a atenção para títulos taxativos como "As Razões do Pessimismo" – ou mesmo para a disposição das partes, com a contextualização histórica precedendo a análise da obra. Na verdade, já contava com esse tipo de ressalva – que de modo algum desqualifico e, até certo ponto, reconheço como proce-

Drummond: Da Rosa do Povo à Rosa das Trevas

dente[7] –, desde o início da redação do ensaio e se, apesar disso, mantive a ênfase, foi por julgá-la um modo de compensar certa indeterminação (histórica, política, social) que marcou a recepção do livro de 51 e dos que a ele se irmanam em espírito, acreditando-se assim ressaltar a dimensão universalista, atemporal desse lirismo depurado, cuja força meditativa só mesmo a filosofia (notadamente a de cunho existencialista) seria capaz de elucidar. Seguindo na contramão desse tipo de interpretação – e em resposta a ela – tendi por vezes a forçar um pouco a mão na notação histórica e social. Ainda assim, o leitor observará que, na passagem da análise de contexto para a abordagem propriamente dita dos poemas, o texto apresenta certa modulação, mediatizando a ação determinante – que permanece, de todo modo, decisiva – dessa conjuntura histórico-social, em respeito à especificidade da lírica, que na grande lição de Adorno, reiterada em mais de um momento do livro, é antítese social da sociedade, a um só tempo autônoma e *fait social*.

---

7. Valeria ainda acrescentar, em chave diversa de interpretação, a ressalva de Roberto Schwarz, que, sem julgar improcedente essa articulação, muito pelo contrário, sugeriu-me que ela fosse evidenciada à medida mesmo em que se processassem as análises (enfatizando, assim, a tensão dialética entre a forma literária e o processo social). Aqui, sou obrigado a reconhecer a minha limitação para uma empreitada dessa ordem, temendo, com isso, desrespeitar a especificidade do discurso lírico com tamanha carga de informações contextuais.

Introdução

2

FORTUNA E INFORTÚNIO CRÍTICOS[1]

> *A bolsa de valores intelectuais é emotiva e calculista, como todas as bolsas. Hoje temos talento, amanhã não. Éramos bons poetas na circunstância tal, mas já agora estamos com o papo cheio de vento; somos demasiado herméticos; demasiado vulgares; nosso individualismo nos perde; ou nosso socialismo; chegamos a dois passos da Igreja; o que nos falta é o sentimento de Deus; nossa prosa é lírica, nossos versos são prosaicos.*
>
> CARLOS DRUMMOND DE ANDRADE,
> "Apontamentos Literários".

Sobre o sentido da guinada poética efetuada em *Claro Enigma* e os equívocos que a cercaram dá notícia Merquior, em ensaio que assinala a "ingenuidade" da primeira recepção do livro de 1951. Nota o crítico que os intérpretes e leitores contumazes do poeta logo se apressaram a

---

1. A revisão da fortuna crítica não pretende ser exaustiva, mas ater-se aos principais estudos que chegam a registrar, direta ou indiretamente, um juízo de valor sobre a lírica drummondiana dos anos 50.

ver em *Claro Enigma* a emergência de um novo Drummond, transformado em

[...] pessimista semiclássico, fugido da sociedade, alheio às lutas concretas, descrente de tudo e de todos. A riqueza e a altura poéticas dessa terceira fase não eram contestadas; mas seu reconhecimento se impunha apesar da "direção para o formalismo", aberta ou veladamente combatida. O prolongamento de semelhante ingenuidade crítica – continua Merquior – alcançaria até mesmo as opiniões mais recentes. Em todos aqueles que, movidos por uma atitude socialmente empenhada, se defenderam da tentação de adotar um conceito grosseiro de literatura, era comum a idéia de que, no último Drummond, a despeito dos temas negativistas, a complexa estruturação de uma nova "poética do pensamento" – considerada, ao lado da de João Cabral, a expressão mais perfeita de um lirismo objetivo, superador do velho cancioneiro subjetivista – era o suficiente para resgatá-lo da grave condenação dos "participantes". Estes nunca engoliram bem aquela epígrafe, nem foram em nada tocados pela nostálgica evaporação dos fumos de Itabira, pela líquida evanescência da "Elegia", ou pela desesperançada lucidez de "A Ingaia Ciência" [...][2].

O próprio Merquior reconhece ter compartilhado, um dia, os equívocos dessa visão que ora condena e que partem da velha dissociação – hoje, crime inafiançável – entre conteúdo e forma, tendendo, no caso de *Claro Enigma*, à aceitação valorativa desta em detrimento daquele. Muito do esforço intentado pelo crítico nesse ensaio, ao palmilhar o percurso pedregoso de um poema central dessa coletânea, é motivado pela crença de que deve haver, por trás do negativismo dos poemas dessa fase, "um sentido exemplar, uma revelação de alto interesse e permanente valia", que, uma vez atestado, obrigará "a atribuir a essa poesia 'niilista' importância pelo menos tão grande quanto a dos versos 'sociais' de seu autor"[3].

Partilhando dos objetivos visados por Merquior, gostaria de me ocupar um pouco mais detidamente de alguns dos momentos significativos desde a primeira recepção (que o crítico não chega, entretanto, a nomear) até chegar à mais recente, a fim de assinalar quais são os prós e os contras e quais tiveram maior persistência na fortuna crítica do livro. Deixo para

2. José Guilherme Merquior, "'A Máquina do Mundo' de Drummond", *Razão do Poema: Ensaios de Crítica e Estética*, Rio de Janeiro, Civilização Brasileira, 1965, p. 77.
3. *Idem, ibidem*.

Drummond: Da Rosa do Povo à Rosa das Trevas

considerar no capítulo seguinte os pronunciamentos da crítica militante dos principais jornais e revistas vinculados ao Partido Comunista, do qual partiu toda uma campanha de detração que visava menos a poesia do período e mais a figura do próprio poeta. Embora escorada numa concepção específica sobre a natureza e função do literário, ditada pelo dogmatismo ideológico procedente da matriz soviética para todos os PCs, a condenação da lírica drummondiana posterior a *A Rosa do Povo*, conforme veremos, não esconde o ressentimento dos comunistas para com o desligamento do poeta dos quadros do partido.

Passo, assim, aos grandes críticos de plantão no período, observando que, curiosamente, nenhum comentário específico sobre o livro de 51 consta, por exemplo, do *Jornal da Crítica*, de Álvaro Lins. Nem Carpeaux, na resenha que publicou sobre o livro, chega efetivamente a uma apreciação significativa da mudança nele operada, resumindo-se a observações mais periféricas[4]. Já no *Diário Crítico*, de Sérgio Milliet, há um registro sucinto datado de 12.2.52, no qual busca compreender o livro na perspectiva de conjunto da obra do poeta itabirano. Para tanto, recorre a uma divisão tripartite bastante empregada no exame da poesia de Drummond, notadamente nos livros de história literária e nos manuais escolares. Tanto é que Milliet recorre a tal divisão pensando numa situação hipotética, que envolveria, justamente, uma finalidade *didática*:

[...] se tivesse de dar aula sobre Carlos Drummond de Andrade [diz ele], eu lhe dividiria a obra em três partes, assinalando a evolução de sua poesia do humor para a filosofia, com passagem pela participação social. A princípio, por timidez e pudor, seu verso assume um tom agressivo, sua sensibilidade se disfarça. Depois, vividos os primeiros dramas, verificadas as primeiras imposturas do mundo, o poeta, já amadurecido e na plena posse de sua expressão, procura comunicar uma mensagem que se lhe afigura essencial, mensagem de fraternização, de generosa defesa da liberdade. Outros dramas são então vividos, inclusive o mais doloroso, que é o da incompreensão. Depois de uma tal experiência, entretanto, só o silêncio da meditação se apresenta como solução salvadora. A partir desse momento, os acontecimentos o aborrecem, como diz Valéry, invocado em epígrafe pelo poeta. E passam a interessá-lo, a comovê-lo, o permanente, o eterno, o essencial. Porém o acontecimento não é propriamente banido,

---

4. Otto Maria Carpeaux, "*Claro Enigma*", *Diário Carioca*, Rio de Janeiro, 2.11.1952.

Introdução

pelo menos não o é o acontecimento no seu insondável mistério, na teia de suas remotas conseqüências materiais e morais. Se o caso de amor não se vislumbra em "Claro Enigma", do amor muito se fala. E da morte, e das raízes geográficas, biológicas e sociais do indivíduo[5].

Embora sem se deter na questão, Milliet é um dos poucos a dar o devido peso ao "drama da incompreensão" como causa provável da mudança processada na lírica drummondiana do período. É também um dos poucos a reconhecer que o interesse pelo eterno e pelo essencial (que a meu ver *inexiste*) nessa poesia de natureza "meditativa"[6] não chega a banir de seu horizonte o "acontecimento", ainda que compreendido aqui em seu "insondável mistério". Nisso se aproxima de outro dos grandes críticos do período, Sérgio Buarque, cujo ensaio publicado no *Diário de Notícias* é ainda hoje referência importante para a devida apreciação do livro.

O ensaio também adota a perspectiva de compreensão do conjunto da produção drummondiana até então publicada, mas focalizando-a a partir do livro de 1951. Reportando-se à famigerada epígrafe valeryana, denunciadora da "drástica mudança", Sérgio Buarque, sem deixar de denunciar o que lhe parece por vezes concessão a certo artificialismo retórico, tratará de afirmar, tal como Milliet, que a aparente mudança não implica o abandono das "coisas do tempo" em prol de alguma noção transcendental de poesia:

> Há de iludir-se, porém, quem veja nesse aparente desapego ao "acontecimento" o reverso necessário de alguma noção transcendental da poesia: poesia entendida como essência inefável, contraposta ao mundo das coisas fugazes; e finitas. Se a voz de Drummond nos parece, agora, mais severa e pausada, mais rica, além disso, em substância emotiva, e não raro envolta numa espécie de pátina artificial, que chega a denunciar neste poeta inesperadas complacências com certa preocupação retórica, ela ainda é, em suma, a mesma voz que, em outro livro, vimos exclamar: "Poeta do finito e da matéria / cantor sem piedade, sim, sem frágeis lágrimas". E também: "O tempo é minha matéria, o tempo presente, os homens presentes / A vida presente". O exercício ocasional de um tipo de poesia militante e contenciosa terá servido para

---

5. Sérgio Milliet, *Diário Crítico*, São Paulo, Martins, 1955, vol. VIII, pp. 163-164.
6. E conforme veremos no devido tempo, Drummond acaba por explorar praticamente todas as modalidades da *tradição da poesia meditativa* em *Claro Enigma*.

Drummond: Da Rosa do Povo à Rosa das Trevas

purificar ainda mais uma expressão que já alcançara singular limpidez. Mas o impulso que a levaria a superar essa poesia militante não chegaria nele a abolir a preocupação do mundo finito e das coisas do tempo[7].

O grande mérito, porém, do ensaio é evidenciar o modo como "a presença de um passado continuamente vivo e atuante, experimentado como "inelutável predestinação", constitui a "trama essencial" da obra drummondiana.

> Essa essência [diz ainda o crítico], que não é fabricável, que certamente não depende do puro arbítrio, que traça, em verdade, os limites derradeiros de qualquer elucidação crítica, invade e impregna toda a poesia de Drummond como um travo ancestral vindo do fundo dos séculos ("Toda a história é remorso")[8].

Embora condenando ao fracasso toda tentativa de elucidação crítica, Sérgio Buarque acaba por oferecer, ele próprio, a ponta do fio que entretece essa "trama essencial", ao destrinçar a força atuante de um passado que – longe de ser positivamente vivenciado como uma memória mais grata ou um lugar de refúgio – vem regido pelos signos da *negatividade*, como "inelutável predestinação", "travo ancestral" e, sobretudo, "remorso". Ou ainda como "implacável", "obstinada fidelidade aos velhos ritos", que tem "o efeito de uma tara congênita, de um pecado original irremissível"[9]. A partir daí, foi apenas um passo para chegar aos termos com que equaciono a herança *trágica* presente na lírica dos anos 50, pautada por um senso de fatalidade que se denunciará não só na relação com o passado familiar, conforme veremos.

Se tanto Milliet quanto Sérgio Buarque partilham a tese de que os acontecimentos e as coisas do tempo não chegam a ser propriamente aboli-

---

7. Sérgio Buarque de Holanda, "Rebelião e Convenção", *Cobra de Vidro*, São Paulo, Perspectiva, Secretaria do Cultura, Ciência e Tecnologia do Estado de São Paulo, 1978, pp. 158-159. Este ensaio é na verdade uma versão mais resumida de dois ensaios originalmente publicados no *Diário de Notícias*: "O Mineiro Drummond" (que focaliza o conjunto da obra até então publicado) e "Rebelião e Convenção" (que trata especificamente de *Claro Enigma*). Ambos foram mais recentemente recolhidos por Antonio Arnoni Prado em Sérgio Buarque de Holanda, *O Espírito e a Letra*, São Paulo, Companhia das Letras, 1996, vol. 2.
8. *Idem, ibidem.*
9. *Idem*, p. 159.

Introdução

dos em *Claro Enigma*, o mesmo não ocorrerá com João Gaspar Simões, cujo ensaio publicado em 1953, no suplemento literário *Letras e Artes* do jornal *A Manhã*, será talvez um dos primeiros a apresentar certas reservas, nesse sentido, com relação ao livro. O ensaio parte de uma definição de Drummond, na prosa contemporânea de *Passeios na Ilha* (1952), sobre a *poesia de circunstância*. Concordando com o poeta quando afirma que toda poesia nasce de uma circunstância e de que ela é, por condição e natureza, a "arte de transfigurar as circunstâncias", o crítico português adverte que nem todos os poetas, entretanto, transfiguram-nas com a mesma intenção. "Dir-se-á que uns as transfiguram para apagar o traço concreto e real que elas deixaram na sua vida, outros que o fazem como que para perpetuar o que de concreto e real houve nessas circunstâncias"[10]. A cada um desses casos pertenceria a poesia drummondiana anterior e a de *Claro Enigma*.

A "circunstância" que se transfigurava no sentido de uma "vivificação", digamos, dos seus elementos propriamente circunstanciais, agora transfigura-se em sentido inverso. O poeta de *Claro Enigma* aplica o seu gênio poético a tornar "enigmático" o que é "claro", a tornar "incircunstanciado" o que é "circunstancial"[11].

No trocadilho com o título do livro de 1951, Simões já parece denunciar certa incompreensão frente ao que de fato sugere, pois está visto que *claro* é o próprio *enigma*, por mais paradoxal que pareça, e não o que era antes "claro" e depois foi transformado em "enigmático". Nota ainda Gaspar Simões que essa tendência a anular e suprimir a circunstância, "em benefício de uma linguagem que aspira a ser como que a projeção abstrata e intemporal do que tem lugar no mundo da realidade demasiado humana", é partilhada por Drummond com outros poetas do período, como Cassiano Ricardo, Ledo Ivo, Cecília Meireles, João Cabral e Tiago de Melo. "Assistimos, de fato", diz ele, "a uma progressiva 'desumanização' da poesia brasileira". Ainda assim, Gaspar Simões acaba por concluir seu ensaio observando que, em *Claro Enigma*, Drummond

10. João Gaspar Simões, "Carlos Drummond de Andrade e a Poesia de Circunstância", em Sônia Brayner (org.), *Carlos Drummond de Andrade: Fortuna Crítica*, Rio de Janeiro, Civilização Brasileira, 1978, p. 192.
11. *Idem*, pp. 192-193.

Drummond: Da Rosa do Povo à Rosa das Trevas

[...] está longe ainda de ter morto o circunstancial. É a circunstância que alimenta as suas melhores poesias, mas o vocabulário, que nas obras era predominantemente concreto, parece volatilizar-se: começa a fazer-se abstrato. Vai Carlos Drummond de Andrade a caminho do barroco, nota característica da mais moderna poesia brasileira? Talvez não. Mas o que acontece aos poetas que em nossa língua levam longe demais a anulação das circunstâncias em benefício da abstração, quando neles não surge, compensadora, a hipertrofia da linguagem, o gigantismo da "forma exterior", o delírio do ornato barroco – é poderem cair no defeito contrário: numa secura, numa magreza, numa falta de humanidade que é, ou pode ser, como queria Ortega y Gasset, "desumanização". Não creio que Carlos Drummond de Andrade, dos mais humanos, senão o mais humano, dentre os modernos poetas do Brasil, possa vir a matar a "circunstância" que deu a sua poesia da fase anterior a *Claro Enigma* a mais alta vibração de seu estro de poeta[12].

Por mais que esse comentário final demonstre que ele não chega à condenação explícita, há um receio ou temor evidente e, mesmo, uma desaprovação tácita em relação ao caminho trilhado pelo poeta mineiro. Gaspar Simões não chega a considerar o fato de que, ao afirmar, justamente na prosa contemporânea de *Claro Enigma*, que toda poesia nasce de uma determinada circunstância, transfigurada por força da arte, Drummond poderia estar lançando alguma luz sobre sua própria poesia da época, como a dizer que, por mais "abstrata" que possa parecer, é ainda produto de uma circunstância dada. Uma poesia certamente distinta daquela que se alimenta *A Rosa do Povo* e outros livros anteriores, mas ainda fruto de uma realidade específica, transfigurada por toda a sorte de mediações próprias à poesia e à arte. Trata-se, ainda assim, como bem disse Sérgio Buarque, de uma poesia do tempo presente, dos homens presentes, da vida presente.

Se até aqui transitamos de uma crítica valorativa de *Claro Enigma* para outra em que já desponta alguma ressalva, as seguintes tendem a uma apreciação mais ou menos negativa. Antes, porém, de me ocupar delas, gostaria de lembrar um comentário de Mário Faustino, em sua coluna de domingo no *Jornal do Brasil*, intitulada *Poesia Experiência*, que interessa, não por revelar algo de substancial sobre a poesia de *Claro Enigma* e sim pelo incômodo que parece ter causado ao poeta, de acordo com seu biógrafo. O comentário data de 10 de fevereiro de 1957, ano da

12. *Idem*, p. 195.

Introdução

exposição nacional da poesia concreta. É sobre esse pano de fundo que Faustino, adepto imediato das concepções e propostas do grupo paulista, irá lançar-se contra Drummond, ao traçar o quadro "agônico" da poesia brasileira de então:

> Há o sr. Carlos Drummond de Andrade. O sr. Carlos Drummond de Andrade é dono do mais ponderável corpo de poemas que já se formou na nossa história literária. O sr. Carlos Drummond de Andrade, em quem muitos se apressam, periodicamente, em apontar sinais de decadência (o poeta os estimula publicando, vez por outra, versos bem abaixo de seus próprios *standards*), o sr. Carlos Drummond de Andrade, de quando em quando, aparece com um poema como aquele *Elegia*, do *Fazendeiro do Ar*, ou como certo poema publicado recentemente em *O Estado de S. Paulo*, comprovantes de ainda ser ele uma das duas pessoas vivas que melhor escrevem no Brasil... Mas a não ser que o sr. Carlos Drummond de Andrade apareça de repente com uma auto-revolução bem mais radical do que a processada entre *A Rosa do Povo* e os *Novos Poemas*, predecessores de *Claro Enigma*, a não ser que o sr. Carlos Drummond de Andrade rompa subitamente com todo um sistema ético e estético – a não ser nessa remota possibilidade, é difícil enxergar nele uma solução eficiente para os problemas que justificam a ação poética no Brasil...
>
> O sr. Carlos Drummond de Andrade só age poeticamente através dos livros que publica. Não escreve a sério sobre poesia. Não faz crítica séria de livros de poesia. Ao que saibamos não discute a sério poesia, nem oralmente nem por escrito. Cala-se. Não manifesta grande interesse pelo progresso da poesia.

Como se vê, no que diz respeito especificamente à poesia de *Claro Enigma*, Faustino não chega a se pronunciar de forma efetiva, embora deixe claro que a mudança operada entre *A Rosa do Povo* e *Novos Poemas*, visto como prenúncio do livro de 1951, não basta para configurar uma ruptura significativamente radical, estética e eticamente falando. Por outro lado, cobra de Drummond a posição de *poeta-crítico*, de alguém que não só produz poesia, mas reflete e escreve teórica e criticamente sobre ela. Aos olhos do crítico, não parece bastar a reflexão crítica sobre a poesia embutida na própria produção poética de Drummond, o que se justifica pela eleição de um modelo de *poeta-crítico* que, remetendo a Pound, aparece encarnado entre nós pelos concretistas, cujas concepções eram esposadas por Faustino. E seriam justamente eles que acabariam por responder, de forma significativa, pelo anátema lançado à guinada classicizante de *Claro Enigma*.

Drummond: Da Rosa do Povo à Rosa das Trevas

Décio Pignatari já havia dado uma primeira estocada no poeta itabirano, quando se referiu, em uma entrevista, ao fato de que o "fluxo metafórico" na poesia brasileira daquele momento estava se tornando ininteligível e citava, como exemplo, alguns dos títulos de livros publicados naquela data: *Praia Oculta, Narciso Cego, Obscura Efígie* e... *Claro Enigma*[13]. Mas é na tese-relatório apresentada ao Congresso Brasileiro de Crítica e História Literária de Assis (1961) – depois republicada em *Contracomunicação* – que Pignatari trataria de formular e fundamentar um pouco mais sua crítica. Da tese interessa retomar o modo como Pignatari define a passagem de *A Rosa do Povo* para *Claro Enigma* em termos de transição da *consciência* à *inconsciência* da crise da palavra:

> É fundamental, para o seu entendimento, constatar que [Drummond] começa a tomar consciência da crise da poesia, justamente quando a Guerra da Abissínia, a Guerra Civil Espanhola e a Guerra Mundial obrigam os homens a se situar, assim como começará a ganhar "inconsciência" da crise da poesia quando se manifesta a "guerra fria" – e isto é válido inclusive para a apreciação do *valor poético* de sua obra, tanto é sensível o isomorfismo forma-conteúdo nesse poeta. É assim que, em *Claro Enigma*, 1951, sua poesia aparece engomada com o amido de diversos autores – "espelho de projeto não vivido", como diria no poema "Elegia" [...]. Ainda desse poema: "Não me procurem que me perdi eu mesmo". É de perguntar-se se hoje ainda se pode fazer impunemente, no projeto, "poemas de espera", como os versos para a caixa de bombons, de Mallarmé[14].

Adiante, afirma também que a Guerra Fria lançou Drummond "numa longa noite tartamuda, onde parece perder os fios do *projeto* (no sentido sartriano do termo) e do *concreto*: formalismo e subjetivismo tomam conta de sua poesia e ameaçam aliená-lo, entregá-lo embrulhado ao misticismo"[15].

Mais surpreendente ainda é a condenação de *Claro Enigma* pelo que o crítico denomina, pejorativamente, de *uma poesia engomada com*

---

13. Quem cita a entrevista de Pignatari é José Maria Cançado (*Os Sapatos de Orfeu: Biografia de Carlos Drummond de Andrade*, São Paulo, Scritta Editorial, 1993, p. 269), sem maiores referências bibliográficas.
14. Décio Pignatari, "A Situação Atual da Poesia no Brasil", *Contracomunicação*, São Paulo, Perspectiva, 1971, pp. 95-96.
15. *Idem*, p. 103.

Introdução

o *amido dos outros autores*. Para o membro de um grupo que sempre viu no "diálogo vivo" com a tradição, na intertextualidade, nas lições, enfim, do *make it new* poundiano, a principal rota de acesso à grande criação literária, não deixa de causar espécie um comentário dessa ordem. Tanto mais por carecer de uma maior fundamentação na própria poesia de *Claro Enigma*, que evidenciasse, inclusive, se o problema reside nos empréstimos puros e simples tomados à tradição ou na utilização mais ou menos criativa desse legado. Quanto à pergunta final lançada por Pignatari, poder-se-ia afirmar com segurança (a ele e a Haroldo de Campos, que lançará hipótese similar) que, em nenhum momento da fase de *Claro Enigma*, Drummond acreditou estar fazendo "poesias de espera". A indagações como essa o próprio poeta já havia lançado antecipadamente sua resposta nos versos de abertura do livro de 1951:

> Vai durar mil anos, ou
> Extinguir-se na cor do galo?
> Esta rosa é *definitiva*,
> ainda que pobre.

Na questão do diálogo com a tradição, Haroldo de Campos mostrou-se bem mais cuidadoso que seu companheiro de grupo, ao ressalvar o mérito da incursão dantesca de "A Máquina do Mundo" – embora contrapondo a ela a maior coerência de similares excursos poundianos via tradução[16]. A crítica de Haroldo de Campos, como ele próprio trata de assinalar, retoma pontos da análise de Décio Pignatari, estabelecendo uma linha de continuidade, que a meu ver foi a que mais se prolongou no tempo, em termos de desqualificação da guinada classicizante operada na lírica drummondiana dos anos 50.

Em seu ensaio, Haroldo de Campos aborda a poética de *Claro Enigma* em confronto com a de *Lição de Coisas*, tomando obviamente o partido desta última – concebida em termos de poesia-invenção – em detri-

---

16. Ainda assim, seria a "Máquina do Mundo" drummondiana que Haroldo de Campos elegeria como a principal rota de sua mais recente incursão poética de longo fôlego (ver Haroldo de Campos, *A Máquina do Mundo Repensada*, São Paulo, Ateliê Editorial, 2000).

Drummond: Da Rosa do Povo à Rosa das Trevas

mento da primeira. A "poesia objetual" do livro de 1960 representaria, segundo o crítico, um momento de reencontro de Drummond com as "matrizes de sua poesia, ainda coladas a 22", retraçando "o percurso de sua obra-em-progresso, apenas interrompido pela estação neoclassicizante de *Claro Enigma*". Para esse reencontro, inclusive, Campos não deixa de sugerir a influência[17] de sua própria poesia e de seus companheiros de grupo, chegando a estabelecer um... *modesto* paralelo entre o seu diálogo influente com o "mestre de coisas" e o dos jovens compositores vanguardistas Boulez e Stockhausen com o "octogenário Stravinsky". Já com relação à estada neoclassicizante de *Claro Enigma*, afinal o que interessa aqui, Campos não poupa demonstrações de repúdio e menosprezo:

> Pois o Drummond que decifrara (ou cifrara) o "pequeno mistério policial" de "Áporo" poeta da perquirição ontológica sobre o próprio poema; o Drummond que emprestara a "gravata chamejante" de Neruda e saudara Maiakóvski, que quisera ver seu poema "atravessado pelo povo", o Drummond participante de "Nosso Tempo" (*A Rosa do Povo*, 1943-1945), capaz de aparar o "élan" tribunício no gume acerado da ironia e da derrisão, de repente (e não por acaso nas circunvoluções da "guerra fria" do segundo pós-guerra) começou a entediar-se dos acontecimentos. "Les événements m'ennuient", Valéry, é a significativa epígrafe de *Claro Enigma*. E ei-lo a praticar esse tédio alienante, reescrevendo em soneto ("Legado") o seu "No meio do caminho tinha uma pedra", que virou "uma pedra que havia em meio do caminho", em polida e castiça chave-de-ouro. Isto para nos demonstrar, talvez – como se fosse possível prestar tributo à tradição viva senão pela criação viva – sua mestria do idioma, sua familiaridade com as formas fixas, sua perícia metrificante, sua incorporação enfim a uma "tradição". Esta pausa, certamente o afélio de seu itinerário poético, compreensível numa quadra em que, sociologicamente, o País entrava em compasso de espera e, esteticamente, nossa poesia andava atacada da nostalgia da "restauração"; em que o modernismo era dado como um ciclo encerrado e "modernista" passava a ser uma caracterização depreciativa; em que se tomava fôrma por forma e um Oswald – esse incansável inventor de novas formas – era acusado de ter praticado uma poesia (e uma prosa) sem preocupações formais...; esta pausa – não fosse Drummond quem é – revelou-se, porém, não como uma demissão das conquistas anteriores, mas como a tomada de impulso (premeditada ou não, pouco importa) para um novo arranque qualitativo. Tudo isto

---

17. Há nisso, decerto, mais um exemplo do que Roberto Schwarz identificou como "procedimento-chave dos concretistas, sempre empenhados em armar a história da literatura brasileira e ocidental de modo a culminar na obra deles próprios" (cf. "Marco Histórico", *Que Horas São?*, São Paulo, Companhia das Letras, 1987, p. 61).

Introdução

sem embargo de que, no próprio *Claro Enigma*, a guinada neoclassicista foi às vezes, nos melhores poemas, pretexto para memoráveis excursos de dicção – exercícios que um Pound faria, mais coerentemente, via tradução – dentre os quais não pode ficar sem menção a "A Máquina do Mundo", ensaio de poesia metafísica (quem sabe até de secreta teodicéia laica), no qual se recorta a perfil dantesco[18].

Mais recentemente, Francisco Achcar viria rebater esse juízo do poeta-crítico concreto, argumentando que ele não leva em conta

[...] a possibilidade de uma leitura de "segundo grau", para a qual é deliberado todo o convencionalismo do poema – a chave-de-ouro, o verso alexandrino, as rimas convencionais, que destoam das rimas em geral inventivas de Drummond, o tom "elevado" (nada do "estilo mesclado" do melhor e mais característico Drummond), o fraseado e o léxico "polido e castiço". Não seria o caso de ingênuo neoclassicismo, como o de muitos poetas da "geração de 45": o próprio virtuosismo e o famoso *humour* de Drummond, que não fora antes um modernista ingênuo, deve afastar a hipótese de qualquer neoparnasianismo desprevenido. Parece ser antes um caso de ironia estilística – tom, forma e linguagem solene fazem mais inesperada e destoante a ruptura com um dos *tópoi* mais grandiosos da "grande tradição"[19].

Assim, o crítico-concreto que havia ressaltado a força cortante do "gume acerado da ironia e da derrisão" na poética drummondiana anterior a *Claro Enigma* parece agora mostrar uma cegueira (ou surdez) completa para o que de irônico existe (não só) na chave de ouro em português castigo de "Legado", compreendida como mera demonstração de virtuosismo idiomático.

A distância estabelecida por Achcar entre o classicismo de *Claro Enigma* e os princípios da geração de 45 já serve de advertência a outros críticos que também tenderam a aproximá-los indiscriminadamente, como é o caso de Gilberto de Mendonça Teles, que chega a falar em

18. Haroldo de Campos, "Drummond, Mestre de Coisas", *Metalinguagem*, São Paulo, Cultrix, 1976, pp. 40-41.
19. Francisco Achcar, *Lírica e Lugar-comum: Alguns Temas de Horácio e Sua Presença em Português*, São Paulo, Edusp, 1994, pp. 175-176. O *tópos* a que se refere Achcar é o do *exegi monumentum* – sintetizando, na "grande tradição" clássica, a idéia do poder de perpetuação da arte contra a efemeridade da vida –, que comparece de forma "desidealizada" em poemas como "Remissão" e "Legado". Voltarei a essa interpretação de Achcar quando me ocupar do poema em questão.

Drummond: Da Rosa do Povo à Rosa das Trevas

"identificação total"[20]. Em outros casos, embora não se incorra no equívoco da identificação total, chega-se, entretanto, a reconhecer que o Drummond de *Claro Enigma* não se mostra assim tão afastado dos referidos princípios. É o que se nota, por exemplo, na apreciação do livro de 51 por um crítico do porte de Luiz Costa Lima:

> As datas em que foram feitos seus poemas são significativas: 1948-1951. A guerra, terminada, torna mais difícil a continuação do entusiasmo em que medrara a participação de Drummond. O Brasil, por sua vez, parecia retornar à velha modorra. A democracia liberal, a democracia do conchavo substitui a ditadura estadonovista. E a geração de 45 parecia lançar a última pá no enterro do modernismo. Os novos poetas, nascidos sob o signo do bom comportamento, ameaçam jogar pedras sobre a casa de Drummond, enquanto, por outro lado, de modo mais coerente, reinventam o soneto. O próprio Drummond, contudo, também muda e *se faz menos distante dos que parecem jovens no pós-guerra*. Ele, que em 1945 publicara *A Rosa do Povo*, poucos anos passados dá como epígrafe do *Claro Enigma* frase de Valéry, – "les événements m'ennuient" – denunciadora da drástica mudança. Textualmente ela se mostra pela tendência em sufocar o princípio-corrosão pela opacidade absoluta, no que se atualiza – de maneira pouco crítica se compararmos com o que sucede com João Cabral – o legado mallarmaico[21].

Afora a questão do maior ou menor afastamento em relação aos poetas de 45[22], a abordagem de Costa Lima apresenta outros pontos discutíveis, como a eleição da *antilira* de Cabral como paradigma, tendendo a rejeitar o que foge à "traição conseqüente" levada a cabo pelo poeta pernambucano[23]. Costa Lima rompe, assim, o "consenso" a que chegara

---

20. Gilberto de Mendonça Teles, *Drummond: A Estilística da Repetição*, Rio de Janeiro, José Olympio, 1976. Depois de Merquior, Iumna Simon tratou de denunciar o equívoco em que incorreu não só Mendonça Teles, mas também Emanuel de Moraes (*Drummond. Rima. Itabira. Mundo.*) ao identificar o "compromisso com as palavras", de Drummond, na linha de "Procura da Poesia" (em *A Rosa do Povo*), com os princípios da "arte pela arte", chegando mesmo a defini-lo como plataforma da geração de 45 (ver Iumna Maria Simon, *Drummond: Uma Poética do Risco*, São Paulo, Ática, 1978, p. 151).
21. Luiz Costa Lima, "O Princípio-Corrosão em Carlos Drummond de Andrade", *Lira e Antilira: Mário, Drummond, Cabral*, 2. ed. revista, Rio de Janeiro, Topbooks, 1995, p. 174.
22. Ainda com relação ao Drummond de *Claro Enigma* e a geração de 45, nota Costa Lima em outra passagem: "Creio não seja mais preciso insistir na carência de hipótese que procurasse explicar o fato como concessão do autor à geração de 45, ou, por outro lado, em um âmbito positivo, como um despertar mais vivo de sua consciência artesanal" (*idem*, p. 177).
23. Isso, aliás, ocorre, não só com o Drummond de *Claro Enigma*, mas também com outro dos nomes privilegiados no livro. No estudo que dedicou à poesia de Mário de Andra-

Introdução

parte da primeira recepção do livro de 1951 ao equiparar o Drummond dessa fase a Cabral na estruturação de uma nova "poética do pensamento", conforme se viu com Merquior. O descompasso já começa pelo confronto das reapropriações do legado mallarmaico por ambos os poetas. Escorando-se na leitura de Poulet sobre o poeta francês, Costa Lima aponta como o poeta itabirano, ao contrário do pernambucano, permaneceu aquém da radicalidade do programa traçado por Mallarmé: "Nem a sintaxe chega às raias do esoterismo, nem o Nada irradia como finalidade. A poesia de Drummond permanece impura"[24]. Em nenhum momento, porém, Costa Lima cogita da intencionalidade dessa *impureza*, por parte de quem alega, nos versos que melhor definem a poética subjacente ao livro de 1951:

> Esse meu verbo antipático *impuro*
> há de pungir, há de fazer sofrer,
> tendão de Vênus sob o pedicuro.

Nem leva em conta a intenção deliberada de Drummond, na prosa contemporânea de *Claro Enigma* – que serve de *comentário* à atitude lírica assumida na poesia do período –, de não se afastar por completo da realidade do tempo, apesar de abandonar a opção por uma poesia mais abertamente participante. Trata-se, antes, como veremos mais à frente, de uma *retirada estratégica*, não tão distante a ponto de incorrer no risco da alienação completa do real, nem muito próximo a ponto de perder o distanciamento crítico e a liberdade de pensar a que estavam sujeitos muitos dos que se deixavam guiar pela cegueira dogmática dos PCs do tempo. Nesse sentido, ao preservar um contato ainda que distanciado

---

de, João Luiz Lafetá já havia denunciado o problema da leitura que Costa Lima faz dessa poesia adotando o ponto de vista da linguagem referencial e antiacariciante de João Cabral, cuja contundência nem sempre viria a ser alcançada por Mário devido aos resquícios do subjetivismo romântico. Como contra-argumenta Lafetá, essa poética do referente, a favor de uma linguagem despida e contundente, defendida por Costa Lima (na esteira de Cabral e dos concretos) é por demais "apertada" para dar conta da inquietação de um poeta que sempre reclamou o "direito permanente à pesquisa estética", ciente de todos os riscos da experimentação constante (ver João Luiz Lafetá, *Figuração da Intimidade: Imagens na Poesia de Mário de Andrade*, São Paulo, Martins Fontes, 1986, pp. 3-5).
24. *Op. cit.*, p. 173.

Drummond: Da Rosa do Povo à Rosa das Trevas

com a *praça de convites*, Drummond não poderia pactuar, de fato, com a empreitada radical de Mallarmé em abolir todo e qualquer resquício de uma realidade outra que não fosse a do próprio poema (como bem revela a evocação do Azul ou da folha em branco). De acordo com a interpretação do crítico suíço em que se apóia Costa Lima, Drummond permaneceria, assim, muito mais próximo de Baudelaire, que, sem pretender a supressão completa da realidade, parte, ao contrário, desta para chegar à beira do ideal (embora este nem de longe desponte no horizonte pessimista de *Claro Enigma*).

Outro aspecto discutível diz respeito ao conceito de *corrosão-opacidade* formulado pelo crítico para a abordagem específica da obra drummondiana[25]. Nos termos em que é definido, o *princípio-corrosão* seria a maneira como o poema se coloca em *relação aberta com a História*. Nessa relação, a corrosão "há de ser tratada ou como escavação ou como cega destinação para um fim ignorado". No primeiro caso (*corrosão-escavação*), o corroer vem associado à idéia de luta e, portanto, a corrosão será ativa; no segundo (*corrosão-opacidade*), "a trituração das coisas e dos objetos leva a revelar o fundo indevassável, a tampa que dá para o abismo sem fundo". Essas duas projeções do mesmo princípio (a participante e a de aparência absenteísta) podem se superpor, cruzar ou, no limite extremo, anular uma a outra. "Neste caso extremo, é que a mudança das posições ideológicas assumidas interfere direta e efetivamente no seu resultado poético"[26]. Em *Claro Enigma*, onde se supõe operar nova mudança de posição ideológica, o *princípio-corrosão*, como se viu mais atrás, tenderia *a ser sufocado pela opacidade absoluta*. E é nessa mudança, no fim das contas, que se fundamentam as reservas do crítico à fase em questão, pois para ele o que se perde aqui é "o corrosivo como processo. Despojando seu desgaste, anula-se a presença do combate". A corrosão, as-

---

25. Em reedição mais recente de *Lira e Antilira*, o próprio Costa Lima viria lançar duras críticas a essa formulação. "Embora", diz ele, "permaneça convencido da idéia de corrosão como princípio medular da poesia drummondiana, a caracterização então feita de sua espécie opaca era de um primarismo chocante. Espanto-me que a tenha feito, conquanto os comentários grosseiros sobre Valéry e Mallarmé de algum modo já a preludiassem" (ver "Nota à 2. Edição", *Lira e Antilira, op. cit.*, p. 16).

26. *Idem*, p. 151.

Introdução

sim, embora permaneça, é lançada a um "plano anterior ao da expressão", como algo já dado. Ela, "por assim dizer, se *naturaliza*"[27]. Essa mudança de posição ideológica, continua o crítico, "implicando a repressão da forma mais sensível de revelação do Tempo e da História, não deixa de vir a afetar a qualidade dos poemas, mesmo inteiros"[28].

Embora em terminologia diversa, Costa Lima partilha ainda a mesma visão que marcou a primeira recepção do livro, forjando a imagem de um Drummond demissionário, vitimado pelo conformismo. O crítico não chega a ver razões bastantes para a mudança de atitude operada nessa fase da obra, obviamente porque, como muitos dos intérpretes, não parece dar a devida dimensão a certas especificidades do contexto político e estético do pós-guerra. Sendo ainda pertinente ao definir o modo como a História passa a ser concebida nessa fase – ou seja, como *cega destinação a um fim ignorado* – Costa Lima só alcança dizer da sujeição conformista do poeta. Permanece preso à "aparência absenteísta" (como ele mesmo diz) dos poemas, sem avançar sobre o que pode haver por trás dela em termos de denúncia e crítica a uma História assim *naturalizada*, contra a qual toda a tentativa de intervenção do homem já se mostra previamente fadada ao fracasso.

Crítica essa que Drummond estenderá ainda ao próprio alcance de participação da palavra poética, levando ao limite a consciência da precariedade do verbo já denunciada em *A Rosa do Povo*[29]. Se, apesar dessa consciência do precário, havia ainda a crença que motivava o poeta a acenar com a utopia da "grande cidade do amanhã" por sobre os escombros de Estalingrado, o correr da história trataria de confirmar – com a denúncia crescente dos expurgos e processos de Moscou, além da política stalinista imposta pela matriz soviética aos PCs no pós-guerra – que a resistência comunista ao cerco fascista não se mostrava assim tão distante da barbárie. Diante do desmoronar da utopia comunista – somado ao engodo da pretensa abertura democrática que sucedeu ao Estado Novo (a

27. *Idem*, p. 175.
28. *Idem*, pp. 176-177.
29. Penso aqui, obviamente, na análise de Iumna Simon (*op. cit.*) sobre a poesia e o poeta precários no livro de 1945.

Drummond: Da Rosa do Povo à Rosa das Trevas

"democracia de conchavo" a que se refere o próprio Costa Lima) – o "silêncio" é uma resposta possível, pela qual optou Drummond. É ainda uma das formas de resistência à disposição do artista moderno, segundo Steiner. Costa Lima, todavia, nega-lhe o mérito ao criticar o "mundo mudo" que emerge dos poemas de *Claro Enigma*, tendendo, assim, a transformar em opacidade o que mais parece lucidez (pessimista, é verdade, como muitas vezes acusaram o poeta, mas nem por isso mesmo *realista*) em relação à História.

Em linha de argumentação diversa, outro estudo que merece ser lembrado aqui é o de Silviano Santiago, para quem a grandeza da obra de Drummond decorre do fato de dramatizar

[...] de forma original e complexa a oposição e a contradição entre Marx e Proust, entre revolução político-social, instauradora de uma Nova Ordem Universal, e o gosto pelos valores tradicionais do clã familiar dos Andrades, seus valores sócio-econômicos e culturais. [...] Essas duas *linhas de força* se afirmam ou se negam, combinam-se, enroscam-se, enlaçam-se, caminham, ocasionando a principal tensão dramática da poesia de Drummond[30].

A elas o ensaísta associa dois mitos portadores dessas opções ideológicas: o do *começo* (o desejo de inaugurar por conta própria uma nova sociedade que nega por completo os valores do clã) e o da *origem* (negação do mito anterior pela reafirmação dos valores superiores e permanentes da tradição e do passado). Ambos os mitos encontrar-se-iam vinculados a poemas "onde é capital a relação do poeta com o Pai", sendo que, no primeiro deles, teríamos a *não-identificação* (no sentido psicanalítico do termo) enquanto, no segundo mito, a *identificação* com a figura paterna e, por extensão, com o clã dos Andrades. Segundo o ensaísta, esses dois mitos não obedecem a uma ordem evolutiva, mas

30. Silviano Santiago, "O Poeta como Intelectual", em *Seminário: Carlos Drummond de Andrade – 50 Anos de "Alguma Poesia"*, Belo Horizonte, Conselho Estadual de Cultura de Minas Gerais, 1981, p. 47. O ensaio parece, em muitos pontos, uma retomada da análise desenvolvida pelo crítico em outro estudo sobre o poeta (*Carlos Drummond de Andrade*, Petrópolis, Vozes, 1976).

Introdução

[...] coexistem e são responsáveis pela alta-tensão dramática que salta de seus poemas, de seus livros. Se fosse preciso definir a integração dos dois mitos no *todo* do discurso poético drummondiano, temos de falar de *recalque*. Quando o mito do começo é recalcado, é porque brota na superfície do poema os elementos do mito da origem – e vice-versa[31].

Através da eleição dessas duas linhas de força e seus respectivos mitos, a abordagem de Santiago tem o mérito, segundo ele próprio, de romper com a mera sucessão cronológica de publicação das obras drummondianas. Mas, embora expulsa, a sucessão cronológica parece, de certo modo, reingressar pela porta dos fundos, disfarçada nessa dinâmica do *recalque*, como é possível verificar na hora em que Santiago passa a considerar os momentos de "desrecalque" de cada um dos mitos. Assim, o mito do começo parece sobrepor-se no primeiro livro, através da atitude de rebeldia *individual* em relação à família, de um eu que, qual novo Robinson (e a referência aqui é, obviamente, o poema "Infância"), busca em sua ilha de isolamento fundar uma nova ordem. A predominância do mesmo mito continua nos livros seguintes, mais abertamente participativos, onde a atitude de revolta contra a família, "ao passar para a cidade grande (Rio de Janeiro) e para o Mundo, visa a uma práxis política imediata e revolucionária que questiona não só a oligarquia rural como toda a organização sócio-política e econômica do ocidente". Por fim, a partir dos anos 50 – quando Drummond, segundo o crítico, passa "o bastão de revezamento da crítica social para o jovem João Cabral de Mello Neto" –, teríamos cada vez mais o recalque do mito do *começo* e, em contrapartida, o desrecalque do mito da *origem*, que se anuncia como "viagem de regresso" ao "país dos Andrades" e "identificação tardia" com os valores do clã.

Assumindo, porém, o discurso do Pai, Drummond foi-se esquecendo de continuar a esquadrinhar com os olhos o caminho de luz que os faróis do carro poético abriam à sua frente, como o tinha feito em *Sentimento do Mundo*, embevecido que passou a ficar com a *paisagem antiga* que lhe enviava o espelho retrovisor.

31. *Idem, ibidem.*

Drummond: Da Rosa do Povo à Rosa das Trevas

Assim, às acusações lançadas à imagem do poeta emergente na fase de *Claro Enigma* (pessimista semiclássico, alheio às lutas concretas e cultor da *arte pela arte*, entre outras já mencionadas), Silviano Santiago veio somar mais uma: a do poeta nostálgico, submisso e identificado à velha ordem oligárquica onde se instala o clã dos Andrades.

Com relação à abordagem de Santiago, cumpre assinalar duas discordâncias, importantes para compreender o encaminhamento dado à presente abordagem. A primeira recai sobre a idéia de recalque aplicada à dinâmica das duas linhas de força identificadas no conjunto da obra drummondiana, que parece inibir "os momentos de mais alta-tensão" entre o impulso revolucionário e a relação com o passado patriarcal. Tome-se, por exemplo, o caso de *A Rosa do Povo*, que seria um dos momentos privilegiados de emergência do mito do *começo*, no dizer do crítico. Ora, o fato é que nesse mesmo livro também avultam de maneira considerável os poemas de memória, sugerindo mesmo a suposta identificação (veja-se, por exemplo, "Como um Presente") que Santiago só parece ressaltar a partir de *Claro Enigma*. Como, então, falar de um recalcamento do dito mito da *origem*? Por fim, a segunda discordância recai precisamente sobre essa "identificação tardia", a partir de *Claro Enigma*, com os valores do clã familiar e, por extensão, com a velha ordem oligárquica, na qual se localiza o "país dos Andrades". Ao colocar o problema em termos de pura e simples *identificação*, Santiago anula por completo a dimensão de conflito tortuoso com que se debate o sujeito lírico nos versos ao reconhecer como baldado todo esforço de ruptura com o passado familiar, que parece agir em cadeia a ponto mesmo de naturalizar-se em tara congênita, conforme vimos com Sérgio Buarque.

Outra interpretação, agora favorável à fase de *Claro Enigma*, a ser lembrada é a de Affonso Romano de Sant'Anna, que logo na introdução de seu *Drummond: O Gauche no Tempo*, investe contra

[...] a "brecha" que alguns críticos lamentavam entre *Rosa do Povo* e *Claro Enigma*, e a oposição (falsa) que a partir daí se criou entre uma poesia social e uma poesia me-

Introdução

tafísica, ou entre um autor participante e um autor alienado, sobre serem idéias indébitas e viciadas, mostravam os preconceitos de uma crítica que cobre e julga onde deveria descrever e analisar, e exibe preferências onde carecia mostrar melhor instrumental analítico[32].

E assim como investe contra essa falsa oposição, volta-se também contra a tradicional divisão trifásica (*irônica, social e metafísica*) da obra de Drummond. Sant'Anna concebe a obra drummondiana como um "projeto poético-pensante" (em linguagem heideggeriana), que segue num contínuo, contrário, portanto, à fragmentação ou segmentação pressuposta na divisão em fases. O equívoco desta concepção, a seu ver, se deve ao fato da crítica não ter atentado a um dado básico: "a estrutura dramática dessa obra onde há nitidamente um personagem (o poeta *gauche*) disfarçado em heterônimos [...] descrevendo uma ação no tempo e espaço concebidos como um *continuum*". Um drama existencial que, sempre segundo o crítico, é composto de três atos, três momentos inseparáveis de sua trajetória (mas seriam assim tão distintos das três fases tradicionais?), que envolvem uma oposição básica: *eu X mundo*. Dos três momentos, resgato apenas aquele (final) que parece corresponder ao de *Claro Enigma*, assim definido pelo crítico:

> Finalmente, num terceiro estágio [o personagem *gauche*] atinge o equilíbrio: *Eu igual ao Mundo* [...]. A essa altura, sua poesia converteu-se numa sistematização da memória, numa maneira de se reunir através do tempo. O sujeito (*gauche*), que vinha interagindo com o objeto (mundo), encontra o equilíbrio (relativo). A ironia inicial que se entretinha no simples humorístico desenvolve sua dialética latente e transmuda-se num exercício metafísico com um tom barroco de desconsolo. Nessa etapa o poeta já realizou grande parte de sua travessia sobre o mar do tempo. Experimentou a morte alheia e sua morte parcial e aprendeu a recriar sua vida no plano poético da memória. Sujeito e objeto se interpenetram dialeticamente. O lirismo se torna mais puro. Dá-se a epifania máxima de sua vida-obra e a máquina do mundo se abre dentro e fora dele oferecendo-lhe a solução de todos os enigmas[33].

---

32. Affonso Romano de Sant'Anna, *Drummond: O Gauche no Tempo*, Rio de Janeiro, Record, 1992, pp. 14-15.
33. *Idem*, pp. 16-17.

Drummond: Da Rosa do Povo à Rosa das Trevas

Um dos grandes méritos da análise de Sant'Anna está, a meu ver, no fato de ter evidenciado a estrutura *dramática* da poesia de Drummond, o que facilita a discussão sobre a herança trágica na lírica do poeta. Além disso, trata-se de uma análise precisa no sentido de estabelecer as várias estratégias de que se vale o *gauche* para se constituir como tal, articulando-as com certas constantes da obra, até então examinadas isoladamente, como é, sobretudo, o caso da ironia, das *persona* (Carlos, Carlito, Crusoe, K. ...) e do jogo instável das posições assumidas pelo eu lírico nos versos. Todavia, sem lhe negar o mérito, Sant'Anna parece passar longe das motivações atuantes na conformação histórica particular do modo de ser *gauche* do poeta itabirano, já pelo próprio enfoque teórico adotado no cruzamento da análise quantitativa, afeita aos gráficos e às curvas de freqüência de motivos, e da inspiração heideggeriana no trato com a questão do tempo, conceito cuja amplitude tende a perder-se na generalidade e na indeterminação. De onde também a sua total desconsideração para com as determinações externas – vale dizer, o contexto histórico, político e estético do pós-guerra – que reputo fundamentais para a devida compreensão da mudança operada a partir de *Claro Enigma*, e das quais trato a seguir.

Tendo iniciado a revisão da fortuna crítica com Merquior, a ele, por fim, retorno, por ser quem melhor compreendeu e soube dar o devido valor à guinada de *Claro Enigma*. Para o crítico, o *essencial* do neoclassicismo de Drummond não reside especificamente na predominância dos ritmos ordenados ("mais próximos do dinamismo barroco que da simetria classicista"); nem na utilização de formas fixas (basicamente o soneto) ou na maior incidência de rimas[34]; nem no recurso à mitologia greco-romana[35]; nem sequer na depuração estilística – até porque, mesmo na

---

34. Embora o número de poemas não rimados continue a ser maior, Hélcio Martins (*A Rima na Poesia de Carlos Drummond de Andrade*, Rio de Janeiro, José Olympio, 1968, pp. 65 e 79) demonstrou como o uso da rima se torna mais constante e variado em Drummond a partir de *Claro Enigma*.

35. Merquior afirma que a invocação de Orfeu em "Canto Órfico", de *A Vida Passada a Limpo*, permanece, enquanto texto mitológico, uma nota isolada nos quatro livros afinados pela poética "classicizante" dos anos 50, ignorando, com isso, as alusões mitológicas contidas, só em *Claro Enigma*, em poemas como "Legado" (Orfeu), "Oficina Irritada" (Arcturo) e "Rapto" (Ganimedes).

Introdução

fase de maior aproximação em relação à realidade cotidiana, Drummond jamais chegou a uma prática radical da linguagem *impura*[36]. Para Merquior, o sentido profundo desse "modernismo *classicizado*", como ele prefere falar, residiria em certo *esquematismo* ou *abstração* que não se confunde com alienação do real, como supõem muitos intérpretes tomando por respaldo a epígrafe de Valéry. Diz ele:

> O lirismo de *Claro Enigma* é clássico no sentido de que evita a representação social-concreto. Salvo em textos como "Os Bens e o Sangue" [...], a mímese do "terceiro" Drummond abandona a ótica sociológico-realista de *A Rosa do Povo* em favor de um simbolismo abstrato, refratário à figuração da empiria social. Desde o aparecimento de *Claro Enigma*, houve críticos decepcionados com essa evolução de Drummond, se bem que seu agastamento se devesse menos à ausência de "realismo" na poesia filosófica que ao desaparecimento total de peças empenhadas, como os poemas de guerra de *A Rosa do Povo* ou as profissões de fé antipassadistas e antievasionistas de *Sentimento do Mundo*. Pouco sensível à profundidade do realismo sociológico drummondiano, que jamais soube analisar, essa crítica se ateve aos equívocos da estética "engajada", sempre incapaz de aceitar a independência intelectual da literatura[37].

Retornando aqui aos equívocos da estética "engajada", Merquior também percebeu com agudeza em que medida o livro de 1951 representa uma resposta ao radicalismo ideológico-partidário da época – como comprova, ainda, a prosa contemporânea de *Passeios na Ilha* –, embora sem buscar sua fundamentação histórica, do qual tratarei no devido tempo:

> Publicando *Claro Enigma* com uma epígrafe de Valéry – *les événements m'ennuient* – Drummond estava perfeitamente consciente do desafio que lançava ao moralismo simplista da maior parte dos intelectuais engajados. Como membro ativo de movimentos pela dignificação do escritor (de que resultou a fundação de organismos sindicais do gênero Associação Brasileira de Escritores), o poeta foi forçado a opor-se, de maneira enérgica, à intolerância dos grupos de extrema-esquerda. Estes, em nome da admirável divisa segundo a qual os fins justificam os meios (mas o que, então, justificará os fins? Já se perguntava Breton...), davam prova de excessiva desenvoltura moral quando das eleições para a mesa diretora da Associação... Não é difícil supor que

---

36. Iumna Simon, *op. cit.*
37. José Guilherme Merquior, "Sentido e Valor da Classicização do Modernismo em Drummond", *Verso Universo em Drummond, op. cit.*, pp. 190-191.

Drummond: Da Rosa do Povo à Rosa das Trevas

tais coisas – particularmente constrangedoras para um caráter reto como Drummond – tenham confirmado sua antiga antipatia pelo fanatismo ideológico.

Em todo caso, numa seção intitulada "Sinais do Tempo", o volume em prosa *Passeios na Ilha* (1952), contemporâneo de *Claro Enigma*, denuncia em tom lúcido e sereno o sectarismo de certos partidos de massa, verdadeiras inquisições leigas [...] Na medida em que o movimento encarregado de realizar as generosas aspirações cantadas em *Sentimento do Mundo* e *A Rosa do Povo* proclamava sistematicamente semelhantes atitudes filosóficas e morais, compreende-se que a epígrafe de Valéry tenha correspondido ao sentimento íntimo do poeta[38].

Voltando, por fim, à abstração que define a essência do neoclassicismo da "poesia de pensamento" de *Claro Enigma*, Merquior o aproxima do que Hermann Broch denominou de *estilo da idade mítica*:

O "estilo mítico" despreza as caracterizações individualizantes; ele fala de saída por meio de "uma abstração não teórica", como as narrações de Kafka. Além disso – tal como o indica ainda aqui a obra central de Kafka, tão impregnada de motivações éticas – *essa mímese abstrata não resulta, absolutamente, de um pretenso formalismo, mas constitui, ao contrário, uma resposta estratégica da arte contemporânea ao esteticismo*. O esteticismo não é senão um aspecto particular da desintegração geral dos valores ocorrida nos tempos modernos, no bojo do recuo da paidéia cristã. No decorrer dessa desintegração, cada domínio axiológico entra em conflito com os demais e tenta subjugá-las: a política, a economia, a arte e a ciência tornam-se soberanas, tentando, cada uma por sua vez, desempenhar o papel, agora, vago, da religião, enquanto reunião dos valores supremos da vida social. Assim, ao afastar-se do naturalismo, o *estilo "mítico" busca concentrar-se no essencial para fazer face à crise da cultura*[39].

De fato, se recorrermos diretamente ao ensaio de Broch, veremos que a aproximação se confirma inclusive por outros aspectos afins, que Merquior não chega a mencionar, como o fato do estilo mítico ser característico da *maturidade* (e a "madureza" é um tema presente em mais de um poema do livro de 1951)[40]. Porém, importa mais observar no trecho acima que a abstração, comum a ambos, confirmar-se-á como uma res-

38. *Idem*, pp. 192-193.
39. *Idem*, pp. 194-195.
40. Broch chega a propor a expressão "estilo da velhice" como sinônimo de "estilo mítico" (Herman Broch, "Le Style de l'Âge Mythique", *Création Littéraire et Connaissance*, Paris, Gallimard, 1966, p. 261).

Introdução

posta *efetiva* ao esteticismo, no caso do classicismo de Drummond, quando demonstrarmos, na Parte I, certa especificidade do contexto brasileiro da época, desconsiderado por Merquior: a crescente divisão do trabalho intelectual e o conseqüente esforço de especialização literária que, na ânsia de delimitar um campo próprio e autônomo para a poesia, acabou, por vezes, descambando para o solipsismo e o formalismo estéril.

Dando, aqui, por encerrado o balanço da fortuna crítica, é dessa especificidade do contexto brasileiro do pós-guerra (somada a outra) que eu gostaria de tratar a seguir, a fim de melhor balizar a posição assumida por Drummond na lírica do período.

Drummond: Da Rosa do Povo à Rosa das Trevas

Parte I

Entre o Esteticismo Estéril e o Dogmatismo Partidário

1

A Constituição de um Campo Literário Autônomo: Formalismo e Especialização do Trabalho Artístico nos Anos 40-50

A propósito do "modernismo classicizado" de *Claro Enigma*, que não constitui, em absoluto, um caso isolado nem no domínio da lírica nem da arte moderna em geral, é o próprio Merquior quem lembra uma ocorrência similar verificada entre nomes representativos das vanguardas ainda nos anos 20:

> O "classicismo" não é, absolutamente, uma metamorfose estranha aos estilos de vanguarda do século XX. Como se sabe, um estilo *all'antica* contamina numerosos líderes da arte moderna. Por volta dos anos 20, Picasso, De Chirico, Maillol, Stravinsky e Erik Satie; Gide, Werfel, Pound, Eliot, Joyce, Cocteau e O'Neil interessaram-se muito pelos temas gregos. Nem por isso sacrificaram seu antiacademicismo formal. Além do que a máscara antiga das vanguardas nada lhes tirou do amor ao grotesco e à paródia[1].

Dessa ocorrência ocupou-se mais recentemente Peter Bürger, articulando-a a uma discussão maior sobre o *declínio* ou *envelhecimento* do moderno levada a termo por Adorno[2]. Nota, assim, que, por mais absur-

---

1. José Guilherme Merquior, *Verso Universo em Drummond, op. cit.*, p. 191.
2. Peter Bürger, "O Declínio da Era Moderna", *Novos Estudos Cebrap*, n. 20, São Paulo, mar. 1988, pp. 81-95. As referências feitas, na seqüência, aos estudos de Adorno que tratam da questão partem das indicações fornecidas pelo próprio Bürger.

da que pareça a idéia de que, no início dos anos 20, a arte moderna estivesse chegando ao fim, o fato é que, nesse momento, nomes que haviam contribuído decisivamente para o desenvolvimento da arte moderna, passam a orientar-se em direção a modelos clássicos, como é o caso do Picasso retratista de *Olga na Espreguiçadeira,* o Stravinsky do balé *Pulcinella* e o Valéry de *Charmes.* "Com isso, a questão do neoclassicismo torna-se pedra de toque para toda e qualquer interpretação da modernidade artística"[3].

Adorno, ao se ocupar do problema, ofereceu duas interpretações contraditórias: a primeira está em *Minima Moralia,* onde o neoclassicismo, visto como nitidamente oposto ao espírito moderno, é ao mesmo tempo condenado como politicamente reacionário; a segunda está no ensaio sobre Stravinsky, onde o neoclassicismo denunciado pelo compositor é definido como o jogo soberano de um artista com as formas preestabelecidas do passado. Comentando essas duas interpretações, Bürger ressalta a superioridade da última. Isso porque, diz ele, enquanto a primeira adota

[...] um procedimento globalizante, compreendendo o neoclassicismo como movimento unitário, a segunda interpretação procura identificar a diferenciação. Deixa em aberto, ao menos, a possibilidade de que, nas obras neoclássicas, algo possa ir além da mera recaída numa visão reacionária de ordem[4].

Isso não faz de Bürger um defensor incondicional da reabilitação de formas e modos do passado. Se, por um lado, recusa a interpretação globalizante de Adorno, que se apóia na tese do "material artístico avançado" – isto é, da existência de um único material representativo de determinada época –, por julgá-la demasiadamente restritiva e incapaz de reconhecer o valor de certas tendências contemporâneas que se utilizam de materiais do passado[5]; por outro, Bürger alerta para o risco da posição "pluralista" que, seguindo na contramão da tese adorniana, corre o risco da aceitação indiscriminada de todo e qualquer material artístico do pas-

3. *Idem,* pp. 82-83.
4. *Idem,* p. 83.
5. Embora Bürger diga compreender o medo adorniano da regressão em virtude da experiência fascista.

Drummond: Da Rosa do Povo à Rosa das Trevas

sado. Contra a má sorte desse ecletismo histórico, Bürger assinala, primeiramente, a necessidade de distinguir o manuseio arbitrário das formas do passado e sua indispensável atualização. Em seguida, "depois da crítica feita à autonomia da arte pelos movimentos históricos de vanguarda, uma característica importante da arte significativa deveria ser a reflexão sobre essa condição".

A atitude defendida por Bürger deve servir de advertência para lidar com o neoclassicismo de *Claro Enigma*, a fim de não se incorrer, por um lado, no risco da condenação prévia, fundada em generalizações sobre o comprometimento ideológico do retorno às formas do passado; por outro, na defesa incondicional do ecletismo histórico, sem se atentar para o uso particular que Drummond faz do legado clássico, no sentido de averiguar se ocorre ou não o manuseio arbitrário de tais formas e a reflexão crítica sobre a condição de autonomia, que o crítico alemão reputa como indispensável para toda arte significativa.

Ora, já vimos de passagem com Achcar que a apropriação drummondiana das formas, tópicas e dicção classicizantes não ocorre sem uma boa dose de ironia, o que já ajuda a descartar a hipótese de um retorno puro e simples às formas do passado, como queriam alguns dos intérpretes do poeta mencionados atrás. Isso se confirma ainda mais quando se considera o pronunciamento de Drummond em entrevista cedida a Homero Senna nos idos de 44, portanto em plena fase do engajamento político, ao ser indagado sobre a denúncia, já então corrente, de um certo cansaço na experimentação modernista com a poesia, levando, aqui e ali, a um retorno aos moldes antigos. Como se sabe, esse seria o principal argumento sustentado pelos integrantes da geração de 45 no seu programa de "retorno à ordem" (para empregar o conhecido "apelo" de Eliot, nas *Notas* de 1948[6]), depois do caos em que teria sido lançada a poesia com o verso-librismo, o prosaísmo, o pitoresco e o humorismo modernistas[7]. Drummond, todavia, demonstra uma consciência extremamente alerta

---

6. T. S. Eliot, *Notas para uma Definição de Cultura*, São Paulo, Perspectiva, 1988.
7. Para a exposição de tal argumento por um dos principais integrantes da geração de 45, ver Ledo Ivo, "Epitáfio do Modernismo", *Poesia Observada*, São Paulo, Duas Cidades, 1978, pp. 141-149.

Entre o Esteticismo Estéril e o Dogmatismo Partidário

para o perigo desse retorno, pelo que pode implicar em termos de adoção de posições políticas reacionárias:

[...] à medida que a poesia se deixar levar pela nostalgia de tais "moldes antigos" ou insistir na reação contra eles decidirá, a meu ver, da sua liberdade conceitual, pois o regresso ao padrão arcaico ou transposto é quase sempre indício de uma tendência para a recapitulação histórica, para a volta a concepções e diretrizes intelectuais também suplantadas. Quero dizer: começa-se pela forma e chega-se ao fundo. Ora, acredito que as poetas se acautelarão contra o risco[8].

O risco denunciado por Drummond no trecho acima é o mesmo que temia Adorno, como se viu atrás, levando-o à condenação massiva do neoclassicismo. Ora, há de se convir que um artista com tal grau de consciência diante dessa ameaça não incorreria, poucos anos depois, num neoclassicismo ingênuo! Se o faz é porque incorpora, nesse fazer, a consciência sempre alerta desse risco do reacionarismo, tematizado reiteradamente, sobretudo nos poemas da primeira seção de *Claro Enigma,* que aludem *à arte poética* subjacente ao livro, conforme veremos. Nisso, Drummond parece atender àquela exigência atribuída por Bürger à arte mais conseqüente, de refletir sobre sua condição depois da crítica feita à sua autonomia pelas vanguardas históricas. O nosso maior "poeta público" – que, através do canto participante, levara ao limite a aproximação arte-vida intentada pelas vanguardas e pelo nosso modernismo, como crítica à autonomia da *instituição-arte*[9] – não poderia mesmo retirar-se tranqüila e conformadamente da *praça de convites,* uma vez frustrado o seu empenho. Não sem amargar o profundo sentimento de luto pelos ideais perdidos, que o condenaram ao quietismo – sempre ameaçado pelo risco do conformismo do qual busca escapar na medida mesma em que o denuncia – e à descrença absoluta, não só em um novo ideal social, mas na própria poesia como meio capaz de o veicular.

8. Carlos Drummond de Andrade, "Poética Moderna", em Homero Senna, *República das Letras: Entrevistas com 20 Grandes Escritores Brasileiros*, Rio de Janeiro, Civilização Brasileira; São José dos Campos, Univap, 1996, pp. 6-7.

9. Essa aproximação, como forma de contestar a autonomia da *instituição-arte*, seria definido pelo mesmo Bürger, em clássico estudo, como o significado essencial dos vários movimentos de vanguarda. Ver a respeito, Peter Bürger, *Teoría de la Vanguardia*, Barcelona, Ediciones Península, 1987.

Drummond: Da Rosa do Povo à Rosa das Trevas

Mas, além do risco do quietismo, a reflexão crítica sobre a maior ou menor autonomia da *instituição-arte* tinha por horizonte mais imediato certa particularidade do contexto literário brasileiro nos anos 40-50, que parece responder pela guinada classicizante operada não só na lírica de Drummond, mas de muitos outros grandes nomes modernistas, mais ou menos pela mesma época, como é o caso de Jorge de Lima (*Livro dos Sonetos, Invenção de Orfeu*) e Murilo Mendes (*Sonetos Brancos, Contemplação de Ouro Preto*), além de Bandeira e do Vinícius sonetista. Longe, portanto, de ser uma ocorrência isolada, tais nomes e obras ajudam a configurar uma tendência de época em que se inscreve o Drummond da fase de *Claro Enigma* e mesmo os sempre execrados poetas da geração de 45, que boa parte da historiografia tende a ver como uma espécie de atoleiro neoparnasiano-simbolista em que regressivamente desembocou a lírica moderna, muito embora ela não deixe de ser propriamente *moderna*, como bem notou Iumna Simon, sinalizando, inclusive, as razões históricas de tal tendência:

> Conquanto estivesse distante de ser uma vanguarda e tivesse recaído em soluções retóricas e estetizantes, a linhagem dos poetas de 45 não deixava de ser moderna, inspirada em fontes de vária procedência: do simbolismo à poesia de Rilke, Pessoa, Valéry, Eliot, Neruda, Jorge Guillén, não faltando o gosto especial por atmosferas e cadeias imagéticas de inspiração surrealista. Se os recursos e os procedimentos modernos foram traduzidos em convenção, como um padrão genérico de modernidade poética, ao mesmo tempo eles serviam, juntamente com a restauração das formas tradicionais, ao esforço de especialização literária que, na época, traduzia a necessidade de constituir um território próprio e autônomo para a expressão poética[10].

Antes mesmo de atentar para as diferenças que separam nomes do porte de Drummond dos "neomodernistas" de 45, embora irmanados dentro de uma mesma tendência, importa notar que esta última é produto de uma realidade histórica marcada, entre nós, pela *especialização do trabalho artístico*, justificando, assim, "a necessidade de constituir um território próprio e autônomo para a expressão poética", a que se refere

---

10. Iumna M. Simon, "Esteticismo e Participação: As Vanguardas Poéticas no Contexto Brasileiro (1954-1969)", em Ana Pizarro (org.), *América Latina: Palavra, Literatura e Cultura*, São Paulo, Memorial/Campinas, Unicamp, 1993, pp. 3 e 343.

Entre o Esteticismo Estéril e o Dogmatismo Partidário

Simon[11]. A ensaísta tem em mira aqui o que já observara argutamente Antonio Candido no início dos anos 50, sobre a *crescente divisão do trabalho intelectual* no período:

Em nossos dias estamos assistindo ao fim da literatura onívora, infiltrada como critério de valor nas várias atividades do pensamento. Assistimos, assim, ao fim da literatice tradicional, ou seja, da intromissão indevida da literatura; da literatura sem propósito. Em conseqüência, presenciamos também a formação de padrões literários mais puros, mais exigentes e voltados para a consideração de problemas estéticos, não mais sociais e históricos. É a maneira pela qual as letras reagiram à crescente divisão do trabalho intelectual, manifestado sobretudo no desenvolvimento das ciências da cultura, que vão permitindo elaborar, do país, um conhecimento especializado e que não reveste mais a forma discursiva.

Numa tradição como a nossa, onde as obras, notadamente a ficção, tenderam a ser um meio de iniciação no conhecimento da realidade do país e de sua gente (o que fazia do escritor uma espécie de *duplo* do sociólogo), a crescente divisão do trabalho intelectual verificada no período[12] veio instaurar um conflito no interior da literatura que, atacada em seus campos preferenciais, vê-se obrigada a retrair o "âmbito de sua ambição"[13], de onde decorreriam, segundo Candido, as modernas tendências

---

11. As considerações que passo a tecer, a respeito do contexto de especialização do trabalho artístico (e do diálogo Mário-Drummond sobre a torre-de-marfim), foram tomadas não só ao ensaio citado de Iumna Simon, mas também às anotações e indicações bibliográficas do curso por ela ministrado sobre a tradição moderna da lírica brasileira nos anos 40-50 no IEL/Unicamp.

12. Para essa divisão, decerto, muito contribuiu a imposição crescente dos especialistas procedentes da universidade criada na década de 30. A esse respeito, nota Carlos Guilherme Mota, que "foi no final dos anos 40 que os resultados do labor universitário se fizeram sentir" (*Ideologia da Cultura Brasileira (1933-1974)*, São Paulo, Ática, 1985).

13. Além da especialização do trabalho intelectual, Candido chama ainda a atenção para o impacto sobre o alcance do literário representado pelo surgimento dos novos meios de comunicação. Sobre esse impacto, pensado em um contexto mais amplo, também observava Adorno, nos idos de 50, que, do "mesmo modo que a fotografia tirou da pintura muitas de suas tarefas tradicionais, a reportagem e os meios da indústria cultural – sobretudo o cinema – subtraíram muito ao romance. O romance precisou concentrar-se naquilo de que o relato não dava conta. [...] Não é só o fato de informação e ciência terem confiscado tudo o que é positivo, apreensível – incluindo a facticidade do mundo – que força o romance a romper com isso e a entregar-se à representação de essência e distorção, mas também a circunstâncias de que, quanto mais fechada e sem lacunas se compõe a superfície do processo social da vida, tanto mais hermeticamente esta esconde, como véu, o ser.

Drummond: Da Rosa do Povo à Rosa das Trevas

estetizantes, vistas como "reação de defesa e ajustamento às novas condições de vida intelectual; uma delimitação de campo que, para o crítico, é principalmente uma tendência ao formalismo, e por vezes à gratuidade e ao solipsismo literário". Essa reação não deixava, por isso, de trazer uma nova consciência artesanal que poderia levar à produção de "novas formas de expressão mais ou menos ligadas à vida social, conforme os acontecimentos o solicitem". Todavia, como concluía o crítico na época:

> Não há dúvida [...] que o presente momento é de relativa perplexidade, manifestada pelo abuso de pesquisas formais, a queda na qualidade média de produção, a omissão da crítica militante. Se encararmos estes fatos de um ângulo sociológico, veremos que eles estão ligados – entre outras causas – à transformação do público e à transformação do grupo de escritores[14].

O vínculo íntimo entre a constituição de um campo literário autônomo e as tendências formalistas e estetizantes é hoje fato reconhecido e atestado por muitos estudiosos, dentre os quais Bourdieu, ao examinar a *gênese da arte pura* no século XIX francês[15]. Nas suas próprias palavras,

> [...] [o] movimento do campo artístico e do campo literário na direção de uma maior autonomia acompanha-se de um processo de diferenciação dos modos de expressão artística e de uma descoberta progressiva da forma que convém propriamente a cada arte ou a cada gênero, para além mesmo dos sinais exteriores, socialmente conhecidos e reconhecidos, de sua identidade [...] Significa dizer que, de depuração em depuração, as lutas que ocorrem nos diferentes campos levam a isolar pouco a pouco o princípio es-

Theodor Adorno, "Posição do Narrador no Romance Contemporâneo" (1958), em Adorno, Benjamin, Horkheimer, Habermas, *Textos Escolhidos*, São Paulo, Abril Cultural, 1980, p. 270.

14. Antonio Candido, "Literatura e Cultura de 1900 a 1945", *Literatura e Sociedade*, São Paulo, Nacional, 1985, p. 136. Uma hipótese a ser averiguada com mais vagar em trabalho futuro é a de que o movimento regressivo da "geração de 45" em direção ao legado parnasiano – como resposta à especialização do trabalho intelectual e à conseqüente perda da posição privilegiada da literatura em nossa tradição – talvez se deva ao reconhecimento social (oficial) de que gozou o Parnasianismo entre nós (cf. Jeffrey D. Needell, *Belle Époque Tropical*, São Paulo, Companhia das Letras, 1993), *imaginariamente* almejado pela referida geração.

15. Pierre Bourdieu, *As Regras da Arte*, São Paulo, Companhia das Letras, 1997. Mais recentemente, Randal Johnson esboçaria uma articulação muito inspiradora entre as formulações do sociólogo francês e a autonomização do campo literário brasileiro assinalado por Candido (ver Randal Johnson, "A Dinâmica do Campo Literário Brasileiro (1930-1945)", *Revista USP*, São Paulo, n. 26, jun.-ago. 1995, pp. 176 e ss.).

Entre o Esteticismo Estéril e o Dogmatismo Partidário

sencial do que define propriamente cada arte e cada gênero [...] Todas as vezes que se institui um desses universos relativamente autônomos, campo literário, campo científico ou qualquer de suas especificações, o processo histórico que aí se instaura desempenha o mesmo papel de alquimista a extrair a quintessência[16].

Para o sociólogo francês, toda a tradição de reflexão sobre a "poesia pura", assim como a crítica formalista (especialmente Jakobson) tenderam a transformar em essência trans-histórica o que é na verdade "produto de um lento e longo trabalho de alquimia histórica que acompanha o processo de autonomização dos campos de produção cultural"[17]. De modo que, a seu ver, a "única forma legítima da análise da essência" é através da história do próprio campo artístico ou literário.

A partir das considerações de Candido e Bourdieu, é possível melhor compreender que, nesse contexto marcado pela especialização do trabalho artístico, as tendências formalistas e classicizantes da poesia viessem acompanhadas de um intenso e acalorado debate de idéias não só entre os poetas, mas também entre os críticos do período[18] que, à discussão sobre a natureza do "essencialmente poético", o hermetismo, a poesia pura, as formulações teóricas e o legado poético de Eliot, Valéry e seguidores, aliavam a disseminação dos postulados do *new criticism*, então em voga. Que esse debate estava na ordem do dia bem o comprovam muitos dos artigos publicados por Sérgio Buarque nas páginas do *Diário de Notícias* e do

---

16. *Idem*, pp. 159-160.
17. *Idem*, pp. 160-161.
18. Não custa lembrar aqui que a crítica dos anos 40-50 também denunciava essa tendência à especialização do trabalho intelectual referida por Antonio Candido. A discussão sobre a natureza do poético e questões afins assinalava a preocupação em definir critérios estéticos mais rigorosos para a análise textual, que fundamentariam a petição de princípio de jovens egressos dos meios universitários contra o tipo de crítica não especializada, praticada até então pelos "bacharéis" ou "homens de letras" nas colunas e rodapés dos jornais. Um marco significativo dessa luta pela legitimação da crítica universitária contra o impressionismo, autodidatismo e "aventuras da personalidade" reinantes na crítica de rodapé está na violenta campanha promovida par Afrânio Coutinho contra aquele que o próprio Drummond chamou um dia de "imperador da crítica": Álvaro Lins. A transição entre o rodapé e a cátedra, entre o "crítico-cronista" e o "crítico-*scholar*" é examinada por Flora Sussekind, "Rodapés, Tratados e Ensaios: A Formação da Crítica Brasileira Moderna", *Papéis Colados*, Rio de Janeiro, Editora UFRJ, 1993, pp. 14-21. Ver ainda Randal Johnson, *op. cit.*, pp. 178-179, bem como o prefácio de João Alexandre Barbosa ("A Paixão Crítica") a Augusto Meyer, *Textos Críticos*, São Paulo, Perspectiva; Brasília, INL/Pró-Memória, 1986.

Drummond: Da Rosa do Povo à Rosa das Trevas

Diário Carioca[19], que incluem uma famosa polêmica travada com Euríalo Canabrava. Do debate não se furtou sequer a crítica militante de esquerda (comprometida com a política cultural stalinista adotada pelo PCB no pós-guerra, como trataremos de ver adiante), assumindo obviamente uma posição condenatória, como se verifica nas discussões sobre hermetismo iniciadas por Oswaldino Marques nas páginas de *Literatura*[20].

A par desse pano de fundo, pode-se então continuar indagando sobre a especificidade da reclassicização do verso e da depuração processadas na lírica drummondiana do período, sabendo agora que ela se inscreve numa tendência maior da época e, enquanto tal, constitui uma reação à crescente especialização do trabalho intelectual, que obrigaria poetas e críticos a buscar definir critérios mais puros para delimitar a natureza específica da poesia. Isso, é certo, não fez com que Drummond, por força mesma da ironia e da consciência crítica reveladas mais atrás, incorresse no convencionalismo estreitíssimo que levaria, à época, um dos nomes representativos da geração de 45, lembrado por Sérgio Buarque, a sustentar

[...] que o bom verso não contém esdrúxulas (apesar de Camões), que a palavra "fruta" deve ser desterrada da poesia, em favor de "fruto", e a palavra "cachorro" igualmente abolida, em proveito de "cão", e mais, que o oceano Pacífico (adeus Melville e Gauguin!) não é nada poético, bem ao oposto do que sucede com seu irmão xipófago, o oceano Índico[21].

19. Tais artigos, importantíssimos para a reconstituição das discussões e polêmicas sobre a poesia na época, foram mais recentemente recolhidos por Antonio Arnoni Prado. Ver Sérgio Buarque de Holanda, *O Espírito e a Letra: Estudos de Crítica Literária, op. cit.* Todo o volume II reúne os artigos do período, inclusive as respostas de Sérgio Buarque à polêmica travada com Canabrava ("Hermetismo e Crítica" e "Poesia e Positivismo").
20. Ver a respeito os comentários de Raúl Antelo, *Literatura em Revista*, São Paulo, Ática, 1984, que reproduz parte dessas discussões de Oswaldino Marques.
21. O poeta em questão era Domingos Carvalho da Silva. Cf. Sérgio Buarque, "Rebelião e Convenção", *op. cit.*, p. 154. Nem todos os membros da geração de 45, é certo, se orientavam por essa estreiteza de visão. Exceção à regra (pelo menos em termos de consciência crítica) é Péricles Eugênio da Silva Ramos. Ver o comentário sobre sua geração em *Do Barroco ao Modernismo*, Rio de Janeiro, LTC, 1979. Ver também os comentários daquele que, tendo surgido com a "geração de 45", afasta-se radicalmente das tendências restauradoras de muitos dos nomes que a integravam: João Cabral, "A Geração de 45", *Obra Completa*, Rio de Janeiro, Nova Aguilar, 1995, pp. 741-756.

Entre o Esteticismo Estéril e o Dogmatismo Partidário

Não é preciso muito esforço para notar o quanto poetas como esse, ao conceberem a definição de critérios mais puros em termos de convenção retórica, afastam-se por completo daqueles que eram muitas vezes tomados como modelos de inspiração para a suposta "renovação" poética proposta por sua geração, como é o caso de Eliot e Valéry[22].

Do mesmo modo que não confunde a reclassicização e a depuração poéticas com convencionalismo retórico, Drummond não incorre na crença ingênua da completa autonomia da arte, que levaria muitos dos poetas de 45 a um novo enclausuramento na *torre-de-marfim*. A menos, é claro, que se conceba a *torre-de-marfim* nos moldes *sui generis* com que Mário de Andrade a definiu em carta enviada ao poeta itabirano, em 11.2.45, cheia de conseqüências, a meu ver, para a compreensão dos rumos tomados pela lírica drummondiana do pós-guerra:

> Pela primeira vez – dirá Mário ao amigo – se impôs a mim o meu, nosso destino de artistas: a Torre de Marfim. Eu sou um torre-de-marfim e só posso e devo ser legitimamente um torre-de-marfim. Só um anjo da guarda perfeito me impediu escrever um artigo sobre isso no dia em que descobri que sou torre-de-marfim. Mas sobrou o anjo da guarda, felizmente, imagine o confusionismo que isso ia dar e o aproveitamento dos f-da-puta. Porque, está claro, a torre-de-marfim não quer nem pode significar não-se-importismo nem arte-purismo. Mas o intelectual, o artista, pela sua natureza, pela sua definição mesma de não conformista, não pode perder a sua profissão, se dupli ando na profissão de político. Ele pensa, meu Deus! e a sua verdade é irrecusável pra ele. Qualquer concessão interessada pra ele, pra sua posição política, o desmoraliza, e qualquer combinação, qualquer concessão o difama. É da sua torre-de-marfim que ele deve combater, jogar desde o guspe [*sic*] até o raio de Júpiter, incendiando cidades. Mas da sua torre. Ele pode sair da torre e ir botar uma bomba no Vaticano, na Casa Branca, no Catete, em Meca. Mas sua torre não poderá ter nunca pontes nem subterrâneos[23].

Pode parecer contraditória a defesa de uma concepção dessa ordem por alguém que tantas vezes afirmou (inclusive em cartas ao amigo itabirano) a deformação consciente de sua obra pela adoção dos "pragmatismos" exigidos pela hora presente. Alguém que, em mais de um momento, ad-

---

22. Quem afirma ser Eliot e Valéry os mentores intelectuais da geração de 45 é Ledo Ivo, *op. cit.*

23. *A Lição do Amigo: Cartas de Mário de Andrade a Carlos Drummond de Andrade* (org. C. D. Andrade), Rio de Janeiro, Record, 1988, pp. 224-225.

Drummond: Da Rosa do Povo à Rosa das Trevas

vertiu os contemporâneos sobre a necessidade do alinhamento político explícito, denunciando inclusive a aceitação conformista da clássica tese-denúncia de Benda sobre a *trahison des clercs*, tornando-os ainda mais *trovadores da "arte pela arte"* – o que levaria Mário a defender, ao contrário, a necessidade da *traição* conseqüente das grandes e eternas Verdades em prol das pequenas verdades, temporárias e locais, pelo intelectual que deve se manter sempre como um eterno revoltado, um *fora-da-lei*[24].

O fato é que, já no final da década de 30, o pensamento estético de Mário de Andrade denunciava uma mudança radical no sentido de conferir uma maior ênfase às questões da forma e do apuro técnico, embora sem descuidar do problema do engajamento do artista e da arte nas questões essenciais e prementes do tempo. Ele próprio trataria de atestar essa mudança ao fazer um balanço de sua trajetória em carta de 1944 a Carlos Lacerda, na qual assinala que, após a fase "sócio-estourante" ou "purgatória" de 29 a 34 (de O *Carro da Miséria*, "Grão Cão de Outubro" até o artigo em que se confessa "coram populo" comunista "sem sê-lo"), "veio a fase *reconstrutiva*, principiada por aquela 'Oração de Paraninfo', que você tanto gosta. E eu gosto, apesar de o seu muito verbosa. E que foi a abertura dessa série de escritos 'O Movimento Modernista', 'Atualidade de Chopin', o prefácio ao livro de Otávio de Freitas Júnior"[25]. A essa série de escritos caberia ainda acrescentar, com o mérito da precedência na exposição da nova concepção estética, a conferência de 38 intitulada "O Artista e o Artesão"[26], na qual Mário de Andrade amplia consideravelmente seu conceito de *técnica*. Estabelecendo a distinção entre o *artesanato* (no sentido de aprendizado do material) e o *virtuosismo* (isto é, o conhecimento da tradição), Mário acrescenta ainda um terceiro momento da técnica representado pela solução pessoal que o artista, ao defrontar-se

24. Para a crítica do conformismo da *intelligentsia* local e da recepção da tese de Benda no Brasil ver os artigos sobre o "Intelectual" publicado no *Diário de Notícias* e, posteriormente, recolhido em Mário de Andrade, *Táxi e Crônicas no Diário Nacional* (org. Telê P. Ancona Lopes), São Paulo, Duas Cidades/Secretaria da Cultura, Ciência e Tecnologia, 1976, pp. 515-520.

25. *71 Cartas de Mário de Andrade*, coligidas e anotadas por Lígia Fernandes, Rio de Janeiro, São José, s/d., p. 91.

26. Mário de Andrade, "O Artista e o Artesão", *O Baile das Quatro Artes*, São Paulo, Martins, 1943.

Entre o Esteticismo Estéril e o Dogmatismo Partidário

com as dificuldades do material e com as exigências de seu tempo, deve encontrar para criar, de fato, uma obra de arte representativa. Embora não delineada de modo muito claro, essa técnica pessoal, como bem nota Lafetá, não se confunde com vagos conceitos do tipo "talento", "gênio" ou "inspiração", mas sim "uma atitude coerente entre o artista e o mundo, entre a realização da obra de arte e a vida social. Sua exigência é a de uma postura pessoal de incansável pesquisa, que todos os artistas devem adotar se quiserem traduzir o espírito de sua época e ultrapassar o artesanato e o simples virtusismo"[27]. O privilégio conferido ao apuro técnico, à tradição e ao artesanato não implica, portanto, a alienação da história. Ao contrário, trata-se antes de uma "proposta de engajamento constante, em todas as direções: o artista não deve alienar-se nem de si mesmo, nem de seu artesanato, nem da história. A postura ética, de participação, é transportada para dentro da postura estética, e a técnica é vista como um esforço de desalienação, que implica constante e insatisfeita procura". Revela-se aqui aquela mesma confiança na "potência moralizadora" (e "salvadora") da técnica a que se referiria Mário de Andrade, poucos anos depois, na célebre "Elegia de Abril"[28].

27. João Luís Lafetá, *1930: A Crítica e o Modernismo*, São Paulo, Duas Cidades, 1974, pp. 160-161. Trata-se, sem dúvida, do exame mais cuidadoso da evolução do pensamento estético de Mário de Andrade. (Sobre a fase de que me ocupo aqui, ver todo a capítulo intitulado "Ética e Poética".) Mais recentemente Eduardo Jardim de Moraes publicou um estudo sobre o pensamento estético de Mário de Andrade, tomando como objeto central de reflexão justamente "O artista e o artesão" (ver *Limites do Moderno: O Pensamento Estético de Mário de Andrade*, Rio de Janeiro, Relume-Dumará, 1999).

28. "Imagino que uma verdadeira consciência técnica profissional poderá fazer com que nos condicionemos ao nosso tempo e os [*sic*] superemos, a desbastando de suas fugaces aparências, em vez de a elas nos escravizarmos. Nem penso numa qualquer tecnocracia, antes confio é na potência moralizadora da técnica. E salvadora ... [...] O intelectual não pode mais ser um abstencionista; e não é o abstencionismo que proclamo, nem mesmo quando aspiro ao revigoramento novo do 'mito' da verdade absoluta. Mas se o intelectual for um verdadeiro técnico da sua inteligência, ele não será jamais um conformista. Simplesmente porque a sua verdade será irreprimível [...] *Será preciso ter sempre em conta que não entendo por técnica do intelectual simplesmente o artesanato de colocar bem as palavras em juízos perfeitos. Participa da técnica, tal como eu a entendo, dilatando agora para o intelectual o que disse noutro lugar exclusivamente para o artista, não somente o artesanato e as técnicas tradicionais adquiridas pelo estudo, mas ainda a técnica pessoal, o processo de realização do indivíduo, a verdade do ser, nascida sempre da sua moralidade profissional. Não tanto o assunto mas a maneira de realizar o assunto*" (Mário de Andrade, "A Elegia de Abril", *Aspectos da Literatura Brasileira*, São Paulo, Martins, s/d., pp. 193-194).

Ora, essa mesma "transposição de uma postura ética, de participação, para dentro da postura estética" parece se verificar na concepção *sui generis* da torre-de-marfim exposta ao amigo itabirano, que obviamente não se confunde com o esteticismo alienante da *art pour l'art* a que geralmente se associa o termo. Pois está visto que o artista, embora centrado na sua torre-de-marfim – com tudo o que o termo implica no sentido de autonomia (relativa) da criação, de trabalho rigoroso e de experimentação com a forma – não deixa de combater à distância (o que vale dizer, de forma *mediada*), "jogar desde o cuspe até o raio de Júpiter, incendiando cidades", mas sem fazer concessões aos partidarismos do tempo, abrindo portas e pontes que facilitem o ingresso das ideologias em concurso, de modo a converter a arte em libelo político ou de qualquer outra espécie. A recusa a esse tipo de concessão, como se verá a seguir, tem em mira a atuação política do PCB no plano da cultura, como trataria de assinalar Drummond no comentário sobre a carta de Mário de Andrade.

Que Drummond tenha matutado intensamente sobre mais essa grande lição do amigo da Lopes Chaves parece prová-lo um belo e arguto registro de seu diário, datado de 16 de fevereiro de 1945, em que alude à referida carta, apontando ainda as causas que motivaram essa concepção de Mário sobre o artista como "torre-de-marfim":

Carta de Mário de Andrade, infeliz com o que viu e ouviu no Congresso de Escritores em São Paulo. Concluiu que o destino do escritor há de ser a torre de marfim dentro da qual trabalhe – o que não quer dizer não-me-importismo nem artepurismo. Guardar e meditar suas palavras: "O intelectual, o artista pela sua natureza, pela sua definição mesma de não conformista, não pode perder a sua profissão, se duplicando na profissão de político. Ele pensa, meu Deus! e a sua verdade é irrecusável pra ele. Qualquer concessão interessada pra ele, pra sua posição política, o desmoraliza, e qualquer combinação, qualquer concessão o infama. É da sua torre de marfim que ele deve combater, jogar desde o cuspe até o raio de Júpiter, incendiando cidades. Mas de sua torre. Ele pode sair da torre e ir botar uma bomba no Vaticano, na Casa Branca, no Catete, em Meca. Mas sua torre não poderá ter nunca pontes nem subterrâneos".
No meio de tantas paixões fáceis e de tanta intelectualidade abdicante, Mário preserva o seu individualismo consciente, que lhe dá mais força para exercer uma ação social que os intelectuais políticos praticam de mau jeito e sem resultado[29].

29. Carlos Drummond de Andrade, *O Observador no Escritório*, Rio de Janeiro, Record, 1985, pp. 20-21.

Entre o Esteticismo Estéril e o Dogmatismo Partidário

Ao que tudo indica, Drummond guardou tais palavras e meditou profundamente sobre elas, a ponto de atuarem decisivamente na guinada classicizante operada na lírica do poeta itabirano no pós-guerra. A prova mais cabal disso o leitor encontrará naquelas "Divagações sobre as Ilhas", incluídas no volume em prosa de 52, *Passeios na Ilha*, que parecem servir, como já observado, de comentário à nova atitude literária esposada por Drummond no período. São notórias as afinidades existentes entre a *torre-de-marfim* de Mário de Andrade e a *ilha* de Drummond[30]. Em ambos os casos, trata-se também de uma resposta (bastante conseqüente no que diz respeito à natureza da criação literária) à atuação do PCB no domínio estrito da cultura, como bem demonstra o comentário acima de Drummond, assinalando a desilusão de Mário de Andrade com o que "viu e ouviu no Congresso dos Escritores". É dessa atuação que gostaria de me ocupar agora, de modo a melhor evidenciar as razões e o alcance da resposta de Mário e, sobretudo, de Drummond, com sua ilha estrategicamente situada em relação ao continente, palco da realidade social e política do tempo.

30. Afinidades essas extensivas a outros nomes significativos da poesia modernista que revelam em sua obra idêntica guinada classicizante, como Jorge de Lima, em cujo *Livro dos Sonetos* (1949), a torre de marfim volta a ser tematizada, mas em tom de advertência que parece resgatá-la da concepção tradicional, estetizante e alienante, em relação ao mundo dos "relativos compromissos" (como diz outro dos sonetos). Vejam-se alguns dos versos (que evocam Cruz e Sousa): "A torre de marfim, a torre alada, / esguia e triste sob o céu cinzento, / corredores de bruma congelada, / galerias de sombras e lamentos. // A torre de marfim fez-se esqueleto / e o esqueleto desfez-se num momento, / Ó! não julgueis as coisas pelo aspecto / que as coisas mudam como muda o vento".

Drummond: Da Rosa do Povo à Rosa das Trevas

2

As Razões do Pessimismo: Sectarismo Ideológico no Contexto da Guerra Fria

Hoje em dia os concílios não têm mais poder para devorar os homens; mas os partidos, certos partidos, têm.

E como se devora um homem? Já não se usam leões, e as fogueiras de há muito foram proscritas; mas a imaginação do fanático descobrirá sempre um método prestante para dar cabo do não-fanático. Nem importa que essa imaginação seja curta; o fanatismo provê. As modernas execuções políticas não necessitam sequer ser efetivas. Sem dúvida, seria mais delicioso e reconfortante para o ortodoxo fritar literalmente as vísceras do herege que negou a divindade do líder X ou do tratadista Y. Como, porém, o serviço não está organizado em todas as partes do mundo (não esquecer que muitos são fritados antes de fritar), há que contentar-se a gente com assados espirituais ou em efígie. As palavras são de grande serventia nessa eventualidade, e, aplicadas com perícia, produzem a morte política, a morte moral, a morte literária e outras mortes provisórias.[...]

Sem dúvida, é suave (para quem a pratica) a ortodoxia. Ela nos dispensa de exercícios incômodos, inclusive de revermos o objeto de nosso culto. [...] Morrer por uma idéia é incontestavelmente sublime, porém na realidade dispensa-nos do trabalho de examiná-la, confrontá-la com outras, julgá-la. Variante útil: matar por uma idéia, que igualmente nos exime desse trabalho maior.

CARLOS DRUMMOND DE ANDRADE,
"Reflexões sobre o Fanatismo".

Vimos com Drummond que a concepção *sui generis* da torre de marfim formulada por Mário de Andrade é produto do desencanto com o que presenciou na ABDE. Desencanto esse muito provavelmente causado pela "politicagem que trançou na infra-estrutura da intriga e do engano, no Congresso", como declararia o próprio Mário de Andrade em carta de 9.2.1945 endereçada a Dantas Motta[1]. É certo que esse "trançado de politicagem", como nota Drummond, não impediu o Congresso de cumprir "sem tumulto sua missão na circunstância, ao contrário do que temia Mário de Andrade"[2]. Mas parece ter servido de prenúncio (sem que Mário tivesse tempo de vida bastante para constatá-lo) a tentativas futuras de desvirtuamento político dos fins a que se destinava a ABDE, como se verificou, em 1947 e 1949, com a atuação lastimável dos comunistas[3]. Sendo um dos reflexos do sectarismo que assolou o PC no pós-guerra, o corpo-a-corpo pela posse da ABDE viria ocasionar *desencanto* ainda maior que o de Mário de Andrade, quando não a desilusão completa em relação ao comunismo soviético como alternativa, como se vê no seguinte depoimento de Manuel Bandeira concedido a Thiago de Melo:

1. *Apud A Lição do Amigo, op. cit.*, pp. 226-227. Na verdade, a posição de Mário de Andrade diante do I Congresso de Escritores (1945), em São Paulo, parece ter oscilado, desde o começo, entre o entusiasmo e a descrença, como bem comprovam várias menções à sua participação no evento, colhidas pelo próprio Drummond na correspondência do escritor paulistano e em depoimentos de amigos.
2. *Idem*. Para um histórico do Primeiro Congresso dos Escritores de São Paulo, a finalidade com que foi criado, como transcorreu e o que significou à época, ver o estudo de Carlos Guilherme Mota, *op. cit.*, pp. 137-153; bem como o depoimento de um dos seus participantes: Antonio Candido, "O Congresso dos Escritores", *Teresina etc.*, Rio de Janeiro, Paz e Terra, 1980, pp. 107-112.
3. Refiro-me, como se deve saber, à desastrosa participação da delegação comunista no II Congresso Brasileiro de Escritores, em Belo Horizonte, que, em meio a muita controvérsia, obteve a aprovação da moção contra o fechamento do partido e a cassação de seus parlamentares. Na ânsia de ver sancionada a proposta, a delegação encaminhou a votação diretamente ao plenário, passando por cima da comissão de assuntos políticos (da qual fazia parte Drummond), que renunciou em bloco em sinal de protesto. Não bastasse, em 1949, durante a eleição para a diretoria do ABDE, os comunistas, não aceitando cargos secundários, resolveram criar uma chapa própria, que acabou vencida pela chapa de Afonso Arinos (na qual também figurava Drummond na qualidade de candidato a primeiro-secretário). A chapa vencedora também acabou renunciando em bloco, depois de embates corporais com os comunistas. Para um contraponto das versões sobre o episódio de 47, ver o que diz Drummond em seu diário (*O Observador no Escritório, op. cit.*) e Astrogildo Pereira, entre outros, em texto publicado na revista do partido, *Literatura* (resumido e parcialmente reproduzido por Raúl Antelo, *op. cit.*, pp. 287-289).

Drummond: Da Rosa do Povo à Rosa das Trevas

Houve um tempo em que vi com bons olhos os nossos comunistas. É que ainda não estava a par da política celerada deles. Par isso fui inocente útil. Coloquei meu nome em abaixo-assinados protestando contra a violência da polícia. Fui convidado e aceitei saudar Pablo Neruda, numa festa comunista. A pedido deles, levei Neruda e Nicolás Guillén à Academia e saudei-os lá.

Mas o incidente da ABDE me abriu os olhos. Hoje sou insultado por eles ao mesmo tempo que sou tido como comunista por muita gente. A verdade é que me recuso a admitir a forçosa alternativa do binômio sinistro: Rússia – Estados Unidos. Se não houvesse possibilidade de salvação fora da opressão comunista ou do imperialismo norte-americano, então seria melhor que este mundo se espatifasse sob a poder das bombas de hidrogênio das duas facções[4].

Na mesma linha, diria Afonso Arinos, que votara contra a cassação do PCB em 47: "O pleito da ABDE valeu-me como uma vacina anticomunista"[5].

No caso do próprio Drummond, afora sua parca correspondência[6], há mais de um capítulo de *O Observador no Escritório* que reflete idêntica desilusão (para não dizer verdadeiro horror) e é nela que devemos

---

4. Manuel Bandeira, "Perdi a Fé e a Esperança no Brasil", Entrevista a Thiago de Melo, *Comício*, 1:23, Rio de Janeiro, 17 out. 1952. *Apud* Raúl Antelo, *op. cit.*, p. 234.
5. *Apud* Dênis de Moraes, *O Imaginário Vigiado: A Imprensa Comunista e o Realismo Socialista no Brasil (1947-1953)*, Rio de Janeiro, José Oympio, 1994, p. 141.
6. Se não encontramos nada em termos de correspondência ativa, na passiva, hoje em posse do Museu-Arquivo de Literatura Brasileira da Fundação Casa de Rui Barbosa, há uma carta de Lauro Escorel, enviada dos Estados Unidos, na qual menciona as queixas de Drummond pela ofensiva dos comunistas e pelo seu isolamento, em virtude da ruptura com a militância que o levou à "disponibilidade política": "Você me fala do isolamento em que se encontra, intensificado pela disponibilidade política; atitude realmente inevitável, considerando o caráter reacionário e desumano de todas as formações políticas em luta. Não sei de que modo poderá ser levantada essa sentença de solidão que pesa sobre o artista moderno. O livro de Caudwell, de que lhe falei atrás, apresenta uma análise convincente da evolução da poesia, do Renascimento aos nossos dias, em conexão com a ascensão, domínio, apogeu e declínio da burguesia capitalista. Não há dúvida que o marxismo lança uma luz sobre o problema das relações do artista com a sociedade que o torna compreensível, mas quando chega o momento de propor uma solução, o Caudwell cede ao militante comunista e encerra o livro com um exaltado capítulo sobre a nova sociedade soviética... Coitado dele, se não tivesse morrido tão moço, certamente estaria hoje desiludido diante da cultura burocrática que o Zdanov orienta. Você leu o decreto do Comitê do PC sobre a música soviética? *Politics* publicou-o na íntegra, transcrito do insuspeito *Daily Worker*, um monumento de reacionarismo estético. O alvo dos ataques do Partido é o que eles chamam de 'formalismo', entendendo-se por isto os maiores compositores modernos, de Prokofieff a Shostacovich. As opiniões estéticas do Partido deixam longe, no seu conservadorismo acadêmico, os bonzos de qualquer Academia. E dizer que os filistinos identificam arte moderna e comunismo! Quando Stalin só gosta da *Viúva Alegre*!

Entre o Esteticismo Estéril e o Dogmatismo Partidário

buscar a razão, em boa medida, do abandono do projeto lírico mais abertamente participante de *A Rosa do Povo*, bem como do pessimismo dominante na fase de *Claro Enigma*[7]. Vejam-se, nesse sentido, além das páginas do diário que tratam da ABDE, aquelas dedicadas à visita a Prestes na prisão; ao episódio da supressão da referência feita pelo poeta, numa resenha, ao nome da tradutora dos *Textos Marxistas de Literatura e Arte*, de Fréville: Eneida de Moraes, *persona non grata* ao partido, por opor-se à aliança dos comunistas com Getúlio Vargas; e aos momentos que antecedem o desligamento da editoria da *Tribuna Popular*, selando, assim, o fim do curto namoro frustrado do poeta com o PCB. Numa escala ainda mais ampla, que marca a descrença em relação ao comunismo soviético como opção ideológica, veja-se também o capítulo dedicado à leitura do romance de Koestler (*O Zero e o Infinito*), envolvendo os processos de Moscou e o expurgo stalinista, e atestando, assim, o que já se sabia há muito: que a barbárie nazifascista encontrava um correlato mais a leste[8].

"Bem, meu caro Drummond, fico por aqui. Não preciso dizer que foi o maior prazer de ter sempre notícias suas. Um abraço afetuoso". (Carta datada de Boston, 24 de julho de 1948.)

A carta é ainda interessante pelo que Escorel declara, a respeito do contato com o *new criticism*, ao buscar aprender o novo *approach* crítico, e do desejo de "fazer uma espécie de apresentação dessa turma de críticos [cita Richards, William Empson, Blackmur, Ranson, Brooks, Burke], cujas idéias, me parece, são relativamente desconhecidas no Brasil. Mas não sei se terei capacidade para tanto".

Ainda em carta anteriormente enviada ao poeta itabirano, Escorel tocava na mesma ordem de assunto, falando, a propósito do grupo da revista *Politics* (da qual promete alguns números ao poeta), de uma nova consciência moral que não se deixe levar pelo realismo comunista ou fascista, e indagando se Drummond já havia lido o famoso romance de Koestler ("Não muito grande literariamente, mas como documento impressionante da mentalidade comunista"). Além disso, comenta: "Onde iremos parar com o povo liderado por figuras como Getúlio, Borghi e o estalinista Prestes? Ando cada vez mais convencido de que chegamos a um beco sem saída, não somente no Brasil, e que só uma reestruturação das bases do socialismo poderá nos permitir tentar uma nova avançada; estou com a corrente dos que como Silone, o Koestler e Malraux, acham que precisamos encontrar um fundamento ético para o socialismo, única maneira de escaparmos do totalitarismo fascista, trotskista ou estanilista e, ao mesmo tempo, do monstruoso mundo capitalista" (Boston, 30.1.47).

7. O próprio Drummond admitia ter sido essa a razão da mudança operada em sua poesia no período. Ver, por exemplo, a entrevista concedida pelo poeta a Zuenir Ventura: "Eu Fui um Homem Qualquer", *Veja*, São Paulo, 19 nov. 1980, pp. 3-7.

8. Com relação ao impacto causado pela divulgação das atas dos Processos de Moscou e dos horrores do regime stalinista – denunciados também em obras de dissidentes como Koestler ou Alexandre Barmine, entre outros –, impacto esse que levou muitos simpatizan-

Drummond: Da Rosa do Povo à Rosa das Trevas

Em todas essas páginas evidencia-se – por parte daquele que, um dia, chegou a pactuar com a crença no stalinismo "como trampolim do movimento e da dialética da história daquele momento"[9] (o famoso "mal necessário" convertido por Paulo Emílio em a "Rússia necessária"[10]) – o horror crescente diante do sectarismo, do patrulhamento ideológico e da censura a toda expressão mais descolada dos *slogans* e ditames da cartilha partidária, além das cisões e disputas internas, das manobras e apoios duvidosos do partido ao velho "ditador" abancado no Catete. Isso para não falar na bela página sobre o "animal político", datada de abril de 45, na qual expõe suas dúvidas e contradições entre o desejo de participação social e a crença no ideário socialista, por um lado, e, por outro, a "inap-

> tes e militantes comunistas seja à descrença e à desilusão completas ou à busca de outras opções de esquerda, guiadas pela consciência de que o verdadeiro socialismo não se confundia com a política totalitária do estado soviético, ver o depoimento de Antonio Candido sobre a definição, exatamente nos anos 40, da sua "identidade socialista" e de seus companheiros de geração: "Lembro da impressão que tive vendo as atas dos Processos de Moscou. Fiquei petrificado quando li as declarações dos grandes revolucionários de 1917, como Bukarin, Zinoviev, Kamenev, Radek, Piatakov e outros 'confessando' que eram todos traidores a serviço das potências capitalistas! Foi uma das farsas mais trágicas e mais ignominiosas da história. Esses Processos de Moscou tinham sido decisivos para Paulo Emílio rever a sua posição e, através dele, para alguns de nós. Outros rapazes que fui conhecendo naquela altura passaram por experiências paralelas [...] Eu amadureci politicamente ao lado de pessoas como estas, que tinham sido stalinistas e haviam adquirido horror ao stalinismo, sobretudo por causa dos Processos e do Pacto [Germano-Russo de 39], que provocaram neles uma espécie de iluminação retrospectiva: eles entenderam que estavam enganados fazia muito tempo, que Stalin era de fato um tirano e que Trotski tinha razão ao dizer que na Rússia se instalara uma degradação da revolução proletária". Cf. entrevista concedida por Antonio Candido a José Pedro Renzi em fevereiro de 1992 e publicado em *Praga: Revista de Estudos Marxistas*, nº 1, São Paulo, Boitempo Editorial, set./dez. 1996, pp. 5-26. No caso de Drummond, vale observar que, se o horror do regime stalinista e o embate com a política celerada do PCB, da qual me ocuparei na seqüência do ensaio, redundou na completa desilusão com o ideal comunista, determinando, a meu ver, o pessimismo dessa fase de sua obra, isso não chegará a abolir sua simpatia pelo socialismo, como ele próprio tratará de admitir mais tarde, embora sem partir para a militância e sem exprimi-la poeticamente como o fizera nos anos 40.
>
> 9. Cf. José Maria Cançado, *Os Sapatos de Orfeu: Biografia de Carlos Drummond de Andrade*, São Paulo, Scritta Editorial, 1993, p. 179. O livro de Cançado é, infelizmente, a única fonte de que se dispõe hoje para ao menos entrever os conflitos (objetivos e subjetivos) vivenciados pelo poeta no período. Ver especialmente do 4º ao 8º capítulo do "Livro II: 1930-1950".
>
> 10. A esse respeito, ver o depoimento que Cançado colheu do sobrinho de Drummond, a propósito dos comentários do poeta numa noite após a leitura de "Com um Russo em Berlim", que acabara de ser escrito (cf. José M. Cançado, "A Guerra Necessária", *idem, op. cit.*, pp. 177 e ss.).

Entre o Esteticismo Estéril e o Dogmatismo Partidário

tidão para o sacrifício do ser particular, crítico e sensível"[11] em proveito de uma ação política comandada pelas palavras de ordem de um partido. Mas é em "Reflexões sobre o Fanatismo", crônica de *Passeios na Ilha*, cujo trecho central cito aqui em epígrafe, que Drummond vai se pronunciar mais acerbamente contra esse radicalismo partidário, cujas táticas são vistas como herdeiras persistentes dos concílios inquisitoriais.

A rigidez ideológica contra a qual Drummond veio a se bater de frente pode ser melhor compreendida quando se considera, historicamente, a política cultural stalinista adotada pelas cúpulas do Partido no contexto da Guerra Fria. Como bem demonstrou Dênis de Moraes, a imprensa comunista dos anos 40 e 50 empenhou-se, orquestradamente, em aliciar seus partidários e simpatizantes para a aceitação do *realismo socialista* como a expressão máxima do humanismo e o ápice da criação estética em todos os tempos e lugares. O ingresso massivo das teses jdanovistas no Brasil ocorrerá, muito sintomaticamente, no período imediatamente posterior (segundo semestre de 1947) ao congresso de fundação do *Kominform*, "marco do disciplinamento dos PCs pela máquina paramilitar de Stalin"[12]. Nesse sentido, é possível afirmar que o sectarismo que vitimou o PCB no pós-guerra repercutia em diapasão uma tendência maior ao endurecimento político da URSS, em resposta ao bloqueio econômico imposto pelo capitalismo internacional, sem falar na bem orquestrada propaganda anticomunista difundida pela indústria cultural norte-americana. Assim, sob a chancela do *internacionalismo proletário,* vai-se estabelecer a total subordinação dos PCs à orientação teórica e política proveniente da matriz soviética. À mercê, muitas vezes, das vicissitudes da diplomacia soviética diante do cerco de forças galvanizadas pelos Estados Unidos, os expedientes de ação faziam vista grossa às realidades nacionais, impedindo, assim, os comunistas brasileiros de definir estratégias mais afinadas com o nosso contexto.

A isso acrescentem-se ainda as vicissitudes locais dos comunistas após a grande projeção alcançada no imediato pós-guerra e a surpreendente

11. *O Observador no Escritório, op. cit.*, p. 31.
12. Dênis de Moraes, *op. cit.*, p. 144. Os comentários seguintes, sobre as razões internas e externas da radicalização do PCB, escoram-se ampla e exclusivamente nesse estudo.

Drummond: Da Rosa do Povo à Rosa das Trevas

performance eleitoral em 45 e 47, que levarão o governo Dutra a empenhar-se em detê-los e isolá-los a qualquer preço, alegando vínculos orgânicos do partido com o movimento comunista internacional. Isso acabará por redundar na perda de credibilidade do PCB junto à opinião pública, graças a uma articuladíssima campanha de desinformação; na cassação de seu registro; e numa devastadora operação policial que responderá pelo fechamento de sedes e comitês distritais; pela apreensão de arquivos e fichários; pelas intervenções em sindicatos; pelo empastelamento da imprensa comunista; pela demissão de funcionários públicos sob suspeita de ligação com o partido e, entre outros, pela suspensão de mandatos parlamentares. Embora não justifiquem as ações deploráveis do partido, todas essas perseguições aviltantes, a campanha difamatória e o amargo sentimento de derrota resultante influíram, também, de forma decisiva no processo de radicalização do PCB[13], que acabou por abandonar a concepção de frente-democrática para pregar a luta frontal pela deposição do "governo reacionário, entreguista e de traição nacional" de Dutra. Como nota ainda Moraes, muito da "ação lastimável desempenhada pelo partido na ABDE era a resposta ao isolamento que lhe foi imposto pelo regime, buscando, assim, consolidar-se à frente de associações profissionais e entidades de classe".

A truculência do contra-ataque dos nossos comunistas não se restringiria apenas ao corpo-a-corpo pelo controle da ABDE. Ainda que não dispondo dos aparelhos repressivos do Estado, na linha dos *gulags* soviéticos, os stalinistas de plantão recorreram a outras táticas coercitivas na implantação do dogma jdanovista, como bem demonstrou a selvageria das investidas – na linha daquelas mencionadas por Bandeira – contra os que, mesmo favoráveis ao socialismo, não aceitavam o rebaixamento da literatura ao nível do panfleto. Aliás os próprios socialistas que se afirmavam como "esquerda independente", preocupada em desvincular o "verdadeiro socialismo" da "doutrina do capitalismo de estado" encarnada pela política totalitária de Stalin, puderam conhecer até onde podia chegar a

---

13. Raúl Antelo (*op. cit.*), todavia, critica essa justificativa, julgando-a por demais simplista, mas sem oferecer outra explicação mais satisfatória.

Entre o Esteticismo Estéril e o Dogmatismo Partidário

violência da investida comunista, "que não apenas procurava nos desmoralizar no plano do discurso falado e escrito, mas podia chegar à agressão material", segundo declara Antonio Candido, autor das teses que definiam a posição divergente do PSB (criado em 1947, sob o lema de "Socialismo e Liberdade") em face da orientação stalinista seguida pelo PCB[14].

Drummond foi também um dos alvos diletos dessas tentativas de desmoralização, faladas ou escritas, como bem demonstra um violento artigo de Oswaldo Peralva sobre as relações entre os intelectuais e o poder, publicado na *Para Todos* – o qual, segundo Raúl Antelo, "prenuncia futuras patrulhas ideológicas". O artigo comporta, na verdade, uma série de acusações contra Rachel de Queirós, Milliet, Cyro dos Anjos, Gilberto Freyre e o próprio Bandeira entre outros, afirmando que quem não escreveu na revista da polícia freqüentava círculos multinacionais ou aceitava sinecuras do Estado (tocando, assim, na problemática relação da cooptação do intelectual pelo Estado, que seria depois objeto de um conhecido estudo de Sérgio Miceli). Mas é contra o ex-chefe de gabinete do ministro Capanema que Peralva vai investir com gosto:

> O Carlos Drummond de Andrade, conheceis... Poeta e funcionário público, autor da teoria segundo a qual o intelectual trai por vocação. Pondo em prática essa teoria, Drummond tem assumido as posições mais opostas e inconciliáveis. Serviu longamente ao Estado Novo, como chefe de gabinete do ministro da Educação Gustavo Capanema, mas, no meio da guerra, quando as armas aliadas já mostravam para que lado se inclinava a vitória, o poeta arriscou um poema sobre Stalingrado, fazendo-o circular de mão em mão e mandando frisar que era de sua autoria, embora não lhe tivesse colocado sua assinatura. Compreende-se: para ele, aquela epopéia magnífica que estava assombrando o mundo e que custava imensos sacrifícios materiais e humanos, perderia toda a sua magnificência se custasse também o emprego do prestimoso funcionário da ditadura.

14. Sobre a criação do Partido Socialista Brasileiro (PSB), fruto da confluência da União Democrática Socialista para Esquerda Democrática; sua história e sua orientação frente ao stalinismo e, mesmo, o trotskismo, que eram, até então, nos anos 40, as "duas principais opções de esquerda", ver a já citada entrevista de Antonio Candido, publicada na revista *Praga*, que traz também as referidas teses do partido redigidas pelo entrevistado e intituladas "Repúdio à Doutrina do Capitalismo de Estado". Ver também o estudo de Celso Lafer sobre "As Idéias e a Política na Trajetória de Antonio Candido", ligada à formação do PSB, em Maria Ângela D'Incao e Eloísa F. Scarabôtolo (orgs.), *Dentro do Texto, Dentro da Vida: Ensaios sobre Antonio Candido*, São Paulo, Companhia das Letras/Instituto Moreira Salles, 1992, pp. 271-296.

Drummond: Da Rosa do Povo à Rosa das Trevas

Mas a vitória veio afinal e Drummond reconheceu oficialmente a paternidade do poema. Agora são novos tempos, o poeta se entrevista com Prestes no cárcere, vê a ditadura moribunda, exige num poema anistia para os presos políticos e figura até entre os diretores de um jornal que segue a orientação do Partido Comunista. Mas houve o 29 de outubro, que assustou os carreiristas, e houve as eleições que não deram o poder aos comunistas. Então o poeta, aos impulsos de sua vocação, afastou-se cada vez mais da esquerda para a direita, e um dia, na homenagem a um suplemento literário, o poeta Drummond, juntamente com José Lins do Rego e outros, confraterniza-se por entre frases e champagne com o celerado policial Pereira Lira, autor não de poemas ou romances mas da chacina do Largo da Carioca.

Poderia ainda cobrir-se de mais opróbrio? Poderia, e se cobriu, quando abordado por um repórter da INTER PRESS, meses atrás, manifestou-se favorável ao emprego da bomba atômica e segredou sua admiração pelos intelectuais nazistas. O poeta talvez não ambicione uma viagem à Europa, mas mesmo assim faz parte do grupo encarregado da propaganda de Cristiano Machado. Quem sabe lá o que desejaria esse anticomunista raivoso, para quem a lealdade jamais constituiu uma pedra no meio do caminho[15].

Mais "raivoso" do que o próprio alvo de sua injuriosa investida, o inquisidor travestido de crítico militante, como se vê, não se contenta em atribuir as atitudes e os pronunciamentos mais execráveis a Drummond, mas trata ainda de fundamentá-los numa teoria prévia e deliberadamente defendida pelo autor, o que torna mais aviltante a imagem desse poeta vendido a interesses escusos, pronto a mudar de posição tão logo lhe acenassem com maiores e melhores benesses. A estratégia perversa de Peralva – quando não recorre à mentira deslavada, como a da simpatia do poeta pelo nazifascismo – é a das meias citações, totalmente descontextualizadas, como a do episódio da bomba atômica[16]. O mesmo ocorre com a teoria do intelectual como traidor por vocação, de fato defendida por Drummond e exposta em um estudo inédito dedicado à trajetória de Gustavo Capanema, mas em sentido diverso do que pode sugerir a simples (e maldosa) menção solta da palavra "traição". Embora sem referência expressa, Drummond parece ter em mente nada além da clássica tese de

---

15. *Apud* Raúl Antelo, *op. cit.*, pp. 276-277.
16. Veja-se o que Drummond comenta a respeito desse episódio da bomba atômica em entrevista a Zuenir Ventura intitulada "Eu Fui um Homem Qualquer" (*Veja*, São Paulo, 19 nov. 1980, p. 4).

Entre o Esteticismo Estéril e o Dogmatismo Partidário

Julien Benda (*La Trahison des clercs*) ao afirmar que o intelectual "é, por natureza, inclinado à traição". Segundo o poeta, a atividade intelectual

[...] é puramente extática e, assim, pode ser perfeita; no momento, porém, em que se desloca do plano da contemplação para o da ação, essa atividade corre todos os riscos de corromper-se [...] A inteligência apresenta-se quotidianamente em estado de demissão diante da vida, e é no intelectual que esta tendência niilista opera com maior agudeza[17].

Trata-se, assim, de uma tendência à *traição* no que diz respeito à natureza mais "abstrata" do ofício do intelectual, entendido aqui como o *clerc* de Benda, o homem do espírito voltado para temas universais como Liberdade, Justiça e Razão[18], e não em relação às causas e compromissos sociais e políticos. Ao contrário, entregar-se a essas causas e compromissos é que constitui, na visão de Benda, a traição dos clérigos. Ora, ao afirmar essa inclinação à traição, Drummond está, na verdade, contrariando a atitude extática defendida por Benda. Tanto é que, tendo escrito o ensaio em 1941, ele próprio já havia se inclinado a essa traição, ao abandonar a atitude extática e quietista defendida por Benda, para buscar o centro mesmo da ação, em meio à *praça de convites*.

O ataque de Peralva é talvez o mais lembrado entre muitos outros sofridos pelo poeta itabirano, nos diversos órgãos de imprensa do PCB. Como diz Moraes, Drummond

[...] não teve sossego até o esquerdismo se esfumar. Não perdoavam seu afastamento do partido, contrariado com as pressões sectárias. A amnésia impedia o reconhecimento do quanto foram enriquecidas as páginas de *Tribuna Popular* com seus poemas e traduções de Bertolt Brecht.

17. O ensaio inédito em questão ("Experiência de um intelectual no poder") encontra-se no Arquivo Capanema (CPDOC/FGV). Dele dá notícia Simon Schwartzman (que parece também não ter percebido bem o sentido em que Drummond emprega o termo "traição", na linha de Benda) em "O Intelectual e o Poder: A Carreira Política de Gustavo Capanema", em *A Revolução de 30. Seminário Internacional*, Brasília, Editora da UnB, 1983, pp. 365 e ss.

18. Não por acaso Drummond fala mais de uma vez em "clérigo" no referido ensaio (*idem, ibidem*). Para as considerações sobre o *clerc*, seu ofício e os temas universais que lhe competem tratar, ver o clássico de Julien Benda, *La Trahison des Clercs*, Paris, Bernard Grasset, 1975, pp. 131 e ss.

Drummond: Da Rosa do Povo à Rosa das Trevas

Moraes lembra ainda outro desses ataques, o de Carréra Guerra, ainda na *Para Todos*, que vale a pena citar, pelo que toca mais diretamente à mudança operada na lírica drummondiana do pós-guerra. Embora pertinente ao assinalar certas especificidades dessa mudança, como a falta de perspectivas em face do real, que se tornará ainda mais evidente nos *poemas escuros* de *Claro Enigma* – fiéis àquele "ideal do negro" que, conforme veremos, constitui o único ideal possível para a arte moderna segundo Adorno –, Carréra Guerra desconsidera o valor efetivo desse pessimismo ao tomá-lo como próprio de uma visão de classe decadente:

> Essa doença que lhe faz ver tudo negro, num mundo de problemas e contradições sem saída, é próprio de sua gente, da classe pobre, arcaica, degenerada e moribunda.

Com efeito, o pessimismo de Drummond era um valor por demais "negativo" para ser perdoado por alguém que rezava pela cartilha jdanovista, preconizando, como dogma a ser seguido à risca, o "romantismo revolucionário", calcado na mitificação de heróis "positivos" cujo paradigma era o protagonista gorkiano de *A Mãe*. Temos a descrição sucinta desse herói nos comentários encomiásticos de Mílton Pedrosa sobre os personagens do escritor russo Bóris Poveloi, que deveriam servir de modelo aos jovens escritores:

> São homens que crêem no futuro [...] heróis de uma tremenda batalha pelos destinos da humanidade e pela preservação do mundo socialista [...] a fibra do homem soviético, o herói positivo que vem dos tempos da paz e a eles deseja voltar[19].

Mas o "romantismo revolucionário" é apenas um dos dogmas impostos pelo realismo socialista nessa sua *segunda fase de censura aberta e terror*[20]. A ele soma-se ainda o apego ao gênero figurativo, ao qual se

---

19. *Apud* Dênis de Moraes, *op. cit.*, pp. 167-168.
20. Vittorio Strada (*apud* D. de Moraes, *op. cit.*, p. 123) salienta duas fases do realismo socialista. Na primeira (1934-1945), marcada por uma "natureza dúplice", a doutrina surgia ao mesmo tempo como instrumento de poder e ideal de libertação, mascarando a repressão e a censura ideológica com os "ideais humanistas" da futura sociedade comunista. Na segunda, rompe-se com essa duplicidade, optando pela censura aberta e o terror. O

Entre o Esteticismo Estéril e o Dogmatismo Partidário

ligava a expressividade do realismo socialista, e, como conseqüência, a intolerância para com o subjetivismo e o *abstracionismo* que seria objeto, à época, de uma verdadeira "batalha" entre nós, tendo em um antigo trotskista, Mário Pedrosa, um de seus mais árduos defensores[21]. Aceitava-se a herança do realismo crítico, desde que interpretada de acordo com os princípios do partidarismo. Buscava-se uma representação nítida das emoções e sentimentos humanos, mas nada que lembrasse o expressionismo burguês com sua ênfase deturpadora no pessimismo, o desespero e o descrédito no homem e no futuro. Lançava-se ao total desmerecimento gêneros como o drama, a ópera e até a comédia de costumes. O universo temático deveria estar restrito à vida operária e camponesa. No caso do gênero histórico, valorizava-se apenas o que retratasse o processo revolucionário. Enfatizava-se o caráter pedagógico das obras épicas que, para a devida formação comunista dos trabalhadores, devia incluir os seguintes tópicos arrolados por Zlótnikov e Iuldachev:

[...] o mundo espiritual dos homens no processo do trabalho; a grande guerra pátria, que descreve as proezas do povo na luta contra o fascismo e educa no espírito internacionalista; o tema moral que põe em evidência as melhores qualidades do homem – firmeza de princípios, honestidade, profundidade dos sentimentos da moral comunista; o tema da luta pela paz e pela libertação dos povos e da solidariedade internacionalista dos trabalhadores nesta luta[22].

partido assume-se como único centro produtor de idéias e a criação estética é confinada aos manuais catequéticos criados pela força-tarefa de Jdanov.

21. Otília Arantes observa, a respeito, que a "predominância de uma grande pintura expressionista, em geral de cunho social, muitas vezes de dimensões monumentais – Segall e Portinari, por exemplo; a presença muito característica, de outro lado, de uma pintura singela, mas não menos atenta ao conteúdo – paisagens e casarios dos bairros populares de São Paulo – representada pela Família Artística Paulista ('pintores e escultores que, embora modernos, se recusavam a quaisquer compromissos com as deliciosas e decadentes brincadeiras abstracionistas', no dizer de Sérgio Milliet), eram, entre tantos outros, obstáculos que tornavam difícil nossa adesão à arte abstrata". Mais adiante, nota que foi contra o realismo socialista e toda pintura de intenção documental que Mário Pedrosa – "atento à presença do social no interior mesmo do estético" e por isso mesmo acima tanto da arte engajada quanta da arte pela arte – tomou a defesa da arte abstrata (ver Otília B. F. Arantes, *Mário Pedrosa: Itinerário Crítico*, São Paulo, Scritta Editorial, 1991, pp. 40 e ss.).

22. *Apud* Dênis de Moraes, *op. cit.*, p. 124. Todas as características elencadas foram extraídas desse estudo.

Drummond: Da Rosa do Povo à Rosa das Trevas

Estava, conseqüentemente, descartada a retratação poético-literária de sentimentos como o amor, cujos "sobressaltos egoístas" devem ser superados pelo poeta ou escritor para mergulhar no "largo estuário da solidariedade humana, se se quer atingir um sentido mais alto, mais duradouro e também mais belo"[23]. Para finalizar, ressalte-se ainda o combate sem tréguas a toda e qualquer tendência "formalista" e "hermética" – inclusive nas demais artes, como o dodecafonismo e o atonalismo na música, repudiados em favor da valorização da música popular e folclórica, ou o surrealismo na pintura –, além de certas tendências filosóficas que despontavam à época, como era a caso do existencialismo de Sartre e Camus.

Não é preciso muito para notar que a lírica drummondiana pós-45 instala-se exatamente nas antípodas de todos esses preceitos que regem a *gramática* do realismo socialista, a começar pelo pessimismo condenado, no trecho acima, por Carréra Guerra. Além disso, contra a condenação do apego a sentimentos individualistas e burgueses como o amor, Drummond não só retorna, mas dá especial destaque nessa fase à lírica amorosa, temporariamente abandonada em favor do impulso épico da "lírica de guerra" dos anos 40[24]. Isso para não falar agora daquele *vínculo inalienável* com o passado *patriarcal familiar*, tematizado em mais de uma seção do livro de 51, com toda a força de uma tara congênita, uma ação em cadeia determinando o modo de ser do poeta e experienciado de maneira dolorosamente culposa.

Continuando ainda no contraponto, Drummond, contrariando a condenação pecebista da "perniciosa" influência da filosofia sartriana, compõe poemas como "A Máquina do Mundo" e outros tantos dessa fase que viria a denominar mais tarde, em terminologia bem ao gosto existencialista, de "tentativas de exploração do estar-no-mundo"[25]. Contra a conde-

---

23. São as palavras do censor travestido de crítico de poesia, na imprensa comunista, Carréra Guerra ao tratar do livro de poesias do colega de partido Oswaldino Marques, que caiu na tentação de se ocupar de um tema tão *individualista* (*Apud* Dênis de Moraes, *idem*, p. 165).
24. Sobre a reabilitação e o destaque dado à temática amorosa na fase de *Claro Enigma*, ver os estudos de Costa Lima, Gledson e Mirella Vieira Lima.
25. Cf. definição dada pelo poeta a poemas como esses na sua *Antologia Poética*. Vale lembrar ainda aqui que alguns intérpretes chegaram a associar a guinada classicizante da lí-

Entre o Esteticismo Estéril e o Dogmatismo Partidário

nação das tendências estetizantes e sibilinas, vistas como expressão artística da decadência burguesa, Drummond recorre à reclassicização do verso e ao hermetismo desbragado, sintetizado já no título provocativo do livro de 51. Não bastasse, rende ainda homenagem a poetas execrados pelo seu... "esoterismo", como Valéry ou mesmo Pessoa a quem um dos censores literários da imprensa comunista referiu-se como o *falso* poeta português Fernando Pessoa", que faz da poesia "um quebra-cabeça, um jogo esotérico de palavras, imprimindo à mesma um sentido de fuga ante a realidade que caracteriza a arte da época de decadência burguesa"[26]. Não soubéssemos já das condições que originaram o justamente intitulado "Sonetilho do *falso* Fernando Pessoa", incluído em *Claro Enigma*, poder-se-ia até supor que Drummond o concebeu como uma provocação com endereço certo[27].

Mais do que tudo, Drummond afasta-se em definitivo das imposições stalinistas do partido pela recusa deliberada em se pretender porta-voz da classe operária. Além da crença populista de muitos dos apóstolos do realismo socialista, de que o povo fala pela voz dos intelectuais[28], a orientação jdanovista do partido, como se viu, impunha aos escritores a concentração em núcleos temáticos que enlevassem o cotidiano das massas oprimidas, ainda que eles não o vivenciassem concretamente. Inclusive entre os próprios escritores comunistas que alegavam a veracidade de suas obras, porque fruto de reportagens ou mesmo de convívio direto e temporário junto às classes subalternas, a censura literária se fez sentir com a força do veto, alegando inadequação ao modelo edi-

---

rica drummondiana ao influxo da filosofia existencialista entre nós no período, buscando a comprovação disso justamente em poemas como "A Máquina do Mundo". Há, todavia, que se ter cautela a esse respeito, principalmente quando se considera que, pela mesma época, Drummond expunha ao ridículo os cacoetes e chavões da filosofia existencialista, fazendo-os transitar do Café de Flore ao Vermelhinho, no centro boêmio do Rio, em um conto de *Passeios na Ilha*: "O Personagem", excluído das edições mais recentes (ver *Passeios na Ilha*, Rio de Janeiro, Simões, 1952).

26. Cf. resenha do livro de poemas de Wilson Rocha citada por Dênis de Moraes, *op. cit.*, p. 165.
27. Sobre a gênese do Sonetilho, ver artigo de Joaquim-Francisco Coêlho na *Revista da Biblioteca Nacional*, n. 1, Lisboa, 1982.
28. Cf. Dênis de Moraes, *op. cit.*, p. 169.

Drummond: Da Rosa do Povo à Rosa das Trevas

ficante (obviamente distorcido pela intenção paternalista) proposto pelo partido[29].

Ora, o leitor de Drummond bem sabe que o poeta jamais alimentou ilusões quanto à possibilidade de superação dos limites impostos por sua formação burguesa e, conseqüentemente, de uma identificação dessa ordem. Nesse sentido, o "assim nascemos burgueses" ou o "preso a minha classe e a algumas roupas", ambos de *A Rosa do Povo*, já dizem tudo. A agudíssima consciência da distância social que separa o artista ou o intelectual em geral do proletário jamais lhe permitiu fazer qualquer concessão ao populismo. Ao contrário, fez dessa distância – sempre permeada, como veremos, de um implacável sentimento de culpa – a matéria mesma de que se alimentam alguns de seus mais belos poemas participantes: "O operário no mar" sirva de exemplo. Drummond endossa assim, poeticamente, o que já em 30 notara Benjamin ao afirmar que "a esquerda radical [...] jamais abolirá o fato de que mesmo a proletarização do intelectual quase nunca fará dele um proletário", já pelo acesso privilegiado à cultura, que

[...] o torna solidário com ela e, mais ainda, a torna solidária com ele. Essa solidariedade pode ser apagada na superfície, ou até dissolvida; mas quase sempre ela permanece suficientemente forte para excluir de vez o intelectual do estado de prontidão constante e da existência do verdadeiro proletariado[30].

A consciência dessa distância, bem o sabemos, não impedirá o sonho de uma nova ordem social mais igualitária e justa, acalentado pelo poeta público em meio à praça de convites, dirigindo seu apelo solidário ao

29. Vários são os casos, relatados por Dênis de Moraes, de censura literária dessa natureza. Quanto ao modelo edificante erigido pelo partido, Moraes lembra a crítica de Carlos Nelson Coutinho sobre o modo como essa distorção populista tende à infantilização dos personagens proletários e à dissolução das reais contradições populares num ambiente de fantasia, atribuindo ao povo valores idealizados, próprios da camada intelectual (*op. cit.*, p. 169).
30. Walter Benjamin, "A Politização da Inteligência", *Documentos de Cultura, Documentos de Barbárie: Escritos Escolhidos* (org. Willi Bolle), São Paulo, Cultrix/Edusp, 1986, p. 119. Na mesma linha de argumentação, há também os conhecidos estudos "Sobre a Atual Posição do Escritor Francês" e "O Autor como Produtor", ambos reunidos em Flávio Kothe (org.), *Walter Benjamin*, São Paulo, Ática, 1985, pp. 184 e 200-201.

Entre o Esteticismo Estéril e o Dogmatismo Partidário

operário e demais homens, tomando o partido que tomou em face da realidade negra da época e compondo, assim, o que de melhor já se alcançou entre nós em termos de poesia participante. Mesmo após a desilusão com a militância, no período de que se ocupa o presente estudo, enganam-se aqueles que esposam a tese de um Drummond demissionário e quietista, completamente alheio aos acontecimentos e a questões de natureza social e política.

Para me ater, por ora, apenas à prosa desse período (onde se evidencia de forma mais explícita), há mais de uma crônica ou ensaio de *Passeios na Ilha* que põe em xeque esse completo alheamento. Veja-se, nesse sentido, o ensaio sobre a representação do trabalhador e do trabalho na poesia brasileira, cuja pesquisa e preparação iniciou-se ainda nos anos de engajamento, mas só chegando a ser concluído e publicado no livro de 52, mesmo com o poeta alegando seu desinteresse pela coisa política[31]. Veja-se, também, o ensaio sobre as irmandades dos homens pretos do Brasil Colônia, como a do Rosário, vistas como "um capítulo, a escrever, da história das lutas sociais no Brasil" – fruto do interesse pelo passado histórico, sobretudo mineiro, muito provavelmente acentuado nessa época, em virtude da nova função desempenhada por Drummond no Serviço de Patrimônio Histórico. Além desses, há as já mencionadas "Reflexões sobre o Fanatismo", citadas em epígrafe, em que Drummond investe pesado contra o radicalismo inquisitorial de *certos* partidos, tendo obviamente em mira a atuação do PCB. Para finalizar, veja-se ainda o ensaio sobre a "indecisa e melancólica" classe média, que gostaria de considerar mais detidamente, visto ser possível reconhecer aí muito da posição pretendida pelo poeta em face da realidade social, política e ideológica, que parece encontrar repercussão, como quero supor aqui, na *atitude poética* assumida na lírica do período.

Para escândalo dos stalinistas de plantão exigindo (digo, *coagindo*) a tomada de posição clara, Drummond ressalva e justifica exatamente a pecha de "vacilante" pregada "ao paletó do modesto pequeno-burguês,

---

31. Trata-se de "Poesia e Trabalhador", *Passeios na Ilha*, pp. 1409-1423. Informações sobre o projeto original desse ensaio constam das notas de seu diário íntimo.

Drummond: Da Rosa do Povo à Rosa das Trevas

como um rabo grotesco", argumentando que, se ela revela ponderação e escrúpulo moral em não se deixar levar pela paixão fácil, deve ser antes louvada do que recriminada:

Na luta entre o possuidor e o despossuído, que marca o nosso tempo, torna-se curioso observar que nem sempre é este que mais sofre às mãos daquele: é muitas vezes o que está no meio, acusado por uns de se vender ao ouro dos plutocratas, por outros de se deixar intimidar ante a cólera dos proletários. Inculpam-no de vacilação, timidez, frustração e não sei que outros pecados, mas se esta vacilação reflete antes um escrúpulo moral, um estado de consciência vigilante, que não aceita deixar-se vencer pela paixão dos outros nem sequer pela sua própria – como recriminá-la? Louvada seja, ao contrário, porque não se confunde com a decisão imediata e irracional nem com a resolução fria dos que agem contra os seus pendores mais profundos, mas de acordo com uma ordem exterior. De resto, costuma-se denunciar a vacilação em nome da firmeza política, e este é afinal um ledo engano, se considerarmos que ainda estão por nascer homens mais vacilantes, mais hesitantes, mais contraditórios do que os chamados líderes políticos dos povos, nesta época e em todas as épocas. Assim, não é vacilação em si aquilo de que se acusa o pequeno-burguês recalcitrante; mas a vacilação em obedecer a um "mandamento" transmitido por vontades vacilantes, ondulantes, incoerentes.

Lida à luz do contexto traçado aqui, a vacilação consciente e deliberada da classe média surge como *estratégia de combate ao dogmatismo partidário* impondo o alinhamento explícito e a vigilância interina, conforme vimos. Não por acaso a atitude oscilante, desconfiada e cética contrapõe-se à aparente e enganosa "firmeza política" dos "líderes dos povos", que, embora sejam os primeiros a denunciar a indefinição da classe média, são, de todos os homens, na verdade, os mais vacilantes, hesitantes e contraditórios em todos os tempos e lugares, de acordo com o trecho acima. Assim, contra essa firmeza política enganosa, que era a do próprio partido, a oscilação pequeno-burguesa, consciente e abertamente assumida, *tem o mérito de permitir flagrar a realidade dos fatos por vários ângulos* sem se deixar "vencer pela paixão dos outros nem sequer pela sua própria". Não se confunde, portanto, "com a decisão imediata e irracional nem com a resolução fria dos que agem contra os seus pendores mais profundos, mas de acordo com uma ordem exterior", como de fato ocorria com a obediência cega dos militantes ao dogmatismo pecebista.

Entre o Esteticismo Estéril e o Dogmatismo Partidário

Pode-se argumentar que Drummond advoga aqui em causa própria, pois seria difícil estender a toda uma classe social tamanho grau de "consciência vigilante" por trás de uma atitude deliberadamente oscilante. Ainda mais quando se considera a trajetória descrita pela classe média no Brasil, onde se formou desde cedo e em número relativamente vultoso, "pois o regime escravo se constituiu num fator que dificultava o encaminhamento da mão-de-obra livre para atividades produtivas", de acordo com o que demonstrou Guerreiro Ramos, em ensaio publicado poucos anos depois da crônica de Drummond[32].

Embora possa ser discutível em vários pontos, o percurso sucintamente traçado pelo sociólogo parece caminhar em sentido bem contrário àquela *isenção* atribuída por Drummond à classe média. Isso porque a revela como "classe eminentemente política" ao longo da história, atuando como "uma espécie de vanguarda" nos movimentos revolucionários da fase colonial; aliando-se a movimentos progressistas no Império; tomando parte decisiva na Proclamação da República, na Campanha Civilista de Rui Barbosa, na Reação Republicana de 1921, nas quarteladas de 22 e 24, na Coluna Prestes (tendo-se, no Cavaleiro da Esperança, "um símbolo de protestação da classe média, em luta contra a exploração oligárquica e plutocrática"[33]), na Aliança Liberal e na Revolução de 1930, com o apoio aos levantes tenentistas; e dividindo-se, por fim, entre os radicalismos de esquerda e de direita na nova época inaugurada em 30. Mesmo quando a revela cooptada pela "direita política", reacionariamente domesticada por ideologias reformistas e moralistas como, em especial, o integralismo, não deixa de pôr em xeque aquela suposta isenção. A própria "oscilação" que ele atribui à classe média não é a mesma de que fala Drummond, como modo de se furtar às paixões do momento e às solicitações exteriores contrárias aos seus

---

32. Alberto Guerreiro Ramos, "A Dinâmica da Sociedade Política no Brasil", *Introdução Crítica à Sociologia Brasileira*, Rio de Janeiro, Editorial Andes, 1957, pp. 33-51.
33. Após reportar-se a Prestes, Guerreiro Ramos chama ainda a atenção para o fato de que, na "década de 1920-1930, a vanguarda de nossos movimentos políticos é assumida por elementos da classe média e principalmente por uma ala revolucionária das forças armadas cuja presença facilmente se identifica nos movimentos subversivos de 1922, 1924 e 1930, e no chamado 'tenentismo' " (*Idem*, p. 47).

Drummond: Da Rosa do Povo à Rosa das Trevas

pendores mais íntimos. Trata-se mais de uma oscilação entre "atitudes dúplices", entre posições ora mais subversivas ora mais acomodatícias, que traduzem, nesse movimento, "os percalços e as vicissitudes de uma classe média em busca de enquadramento social", como dirá o sociólogo em outro ensaio, ao se reportar a Sílvio Romero que, em fins do século passado, falava dos "pobres de inércia", tratando logo de distingui-los dos "operários rurais e fabris": seria essa incipiente classe média – formada, no dizer de Romero, por um contingente de pessoas "diplomadas e vestidas de casaca",

[...] o mundo dos médicos sem clínica, dos advogados sem clientela, dos padres sem vigarias, dos engenheiros sem empresas e sem obras, dos professores sem discípulos, dos escritores, dos jornalistas, dos literatos sem leitores, dos artistas sem público, dos magistrados sem juizados ou até com eles, dos funcionários públicos mal remunerados, – a única capaz de opor-se à burguesia latifundiária mercantil, com alguma consciência de seus interesses[34].

Apoiando-se em comentários como esses, de Guerreiro Ramos e Romero, é que José Paulo Paes veio, mais recentemente, examinar um personagem recorrente em nossa ficção: o pobre-diabo, um "patético pequeno-burguês quase sempre alistado nas hostes do funcionalismo público mais mal pago", vivendo "à beira do naufrágio econômico que ameaça atirá-lo a todo instante à porta da fábrica ou ao desamparo da sarjeta, onde terá de abandonar os restos do seu orgulho de classe"[35]. O destaque dado a esse herói fracassado nas páginas de ficção de Aluísio Azevedo, Lima Barreto, Graciliano Ramos e Dionélio Machado representaria, segundo o crítico, um equivalente, no plano imaginativo, do "frustrado papel de vanguarda que a pequena burguesia teve na nossa dinâmica social". Apesar de ter estado à frente ou apoiado tantas causas progressistas, levantes e movimentos revolucionários ao longo de sua história, "o poder ou suas benesses maiores acabou indo parar nas mãos de alguma oligarquia, ficando sempre frustradas as esperanças da pequena burgue-

34. *Introdução Crítica à Sociologia Brasileira*, op. cit., p. 60.
35. José Paulo Paes, "O Pobre Diabo no Romance Brasileiro", *Novos Estudos Cebrap*, n. 20, São Paulo, mar. 1988, p. 40.

Entre o Esteticismo Estéril e o Dogmatismo Partidário

sia" – tal como se vê, "em abismo, nas páginas de *O Coruja*, em que a trajetória fulgurante de Teobaldo, rebento da oligarquia rural, correspon-de à decadência mais acentuada de André, o obscuro professor de liceu que tanto o ajudou a subir na vida"[36].

Em virtude desse fracasso é que o próprio Paes chega a justificar a defesa da classe média na crônica de Drummond, muito embora, como acabamos de observar, o histórico traçado por Guerreiro Ramos contradi-ga a suposta isenção atribuída por nosso cronista à classe em questão. É possível pensar que Drummond tinha em mente não uma classe historica-mente constituída, como a brasileira, mas sim um conceito mais abstrato de classe média. Ou ainda que visava não o conjunto da classe média, mas uma parcela freqüentemente associada a ela: a dos *intelectuais*, cuja natu-reza cambiante e contraditória guarda uma *afinidade secular* com a classe em questão. Drummond, inclusive, dá indícios da plena consciência dessa afinidade, pois termina sua crônica, não sem uma boa pitada de ironia, prometendo, "um dia, não a defesa mas o elogio grandiloqüente e barroco dos 'defeitos' da classe média; 'defeitos' de que *saíram a arte, a filosofia, a ciência,* o conforto de nosso tempo".

Em vista dessa consciência, consideremos pouco mais detidamente essa afinidade secular que, para Paulo Arantes, chega a ser mesmo *es-trutural,* unindo o intelectual e o pequeno-burguês, entre outras razões pelo vezo de se imaginarem acima dos antagonismos de classe. A natu-reza essencialmente contraditória da pequena burguesia laminada pelas duas classes fundamentais, sendo ofuscada pela grande burguesia e com-padecida dos sofrimentos dos povos; essa mesma natureza que levou Marx a defini-la como "a própria contradição social em ação" é assim exten-siva à intelectualidade, "de maneira hipostasiada e, por assim dizer, in-solvente"[37].

A busca das razões históricas dessa contradição insolvente levará Arantes a

36. *Idem,* p. 53.
37. Paulo Eduardo Arantes, *Ressentimento da Dialética: Dialética e Experiência Intelectual em Hegel: Antigos Estudos sobre o ABC da Miséria Alemã,* Rio de Janeiro, Paz e Terra, 1996, p. 30.

Drummond: Da Rosa do Povo à Rosa das Trevas

[...] descrever o ciclo de formação do intelectual moderno em seus contínuos volteios entre mania e depressão, que correspondem a algo mais do que psicologia, como é expresso na noção de "neurose objetiva" utilizada por Sarte em *L'Idiot de la Famille*[38].

Assim, reportando-se a vários contextos e épocas, a datar do *Ancien Régime* e o limiar da nova ordem burguesa até o presente século, Arantes analisa, a partir da leitura equivocada (mas cheia de conseqüência) que Kojéve faz de Hegel, o desprestígio crescente da atividade contemplativa em favor da ação; o paradoxo da atividade intelectual especializada dentro da lógica de mercado e da divisão capitalista do trabalho; a condição de perpétuo *déclassé* da *intelligentsia* vivendo às expensas das elites dirigentes, das quais, entretanto, contraria os interesses – de onde a *mauvaise conscience* sartriana; a tendência, enfim, a transformar essa condição em solidão e ponto de vista privilegiado, fazendo conviver, num misto de realismo e quimera, a desclassificação socialmente assumida e a sensação de autonomia[39]. Dessa tendência final resultará a natureza cambiante desse ser *ondoyant* (de acordo com a expressão sartriana), que, por conta do *déclassement*, permite-se experimentar concomitantemente várias abordagens conflitantes da mesma coisa, deslizando assim, como diz Drummond a propósito da classe média, de um ponto de vista ao seu contrário, num convite ao convívio perene com a contradição.

Mas o avanço maior do estudo de Arantes (e que interessa sobremodo aqui, para estabelecer a ponte com a poesia drummondiana do período) está no fato de ver nessa "disponibilidade social" da *intelligentsia* uma certa predisposição para a *dialética*. Dito de outro modo, tal disponibilidade parece impelir

[...] a classe dos cultos a experimentar a incoerência eventual das ideologias concorrentes sobre a cena social, as idéias conflitantes que atravessam a representação de um mesmo objeto social. Por isso o intelectual não só hesita, procura a nuança, como oscila e reflete no andamento volúvel da sua frase o balanço próprio da dialética[40].

38. Cf. sintetiza Bento Prado Junior no Prefácio ao livro de Arantes, *op. cit.*, p. 11.
39. Para tais considerações, ver especialmente o primeiro capitulo ("Paradoxo do Intelectual") do estudo de Arantes, *op. cit.*, pp. 21-61.
40. *Idem*, p. 29.

Entre o Esteticismo Estéril e o Dogmatismo Partidário

Arantes busca, assim, justificar o renascimento moderno da dialética (ou, melhor, das dialéticas, já que ele considera várias formas dialetizantes, como a conversão "brilhante" da vida mundana, a ironia, o niilismo, o paradoxo etc.) em bases sociais mais precisas. Longe de ser vista com um aparato lógico atemporal, a dialética *formaliza*, através de seu "sistema de báscula", como diria Hegel, uma experiência ou conduta (oscilante) de classe historicamente situada. E aqui, precisamente, é possível fazer a ponte que interessa: digamos que essa mesma convergência entre tendência social e esquema formal permanece vigente no caso de Drummond. Para me limitar à fase de que se ocupa o presente trabalho, é possível afirmar que a atitude conscientemente oscilante, própria do intelectual e defendida no ensaio sobre a classe média, como estratégia mesma de combate ao dogmatismo partidário, conforme se viu, encontra-se *formalmente transposta na lírica do período através do emprego recorrente do oxímoro*, a começar pelo título do livro de 51, onde o poeta chega mesmo a assumir as falsas vestes do mestre do paradoxo na lírica moderna (Pessoa[41]) e a ostentar o direito de desdizer-se linha a linha, verso a verso em poemas como "Cantiga de Enganar". Na verdade, não há quase poema no livro que não cultive, uma vez que seja, alguma forma de paradoxo. Isso para não falar na presença de outras das formas *dialéticas* identificadas por Arantes, como a *ironia* e o *niilismo* da cosmovisão dominante no livro. A isso poderíamos ainda associar uma estratégia recorrente na lírica de Drummond, denominada por Sant'Anna de "diálogo a um" e por Merquior de "personificação dramática", através da qual se dá o desdobramento da subjetividade lírica, a fim de encenar a duplicidade ou oscilação de atitudes em face de um mesmo conflito, da qual tratarei ao examinar alguns dos poemas da coletânea de 1951.

A mesma atitude vacilante parece ainda responder pelo andamento da prosa borboleteante de *Passeios na Ilha*, que, além da crônica sobre a classe média, inclui também aquelas famosas "Divagações" da abertura do livro, que tão bem resumem a posição literária (e política) adotada por

---

41. Penso aqui, obviamente, no conhecido estudo de Roman Jakobson sobre "Os Oxímoros Dialéticos de Fernando Pessoa", em *Lingüística. Poética. Cinema*, São Paulo, Perspectiva, 1980, pp. 93 e ss.

Drummond: Da Rosa do Povo à Rosa das Trevas

Drummond diante das duas tendências do período historiadas aqui: a ameaça do formalismo estéril no contexto de especialização artística e a do sectarismo ideológico do PCB. É dessa prosa que se ocupa o capítulo seguinte, a fim de sintetizar, à luz do contexto exposto, a posição assumida pelo poeta na lírica do período.

Antes, porém, de finalizar o presente capítulo, caberia indagar – como se fez há pouco, a propósito da classe média – em que medida o ciclo de formação do intelectual moderno descrito por Arantes vigora integralmente no caso específico da *intelligentsia* nacional, cuja trajetória histórica, afinal de contas, se foi freqüentemente permeada pela condição de dependência em relação às elites dirigentes e ao poder central, nem sempre parece ter sido compensada, ainda que imaginariamente, pela sensação de autonomia, formando aquele misto de realismo e quimera a que alude nosso filósofo. Misto para o qual Drummond apresentaria sua versão numa das crônicas de *Passeios na Ilha*, justamente intitulada "A rotina e a quimera", que trata da relação de dependência do escritor instalado nas hostes do funcionalismo público, de onde extrai o sustento mínimo e essencial para a sobrevivência pequeno-burguesa, além do estímulo para a evasão de que se alimentam suas obras. Esse vínculo levaria ainda Drummond a propor, no ensaio dedicado a João Alphonsus, o exame de nossos escritores através de suas atividades práticas, em que sobressai o "vinco burocrático", tão determinante para a visão de mundo e o universo temático de que se alimenta a obra do ficcionista examinado[42].

A vinculação do escritor ao poder central a que alude Drummond evidenciou-se com toda a força no Estado Novo, como bem demonstrou o clássico estudo de Miceli, mas o fato é que ela já havia sido antecedida, muito antes, por outras tantas formas de dependência não só pública como privada, baseada no compadrio e no favor.

Já na clássica "Elegia de Abril" de 1941, Mário de Andrade falava de um "complexo de inferioridade" como tendo sido, sempre, "uma das grandes falhas da inteligência nacional". Falava ainda que as "angústias" e

---

42. "João Alphonsus", *Passeios na Ilha*, *op. cit.*, pp. 1452-1457.

Entre o Esteticismo Estéril e o Dogmatismo Partidário

"ferozes mudanças" da época "vieram segredar aos ouvidos passivos dessa mania de inferioridade o convite à desistência e a noção de fracasso total", detectáveis na ficção do período, através da freqüentação da figura do *fracassado*, um tipo "desfibrado, incompetente para viver, e que não consegue opor elemento pessoal algum, nenhum traço de caráter, nenhum músculo como nenhum ideal, contra a vida ambiente"[43], mas que havia sido elevado à condição de herói nas páginas de um Lins do Rego, de um Graciliano Ramos e de um Gilberto Amado, entre outros. Buscando a justificativa para a recorrência de um "tipo moral" dessa ordem na ficção, Mário afirma existir "em nossa intelectualidade contemporânea a preconsciência, a intuição insuspeita de algum crime, de alguma falha enorme, pois que tanto assim ela se agrada de um herói que só tem como elemento de atração, a total fragilidade e frouxo conformismo"[44]. Mário relaciona essa tendência marcante na ficção a outra, presente na poesia: o "voumemborismo", do qual já se ocupara no estudo sobre a "Poesia de 30", onde encontrava, no famoso poema de Bandeira, a obra-prima de um "estado de espírito generalizado" entre os intelectuais do período que, "incapazes de achar a solução, surgiu neles essa vontade amarga de dar de ombros, de não amolar, de *partir* para uma farra de libertações morais e físicas de toda espécie"[45]. A explicação para essa sensação de fracasso total e para essa tendência generalizada à desistência, diagnosticadas na ficção e na poesia, seria dada por Mário em outra passagem da "Elegia de Abril", onde admoestava severamente os companheiros intelectuais daqueles anos "em que o Estado se preocupou de exigir do intelectual a sua integração no corpo do regime". Lastimava, assim, essa "dolorosa sujeição da inteligência a toda espécie de imperativos econômicos", vendo em muitos de seus contemporâneos apenas "cômodos voluntários dos abstencionismos e da complacência", quando não da "pouca vergonha"[46]. Ora,

43. *Idem*, p. 191.
44. Mário de Andrade, "Elegia de Abril", *Aspectos da Literatura Brasileira*, *op. cit.*, p. 191.
45. *Op. cit.*, p. 31.
46. "Elegia de Abril", *op. cit.*, p. 197. A posição acomodatícia da intelectualidade brasileira, sempre a "tocar viola de papo pro ar" (segundo a expressão de Olegário Mariano), já havia sido alvo de críticas anteriores de Mário de Andrade ao tratar da recepção do livro de Benda (*La Trahison des clercs*) pelos nossos intelectuais, nos dois artigos de 32

Drummond: Da Rosa do Povo à Rosa das Trevas

não é preciso muito esforço para notar – como já o fez José Paulo Paes – que essa sujeição tão severamente condenada é a mesma da qual, décadas mais tarde, trataria de forma sistemática o conhecido estudo de Sérgio Miceli sobre a "cooptação" do intelectual pelo Estado Novo[47]. É ela a responsável, na visão de Mário, pelo recrudescimento daquele *sentimento de inferioridade* que certamente deve envolver a posição, historicamente conhecida, de dependência do intelectual brasileiro em relação às elites e ao poder central, seja ao solicitar, durante o Segundo Reinado, a mão protetora do Imperador, na forma de honrarias, mecenato, patronagem[48]; seja ao sujeitar-se àquele mesmo sistema de "favores", que, como bem demonstrou Roberto Schwarz, constrangia os "homens livres" dentro da ordem escravocrata. Ainda com o advento da República, embora se operasse certa mudança nos padrões do trabalho intelectual, as relações de dependência tenderiam a persistir consideravelmente. Um bom exemplo está nos "primeiros intelectuais profissionais" surgidos à época, os chamados "anatolianos", na expressão feliz de Miceli[49], que eram polígrafos obrigados a se ajustar aos gêneros importados da imprensa francesa, a fim de satisfazer as demandas dos jornais, das revistas mundanas, dos dirigentes e mandatários políticos da oligarquia (sob a forma de crônicas, discursos, elogios etc.), visando assim, através do êxito de suas penas, alcançar melhores salários, sinecuras burocráticas e favores diversos. Ao lado deles, os que não se sujeitaram ao gosto dos novos-ricos e às solicitações dos proprietários de jornais e editoras beneficiados pela expansão do público,

do *Diário Nacional* referidos atrás. Mais recentemente, busquei examinar a repercussão das discussões sobre o posicionamento político da intelectualidade brasileira dos anos 30 na lírica drummondiana do período (ver Vagner Camilo, "Uma Poética da Indecisão: *Brejo das Almas*", *Novos Estudos Cebrap*, n. 57, São Paulo, jul. 2000, pp. 37-58).

47. Sérgio Miceli, *Intelectuais e Classes Dirigentes no Brasil (1920-1945)*, São Paulo, Difel, 1979.

48. Para um histórico sucinto da posição da inteligência nacional desde o Império, remeto, entre outros, a Daniel Pécaut, *Os Intelectuais e a Política no Brasil: Entre o Povo e a Nação*, São Paulo, Ática, 1990, que tem justamente por objetivo melhor precisar, à luz da trajetória passada, a posição assumida pelos intelectuais brasileiros a partir de 1930.

49. Sobre os "anatolianos", ver Sérgio Miceli, *Poder, Sexo e Letras na República Velha*, São Paulo, Perspectiva, 1977. A eles Miceli retornaria ainda uma vez, para estabelecer o confronto com os intelectuais do período Vargas, em *Intelectuais e Classes Dirigentes no Brasil*, *op. cit.*, pp. 15 e 131.

Entre o Esteticismo Estéril e o Dogmatismo Partidário

viveram a experiência do "isolamento", tendo de disputar "a sobrevivência no concorrido mercado urbano recém-ativado, e a participação no sistema de hegemonia no espaço público"[50].

Embora sujeito ao risco de todo esquematismo, creio que esse histórico sucinto ajuda a fundamentar o sentimento de inferioridade referido por Mário de Andrade, de modo que, ao evidenciar as relações de dependência e favor que marcaram a trajetória de nossa inteligência, torna difícil atribuir a esta a sensação imaginária de autonomia mencionada por Arantes. Autonomia essa que, reiterada por Drummond em sua crônica, a propósito da classe média, supus ser o fundamento da atitude poética assumida em sua lírica do período, ainda que sem encontrar qualquer sustentação ou respaldo nesse mesmo histórico traçado.

Entretanto, sem buscar contrariar as evidências históricas, gostaria de lembrar que Antonio Candido, em entrevista de 1979, falava da formação de um "pensamento radical de classe média", nos decênios de 30 e 40, "além do pensamento revolucionário de esquerda, que atingiu setores mais restritos". Os elementos decisivos para a sua formulação vieram da Faculdade de Filosofia de São Paulo – "cujo quadro discente era composto de professores primários, gente da pequena burguesia, filhos de fazendeiros..." –, mas esse pensamento acabou por se desenvolver em todo Brasil, envolvendo "mesmo a maior parte dos socialistas e comunistas"[51]. Não pretendo alegar que, ao formular sua crônica, Drummond tivesse claramente em mira esse pensamento radical de classe média, mas o fato é que a simples existência deste mostra que a hipótese de nosso escritor, apesar das evidências históricas em contrário, não é de todo destituída de um mínimo de respaldo na realidade do tempo.

50. Nicolau Sevcenko, *Literatura como Missão, apud* Pecáut, *op. cit.*, p. 23.
51. Antonio Candido, "Entrevista", *Brigada Ligeira e Outros Escritos*, São Paulo, Unesp, 1922, p. 234.

Drummond: Da Rosa do Povo à Rosa das Trevas

3

Uma Retirada Estratégica

A propósito do conceito *sui generis* da *torre-de-marfim* formulado pelo missivista inveterado da Lopes Chaves, falei atrás que Drummond parece ter guardado e meditado de maneira tão conseqüente sobre mais essa *lição* do amigo, a ponto de se poder afirmar que a ela se deva muito da posição assumida pelo poeta itabirano nos anos 50. A prova disso estaria talvez não só no trecho citado do diário íntimo de Drummond, como também naquelas "Divagações sobre as ilhas", incluídas no volume em prosa de 1952, sobre o qual gostaria de me deter rapidamente, no encerramento desta primeira parte, e isso por uma razão específica. Antonio Candido já havia chamado a atenção para "certa divisão do trabalho literário" de Drummond, "segundo a qual a prosa serviria para repassar a mesma matéria da poesia, mas num nível de menor tensão"[1]. Tal divisão

---

1. "A prosa de Drummond", continua ainda o crítico, "em geral distende o leitor e por isso é de excelente convívio. A sua poesia, ao contrário, força o leitor a se dobrar em torno de si mesmo como um punho fechado. E isto está de certo modo em harmonia com a natureza dos dois veículos. A poesia é mais tensa porque depende de uma exploração constante da multiplicidade de significados da palavra. Nela, cada palavra é e não é o que parece, e na escolha semântica predominante, efetuada pelo poeta, fervem os significados recalcados, de maneira a estabelecer com freqüência a dificuldade, a obscuridade essencial, solici-

encontra sua plena confirmação no *distendido* da prosa meio borboletean-te de *Passeios na Ilha*, quando vista em relação ao *tensionado* da poesia coetânea de *Claro Enigma*. Muito da nova atitude assumida à época pela subjetividade lírica em face do real, além das razões que a motivaram, pode encontrar um foco de elucidação nessas "divagações sobre a vida literária e outras matérias", conforme indica o subtítulo dos *Passeios*.

Este livro [esclarece o autor no curto prefácio] não o escrevi: foi-se escrevendo ao sabor dos domingos, no suplemento literário do *Correio da Manhã*. Sua ausência de pretensão é quase insolente. Não prova nada, senão que continuamos vivendo; poucas ilusões resistem, mas cabe ao homem descobrir e usar suas razões de viver. *Suas razões, e não as que lhe sejam inculcadas como exemplares.*

Já aqui revela-se algo da nova atitude. A gratuidade e a autonomia conferida à obra, que se escreve por si mesma, ressalta, em contrapartida, *certo desejo de omissão e descompromisso do autor*, que se recusa a uma relação mais *pragmática* com a escrita, redundando, portanto, numa ati-tude bastante distinta da assumida pelo poeta engajado dos anos 40 – muito embora ele jamais tenha chegado a um comprometimento literário de sua poesia em prol de qualquer doutrinação político-partidária. A ati-tude descompromissada não é, na verdade, assim tão "gratuita", mas an-tes fruto de uma "desilusão", cujas "razões" o autor não chega a especifi-car, embora seja possível entrevê-las, quando diz caber aos homens procurar suas próprias razões de viver e não aceitar as que lhes são *inculcadas* como verdadeiras, no que deixa transparecer o ressentimento para com a militância e as imposições político-partidárias comentadas mais atrás.

Em conjunto [segue o prefácio], estas páginas falam, talvez, de uma tentativa de convivência literária: divagações e reações do cronista, no exercício sem método, mis-turadas ao eco de obras alheias, recolhido com a necessária simpatia. E como este sen-timento se vai tornando escasso, gostaria de transmiti-lo ao leitor. Vale por um convi-te à ilha – não deserta, embora pouco povoada.

tando a mobilização de todas as disponibilidades de compreensão do leitor. Já na prosa, o peso da mensagem a transmitir atenua na maioria dos casos a força tensorial, cada pa-lavra encontrando o leito por onde corre mais livre. Em tese, é claro" (Antonio Candido, "Drummond Prosador", *Recortes*, São Paulo, Companhia das Letras, 1993, p. 19).

Drummond: Da Rosa do Povo à Rosa das Trevas

Desse "convite" final do prefácio, o livro nos situa, logo com a primeira de suas *divagações*, no centro mesmo da *ilha*:

Quando me acontecer alguma pecúnia, passante de um milhão de cruzeiros, compro uma ilha; não muito longe do litoral, que o litoral faz falta; nem tão perto, também, que de lá possa eu aspirar a fumaça e a graxa do porto. Minha ilha (e só de imaginar já me considero seu habitante) ficará no justo ponto de latitude e longitude que, pondo-me a coberto dos ventos, sereia e pestes, nem me afaste demasiado dos homens nem me obrigue a praticá-los diuturnamente. Porque esta é a ciência e, direi, a arte de bem viver; uma fuga relativa, e uma não muito estouvada confraternização.

A imagem da *ilha*, como se sabe, não é referência nova no universo lírico de Drummond. Já no livro de estréia, ela comparecia embutida no *idílio familiar*[2] de "Infância", através da referência ao herói de Defoe, com quem se entretinha e se comparava o pequeno Robinson do poema em seu refúgio particular, *ilhado* não pelas águas, mas pelas mangueiras da fazenda paterna[3]. Já na fase da poesia participante, a *ilha* passa a assumir conotação negativa, redundando em condenação, pelo que evoca em termos de evasão e individualismo alienador:

não fugirei para as ilhas

ilhas perdem os homens[4].

A revalorização da ilha no livro de 52 parece se fazer, agora, privilegiando outro interlocutor além de Defoe, que também a elegeu por *topos* ideal: refiro-me a Jean-Jacques Rousseau, o *promeneur solitaire* que extraía dos passeios diários, no exílio voluntário na ilha de Saint-Pierre, os devaneios de que se alimentam os capítulos de sua obra final, muito su-

2. Para a definição do gênero (idílio familiar), ver Mikhail Bakhtin, *Questões de Literatura e Estética*, São Paulo, Hucitec; Marília, Unesp, 1990.
3. Ver a respeito a análise de "Infância" por Silviano Santiago, *Carlos Drummond de Andrade*, Petrópolis, Vozes, 1976.
4. Versos extraídos de, respectivamente, "Mãos Dadas" e "Mundo Grande", ambos pertencentes a *Sentimento do Mundo*. A imagem recorrente da ilha na poesia e na prosa de Drummond foi objeto de análise de Raúl Antelo em ensaio publicado em *Letterature d'America* (n. 8, Roma, mar. 1983), cujos principais pontos foram retomados em *Literatura em Revista*, *op. cit.*, pp. 215-216 (nota 80).

Entre o Esteticismo Estéril e o Dogmatismo Partidário

gestivamente intitulados de *promenades*. Seja nos *passeios* e nas *divaga-ções* contidos no título da obra de 52 ou no de seu primeiro ensaio, a alusão às *Reveries* parece bastante evidente. Esse, portanto, um dos "ecos de obras alheias" que se fazem ouvir no texto drummondiano. Por conta disso, poder-se-ia assinalar certas afinidades significativas entre os dois escritores nesse movimento de retorno à natureza, motivado pela frustra-ção no convívio diuturno com os homens. Entretanto, interessa muito mais aos nossos propósitos imediatos a diferença entre a atitude de um e outro: enquanto, em Rousseau, a ilha é o lugar de uma reclusão comple-ta, onde o caminhante solitário, em seu autismo, declina da história e do tempo que a preside para mergulhar num tempo subjetivo que não distin-gue o instante presente do passado, a realidade da fantasia[5]; em Drum-mond, a *ilha* corresponde ao *justo ponto de eqüidistância* entre a hiberna-ção total e o convívio com os homens. Nesse sentido, esse lugar ideal adotado pelo poeta itabirano parece aproximar-se mais do refúgio eleito por outro filósofo com quem Rousseau e o Drummond prosador revelam mais de um ponto em comum: refiro-me a Montaigne[6], que, diante de um mundo concebido – segundo a velha tópica barroca do *contemptus mundi* – em termos de inconstância e falsidade, optou por *ilhar-se* na biblioteca do castelo familiar, espaço votado à *vita contemplativa* e a um "retorno a si", mas também *mirante* a partir do qual ainda era possível lançar um olhar ao espetáculo dos homens[7].

Sem pretender o isolamento autista, a completa anulação rousseauís-ta da realidade social, Drummond busca um retiro estratégico similar ao de Montaigne, local de uma "fuga relativa", como ele trata de dizer. Ele sabe que, mesmo se a quisesse, essa anulação seria impraticável. É o que se verifica em "Meditação no Alto da Boa Vista", também incluída no volume de 52. O poeta que aí busca um idêntico mirante que lhe sirva de resguardo, proteção e calma em relação à agitação e às ameaças da cida-

5. Acompanho aqui a interpretação de Jean Starobinski, *Jean-Jacques Rousseau: A Trans-parência e o Obstáculo*, São Paulo, Companhia das Letras, 1991.
6. Sobre o parentesco da prosa de Drummond com os *essais* de Montaigne, ver Antonio Candido, "Drummond Prosador", *op. cit.*
7. Esse aspecto da obra de Montaigne é examinado por Starobinski, *Montaigne em Movi-mento*, São Paulo, Companhia das Letras, 1993, pp. 11 e ss.

Drummond: Da Rosa do Povo à Rosa das Trevas

de, mas de onde possa, ao mesmo tempo, observá-la à distância, encontra, por força da contingência, as páginas de um jornal abandonado no banco. O olhar que a princípio ansiava encontrar, no verde da relva, um repouso contemplativo acaba seduzido pela "escura matéria impressa", que o devolve à realidade da qual pretendia se distanciar:

> Tenho altura para dominar a cidade, sem, contudo, afastamento que baste ao exílio. À breve distância da mata e dos episódios de rua, sinto-me concentrado, protegido, gratuito, manso, liberto. Como um pássaro de vôo baixo.
> Eis que no banco de azulejo mão vadia largou o jornal, ó contingência! E meus olhos, que preferiam antes repousar em verdes matizados, ou nas visões interiores que se ocultam por trás dos verdes, são seduzidos pela escura matéria impressa. Será talvez sacrilégio trazer a este alto de bela vista aquilo que devia ficar lá embaixo, espelho que é de cuidados cotidianos.

Tanto quanto o refúgio carioca, a ilha propõe uma visão em *perspectiva*[8] do real e não sua anulação completa. Se ela implica evasão, isso não redunda em alienação social ou política, por mais paradoxal que pareça. Em virtude dessa concepção inusitada, a própria idéia de *engajamento* tende a ser reformulada em bases não menos paradoxais:

> De há muito sonho esta ilha, se é que não a sonhei sempre. Se é que a não sonhamos sempre, inclusive os mais agudos participantes. Objetais-me: "Como podemos amar as ilhas se buscamos o centro mesmo da ação?" Engajados, vosso engajamento é a vossa ilha, dissimulada e transportável. Por onde fordes, ela irá convosco. Significa a evasão daquilo para que toda alma necessariamente tende, ou seja, a gratuidade dos gestos naturais, o cultivo das formas espontâneas, o gosto de ser um com os bichos, as espécies vegetais, os fenômenos atmosféricos. Substitui, sem anular. Que miragens vê o iluminado no fundo de sua iluminação?... Supõe-se político, e é um visionário. Abomina o espírito de fantasia, sendo dos que mais o possuem. Nessa ilha tão irreal, ao cabo, como as da literatura, ele constrói a sua cidade de ouro, e nela reside por efeito de imaginação, administra-a, e até mesmo a tiraniza. Seu mito vale o da liberdade nas ilhas. E, contemptor do mundo burguês, que outra coisa faz senão aplicar a técnica do sonho, com que os mais sensíveis dentre os burgueses se acomodam à realidade, elidindo-a?

8. Essa visão em perspectiva, distanciada, vale lembrar, reapareceria posteriormente em outros momentos da obra drummondiana, como bem demonstra o título de seu diário íntimo, *O Observador no Escritório.*

Entre o Esteticismo Estéril e o Dogmatismo Partidário

Como se vê, o próprio engajamento é definido como "ilha dissimulada", implicando, portanto, uma boa dose de evasionismo, com que, centrado na utopia da sociedade justa e igualitária, o mais participante entre os participantes acaba por fazer abstração da própria realidade presente. Não bastasse, para escândalo dos mais agudos contemptores do mundo burguês, o modo por que eles promovem essa abstração é identificado à "técnica do sonho" de que se valem os "mais sensíveis entre os burgueses" para que, elidindo a própria realidade, possam acomodar-se a ela! Não é difícil perceber aqui uma resposta com endereço certo. Digo, uma réplica clara a toda a guarda montada do PCB, cujo dogmatismo acabou por *tiranizar* o ideal *libertário* (a "ilha "da utopia socialista) que se buscava defender, ao mesmo tempo que a alienava e a acomodava à realidade que se propunha combater. A ilha de Drummond, ao contrário, se implica uma boa dose de evasão e abstração, não chega a aliená-lo de todo, pois pelo menos lhe garante a visão em perspectiva, distanciada da realidade, por mais *negra* que seja.

Do exposto até aqui, creio já ter sido possível notar o quanto a ilha privativa de Drummond resume muito da atitude literária assumida à época pelo poeta. Dito de outro modo, ela é a síntese da concepção literária que passa a reger a criação do poeta no período. Se não, vejamos mais um pouco.

A ilha é, como se viu, uma forma de *evasionismo,* por meio do qual se deseja escapar aos constrangimentos impostos pela sociedade para se alçar à gratuidade e espontaneidade dos gestos naturais. Com isso, quer-se acomodar à realidade através de sua *abstração* que é aproximada à técnica do sonho – ou seja, um mecanismo psíquico por que se busca "corrigir" a realidade presente através de sua *compensação imaginária,* de acordo com a tese freudiana no conhecido estudo sobre a criação artística e os devaneios. Não por acaso, Drummond aproxima sua ilha da Pasárgada de Bandeira, exemplo acabado desse mecanismo compensatório. Associado a isso, a ilha é também definida como *produto da imaginação*, pois, como diz o cronista, "só de a *imaginar* já me considero seu habitante". Mas sua *materialidade* só chega mesmo a ser alcançada à medida em que é *traçada a lápis*: "A ilha que traço agora a lápis neste papel é materialmente uma ilha, e orgulha de sê-lo".

Drummond: Da Rosa do Povo à Rosa das Trevas

Por sua própria natureza – uma porção de terra cercada de água por todos os lados e, portanto, desvinculada do continente onde se instala a realidade dos homens – a ilha firma a *autonomia* da criação. Drummond, todavia, trata logo de salvaguardá-la do formalismo e do esteticismo alienante, na medida em que, ao admitir a presença de poetas em sua ilha, exige que eles se comportem como tais, "pondo de lado os tiques profissionais, o tecnicismo, a excessiva preocupação literária, o misto de esteticismo e frialdade que costuma necrosar o artista" – como, de fato, necrosou boa parte da geração de 45. E assim como não se confunde com a *art pour l'art*, a autonomia conferida à criação não implica, por outro lado, a alienação da realidade histórica e social não só pela posição estratégica ocupada pela ilha, mas também pelo fato desta constituir "um resumo prático, substantivo, dos estirões deste vasto mundo, sem os inconvenientes dele, e *com a vantagem de ser quase ficção sem deixar de constituir uma realidade*". Uma concepção, como se vê, bastante dialética da criação, na medida em que afirma sua relativa autonomia e seu caráter de *construção*, sem deixar de reconhecer que traz em si o real transfigurado. Não estamos longe aqui do que assinalaria a melhor crítica dialética sobre a antinomia da criação artística, a um só tempo autônoma e socialmente mediada. Através dessa concepção, Drummond parece superar com sua ilha (tanto quanto Mário, com sua torre) a distinção entre *arte engajada* e *arte pela arte*, que, como bem nota Enzensberger, nunca prestou bons serviços à arte. "Esse jogo de palavras assemelha-se à corrida absurda de dois ratinhos brancos que se casam um ao outro, no moinho de uma gaiola"[9]. Ou ainda, como diria Adorno, não se pode separar os *carneiros valeryanos* e os *bodes sartrianos*. O equívoco dessa oposição simplista está em desconsiderar que cada um dos termos

[...] acaba por negar a si próprio ao mesmo tempo que ao outro: a arte engajada, porque suprime a diferença entre a arte e a realidade, mesmo que aquela se distinga desta já pelo fato de ser arte; e a *art pour l'art* porque, querendo ser um absoluto, acaba tam-

9. Hans Magnus Enzensberger, "Linguagem Universal da Poesia Moderna", *Com Raiva e Paciência: Ensaios sobre Literatura, Política e Colonialismo*, Rio de Janeiro, Paz e Terra, 1985, p. 46.

Entre o Esteticismo Estéril e o Dogmatismo Partidário

bém negando o vínculo obrigatório com a realidade implicitamente contida na sua emancipação em relação ao concreto, que é seu *a priori* polêmico. Entre esses dois pólos, a tensão que animou a arte até uma época muito recente acaba por se desfazer[10].

Em Drummond, entretanto, essa tensão persiste, através da concepção dialetizante encarnada por sua ilha estrategicamente situada, de modo a lhe permitir, de um lado, proteger-se da retórica alienante e estéril em que incorreu a geração de 45 no seu intento de firmar o território autônomo da poesia, em resposta à especialização do trabalho artístico então em curso; de outro, escapar ao comprometimento político-partidário de muitos dos artistas participantes que se sujeitaram ao dogma jdanovista. Essas duas ameaças já se mostravam presentes em *Claro Enigma*, lançando a subjetividade lírica numa posição acuada que já se evidencia, metaforicamente, no título da primeira seção do livro: "Entre Cão e Lobo". Embora a metáfora seja outra, a lógica dialética em que se apóia a concepção do livro é a mesma, como tratarei de demonstrar na parte 3 do trabalho. Antes, é preciso me ocupar da análise detida do livro de 48, assinalando o momento de transição entre poéticas – o primeiro daqueles movimentos de passagem a que me referi na introdução.

10. Theodor Adorno, "Engagement", *Notes sur la Littérature*, Paris, Flammarion, 1984, p. 286.

Drummond: Da Rosa do Povo à Rosa das Trevas

Parte II

DA COMUNICAÇÃO PRECÁRIA AO SILÊNCIO DAS PEDRAS: *NOVOS POEMAS* (1948)

> *Para um escritor que acha que a situação da linguagem está ameaçada, que a palavra pode estar perdendo algo de sua índole humanística, existem dois caminhos essenciais a escolher: ele pode tentar tornar seu próprio idioma representativo da crise geral, tentando transmitir por meio dele a precariedade e vulnerabilidade do ato comunicativo; ou pode optar pela retórica suicida do silêncio.*
>
> GEORGE STEINER[1]

Publicados em 1948 e reunindo composições de 46 e 47, os *Novos Poemas* têm recebido relativamente pouca atenção da crítica, que a eles se reporta, na maioria das vezes, como a um simples *prenúncio* do formalismo e da dita "metafísica pessimista" de *Claro Enigma* (1951)[2]. Assim

---

1. George Steiner, "O Poeta e o Silêncio", *Linguagem e Silêncio*, São Paulo, Companhia das Letras, 1988.
2. John Gledson (*op. cit.*, p. 211), por exemplo, vê em *Novos Poemas* "anúncios de uma mudança que só se concretizou com *Claro Enigma*", analisando, assim, ambos os livros em um mesmo capítulo, sem atentar para maiores especificidades da poética de um e de outro.

concebido, a idéia do *novo* embutido no título parece aludir menos ao ineditismo dos poemas e mais à feição distinta por eles assumida frente ao que o poeta vinha exibindo, até então, na *praça de convites*.

O problema maior desse modo de conceber o livro está em desqualificá-lo enquanto *unidade estruturada*, pois, ao interpretá-lo apenas como prenúncio do que está por vir, desconsidera-se parte dos poemas aí reunidos que ainda se afinam pelo diapasão da *poética social* até então em curso[3]. Não nego, assim, certas afinidades flagrantes entre o livro de 1948 e o de 1951. O que questiono é a desconsideração para com a unidade e a lógica de organização do conjunto dos *Novos Poemas*, fundada, a meu ver, no *contraponto entre a abertura participativa e o fechamento do discurso*, que já era, em suma, um traço distintivo do livro anterior, como bem demonstrou Iumna Maria Simon[4], a começar pelo confronto de poéticas exibidas logo nos dois primeiros poemas de *A Rosa do Povo* (1945): se "Consideração do Poema" firmava o desejo de inserção no tempo presente, contando e cantando indivíduo e mundo, a "Procura de Poesia" pautava-se, em contrapartida, por um aparente desvio de rota, com a penetração surda no "reino das palavras" – sem que isto implicasse a adoção de princípios da *arte pela arte*, como quiseram supor alguns intérpretes[5]. O que havia, na verdade, era uma relação de avesso e complemento entre o "engajamento político-social" e o "engajamento com as palavras", que se mantinham em forte tensão dialética, conforme a análise de Simon[6].

Esse contraponto persiste no livro de 1948, mas é exposto de maneira significativamente distinta. Em *A Rosa do Povo* já ocorria, como em *Novos Poemas*, a concentração dos *poemas de abertura* e os de *fechamento do discurso* em dois grandes *blocos*, que entretanto mantinham zonas

---

3. Nesse sentido, Antônio Houaiss foi mais cuidadoso ao definir *Novos Poemas* como um "misto – temática e expressionalmente – do anterior, *A Rosa do Povo*, e do que prenuncia, *Claro Enigma*" (ver *Drummond Mais Seis Poetas e um Problema*, Rio de Janeiro, Imago, 1976, pp. 91-92).

4. Iumna Maria Simon, *op. cit.*

5. Nessa linha questionável de interpretação, já vimos na introdução a crítica de Simon (*op. cit.*, p. 151) às leituras do poema feitas por Emanuel de Moraes e Gilberto de Mendonça Teles.

6. *Idem, ibidem.* Ver especialmente a 2ª parte do estudo: "A Poética da Procura: Procura da Poesia" (pp. 145 e *ss.*).

Drummond: Da Rosa do Povo à Rosa das Trevas

de contato e contágio, mesclas de recursos característicos de cada um deles, resultando na "heterogeneidade de formas poéticas" que sempre notabilizaram o livro de 1945[7]. Além disso, a forte tensão dialética fazia com que o impulso dominante de participação se afirmasse, paradoxalmente, pela negação mesma de sua possibilidade, o que vale dizer, pela afirmação da *autonomia* do poema como *objeto de palavras*, portanto avesso à comunicação social ou de qualquer outra espécie. Com isso, evidenciava-se a extrema lucidez artística de Drummond, que, se optava pelo canto participante, era consciente do risco e dos limites próprios à poesia para uma empreitada dessa ordem. Ora, é justamente essa tensão entre *autonomia* e *comunicação* que se perde na passagem para os *Novos Poemas*, em virtude da frustração do empenho participante, historicamente fundamentada na primeira parte. Em razão disso, os dois grandes blocos que organizam o conjunto do livro de 1948 aparecem agora rigorosamente *separados* e dispostos segunda uma lógica quase *causal,* com o bloco dos poemas de *abertura participante* antecedendo o de *fechamento do discurso*, em uma seqüência bastante representativa da crise vivenciada no período, que parece querer encenar o derradeiro esforço de integração e comunhão com o outro, seguido da conseqüente frustração e desistência, tematizada em mais de um momento do segundo bloco.

Dos doze poemas que integram a obra, temos um único *soneto* – este, de fato, anúncio do processo de reclassicização do verso que está por vir – situado *exatamente no meio* do conjunto, à maneira de um *marco divisório*. *Grosso modo*, nos poemas situados *aquém* desse marco, é possível reconhecer a persistência do espírito participante até então em vigor, *embora já minado, em um momento ou outro, por um grão de ceticismo*. Já a partir do soneto até o final, os versos adquirem os contornos herméticos que, no limite, convertem-se em *enigma* – título do derradeiro poema e *ponte para o livro seguinte*. Drummond parece, assim, desistir de tornar seu idioma representativo da crise e da precariedade de todo ato comunicativo (como o fizera em *A Rosa do Povo*), para mergulhar na retórica suicida do silêncio – que não deixa, contudo, de ser

---

7. Cf. Iumna Simon, *idem, ibidem*.

Da Comunicação Precária ao Silêncio das Pedras

ainda uma forma de resistência à disposição do poeta moderno, tão válida quanto a anterior, como bem lembra Steiner, citado em epígrafe. Acompanhemos de perto a transição de uma atitude a outra, que persistirá no livro seguinte.

Drummond: Da Rosa do Povo à Rosa das Trevas

1

DO IMPULSO AMISTOSO AO MERGULHO NO NIRVANA

O ponto de partida é "Canção Amiga"[1], cuja disposição na abertura do livro parece querer figurar o impulso primeiro que norteia a investida lírica do poeta ao longo dos versos aí reunidos. Esse impulso, como bem indica o título, vale-se de uma forma específica: a *canção*, gênero lírico por excelência, que remete a um universo de pura interioridade, firmando-se como expressão da disposição anímica do sujeito lírico. Essa forma procede por uma espécie de *movimento circular* que "gravita em torno desse centro secreto do estado de alma"[2] e do qual podemos nos aproximar mediante certas "palavras-chave", geralmente repetidas com uma intensidade crescente. No caso de Drummond, tais palavras-chave ordenam-se a partir do título da canção que se quer "amiga" e na qual, espe-

---

1. Na impossibilidade de reproduzir todos os poemas da coletânea de 48 comentados ao longo do trabalho, recomenda-se a leitura prévia dos mesmos. A edição tomada aqui por referência é a seguinte: Carlos Drummond de Andrade, *Poesia e Prosa*, org. do autor, Rio de Janeiro, Editora Nova Aguilar, 1992.
2. Wolfgang Kayser, *Análise e Interpretação da Obra Literária*, Coimbra, Arménio Amado Editor, 1958, vol. II, p. 231. A respeito da canção, ver ainda as considerações de Emil Staiger no clássico *Conceitos Fundamentais da Poética*, Rio de Janeiro, Tempo Brasileiro, 1975, pp. 19 e ss.

ra-se, todas as mães se "reconheçam". Para tal identificação, a expressividade da canção deve ser tamanha, a ponto de dispensar palavras:

que [ela] fale como dois olhos.

A esse mesmo espírito alinham-se, nas estrofes seguintes, os sentimentos que movem o sujeito lírico seja na sua caminhada por uma *rua*[3] que "passa" por muitos países, onde ele "vê e saúda velhos amigos"; seja no modo como ele "distribui" um "segredo, como quem ama ou sorri", como "carinhos" que "se procuram" de um jeito mais natural; seja ainda na visão de "nossas vidas" formando "um só diamante". Do exposto, é fácil notar que todas essas palavras ou expressões-chave organizam-se em torno de um impulso básico de aproximação e integração com o outro, um mesmo espírito de comunhão que impulsionava, em suma, boa parte do poemas de *A Rosa do Povo*. Essa, portanto, a herança da poética social até então em curso, que se evidencia ainda mais quando se aproxima a canção de um poema central da coletânea de 1945: "O Elefante", cuja fabricação desenvolve-se como "metalinguagem do processo de construção da lírica social, com todas as tensões que a percorrem"[4]. O mesmo impulso presente na origem da canção move essa criação *precária,* "imponente e frágil", em que se ama disfarçar seu criador, quando sai *à procura de amigos:*

Eis meu pobre elefante
pronto para sair
à procura de amigos
num mundo enfastiado
que já não crê nos bichos
e duvida das coisas.
Ei-lo, massa imponente
e frágil, que se abana
e move lentamente

3. Como bem assinalou Joaquim-Francisco Coêlho (*op. cit.*), a *rua*, junto com a *praça*, constitui o espaço físico que, na lírica social de Drummond, remete, simbolicamente, ao engajamento social.
4. Cf. a bela análise do poema feita por Iumna Simon (*op. cit.*, pp. 75 e ss.), que foi, aliás, quem me sugeriu a aproximação entre o "O Elefante" e "Canção Amiga".

Drummond: Da Rosa do Povo à Rosa das Trevas

a pele costurada
onde há flores de pano
e nuvens, alusões
a um mundo mais poético
onde o amor reagrupa
as formas naturais.

Sua busca também tem por alvo aquele mesmo espírito de *comunhão* visado pela canção, como bem demonstram as "alusões / a um mundo mais poético / onde o amor *reagrupa* / as formas naturais". Há ainda, nos versos acima, a *incerteza* quanto à possibilidade dessa comunhão, em um mundo que se mostra tão cético e enfastiado. Essa dúvida é reiterada nos seguintes versos:

Vai o meu elefante
pela rua povoada,
mas não o querem ver
nem mesmo para rir
da cauda que ameaça
deixá-lo ir sozinho

Ora, essa mesma recusa em *ver* ressurge na segunda estrofe da "Canção Amiga", demonstrando, em ambos os casos, a unilateralidade do gesto amistoso: "Se não me vêem, eu vejo e saúdo velhos amigos". O que, no entanto, a canção não prevê é o conseqüente *fracasso* do impulso amistoso e do anseio de comunicação de "O Elefante", quando essa criação "imponente e frágil" (e seu criador) retorna(m) destroçada(os), sem ter(em) encontrado "o de que carecia / o de que carecemos", mas também sem que isso implique desistência, pois o poema encerra com um voto decidido de persistir no seu empenho: "Amanhã recomeço". Já na canção, embora desponte a incerteza dada pela recusa dos amigos em ver o eu lírico que os saúda, impera a indefinição quanto ao destino de seu impulso amistoso, pois ela termina como começou, ou seja, anunciando o seu *preparo*:

Eu preparo uma canção
em que minha mãe se reconheça,
todas as mães se reconheçam,
e que fale como dois olhos.

Da Comunicação Precária ao Silêncio das Pedras

[...]
Eu preparo uma canção
que faça acordar os homens
e adormecer as crianças.

Isso revela menos uma realização efetiva, cujo efeito poderia ser previsto, e mais um *projeto* da subjetividade lírica, expresso pelo emprego do subjuntivo nas orações subordinadas adjetivas, qualificando a canção – que se quer, a um só tempo, um canto de *exortação* (para "acordar os homens") e um *acalanto* (para "adormecer as crianças") – como uma hipótese ou um fim a ser ainda alcançado.

Mas se a canção e a comunhão com o outro permanecem em projeto, indicando mais um *desejo* ou uma *disponibilidade interna* do eu lírico do que uma aproximação de fato, no poema seguinte o impulso amistoso converte-se em uma efetiva atitude solidária. É curioso atentar aqui para a lógica da seqüência: nos versos de abertura, temos o eu lírico anunciando o projeto de uma canção em que todas as *mães* se reconheçam, enquanto, no poema seguinte, *ele centra o foco justamente na ótica de uma mãe desesperada*, lançando um apelo dramático aos jornais, em busca de notícias da filha desaparecida: Luísa Porto, alta, morena, rosto penugento, sinal de nascença junto ao olho esquerdo e "afável, posto que estrábica".

"Desaparecimento de Luísa Porto" é um poema que se irmana em espírito a outros da coletânea anterior, como "Morte do Leiteiro". Em ambos nota-se o mesmo gosto pela notação quotidiana, despida, é certo, de todo pitoresco e anedótico, que constitui, como assinala Antonio Candido, uma forma bastante "peculiar" da poesia social de Drummond, compreendida "não mais no sentido político, mas como discernimento da condição humana em certos dramas corriqueiros da sociedade moderna"[5]. Em "Desaparecimento de Luísa Porto", Drummond chega mesmo a questionar, através da ótica ingênua da mãe, a urgência da "luta política" e da "sorte dos povos" diante das "dores individuais", como a da

---

5. Antonio Candido, "Inquietudes na Poesia de Drummond", *Vários Escritos*, São Paulo, Duas Cidades, 1985, pp. 108-109.

Drummond: Da Rosa do Povo à Rosa das Trevas

pobre e solitária mulher, "erma" dos cuidados filiais. Nesse sentido, parece preterir as questões políticas e sociais mais amplas – motivado decerto pelo desencanto com a militância[6] – em prol da solidariedade para com o sofrimento individual nesses pequenos dramas cotidianos[7].

A atitude solidária que impulsiona o eu lírico leva-lo-á a assumir, de maneira mais ou menos próxima, o ponto de vista da pobre mãe entrevada. Poder-se-ia quase que falar (como na prosa) em uma espécie de *discurso indireto livre* empregado pelo eu lírico ao verter a fala, os depoimentos e os pensamentos da pobre mãe entrevada. Há, na verdade, todo um *jogo de aproximação e recuo*, desenvolvido ao longo dos versos, em relação à ótica materna, que faz com que, diante dos apelos melodramáticos da pobre mulher, o eu lírico tenda a fugir da adesão apiedada e preservar certa margem de distância, não raro traduzida na famigerada ironia drummondiana.

Esse jogo realiza-se pela alternância de *vozes*, que ora se misturam, ora se distinguem com mais nitidez. Assim, na estrofe de abertura, comparece tão-somente o eu lírico para anunciar o desaparecimento, tomando de empréstimo os "torneios estereotipados" e os "vezos estilísticos" da seção de *fait divers* do "noticiarismo jornalístico do tempo"[8]:

> Pede-se a quem souber
> do paradeiro de Luísa Porto
> avise sua residência
> à Rua Santos Óleos, 48.
> Previna urgente
> solitária mãe enferma
> entrevada há longos anos
> erma de seus cuidados.

---

6. Talvez Gledson tivesse em mente questionamentos como esse quando afirma, em nota, que há no poema "um desencanto evidente com possíveis soluções políticas" (*op. cit.*, p. 265, nota 2).
7. E a tomada de partido do indivíduo em detrimento da totalidade é traço marcante em *Claro Enigma*, conforme veremos.
8. A reapropriação do discurso jornalístico no poema é tratada por Antônio Houaiss sob outro enfoque que não o distanciamento irônico, privilegiado aqui. No entanto, é dele que cito os comentários a respeito dessa reapropriação. Ver Antônio Houaiss, *op. cit.*, pp. 91-93.

Da Comunicação Precária ao Silêncio das Pedras

Já aqui desponta certa ironia visível na escolha do endereço, na medida em que os Santos Óleos fazem pensar em proteção divina ungindo a vida da(s) moradora(s). Essa ironia, entretanto, só se evidencia com força quando travamos contato com a crença fervorosa da pobre mãe entrevada em contraste com sua história de vida e a realidade de sua condição.

A partir da segunda estrofe, embora a voz do eu lírico continue a dominar, a presença materna vai sendo denunciada através da intensificação do apelo cristão pela busca da filha: "pede-se"... "suplica-se"... "roga-se"... "pela última vez e em nome de Deus todo-poderoso e cheio de misericórdia procurem a moça, procurem". Buscando todavia conter o *pathos*, os apelos desesperados da mãe chegam a ser postos, literalmente, *entre parênteses*:

Levava pouco dinheiro na bolsa
(Procurem Luísa.)
De ordinário não se demorava.
(Procurem Luísa.)
Namorado isso não tinha.
(Procurem. Procurem.)
Faz tanta falta.

Ao longo das estrofes seguintes, embora sempre preservando a distância do patético, o eu lírico aproxima mais e mais o foco da ótica materna, mergulhando em sua consciência e revelando pensamentos e lembranças, como se vê nesta estrofe:

Somem tantas pessoas anualmente
numa cidade como o Rio de Janeiro
que talvez Luísa Porto jamais seja encontrada.
Uma vez, em 1898
ou 9,
sumiu o próprio chefe de polícia
que saíra à tarde para uma volta no Largo do Rocio
e até hoje.
A mãe de Luísa, então jovem,
leu no Diário Mercantil,
ficou pasma.
O jornal embrulhado na memória.

Drummond: Da Rosa do Povo à Rosa das Trevas

> Mal sabia ela que o casamento curto, a viuvez,
> a pobreza, a paralisia, o queixume
> seriam, na vida, seu lote
> e que sua única filha, afável posto que estrábica,
> se diluiria sem explicação.

O desaparecimento do policial (evocado por associação com o desaparecimento de Luísa) é, como se vê, uma lembrança da mãe. Já o comentário sobre o destino ingrato da pobre mulher entrevada, perpassado de ironia trágica, pertence, sem dúvida, ao eu lírico.

Em certos momentos, porém, os comentários tornam-se ambíguos, como nesta passagem, em que não sabemos ao certo quem comenta o "esquisito" do depoimento da melhor amiga de Luísa Porto:

> Se, todavia, não a encontrarem
> nem por isso deixem de procurar
> com obstinação e confiança que Deus sempre recompensa
> e talvez encontrem.
> Mãe, viúva pobre, não perde a esperança.
> Luísa ia pouco à cidade
> e aqui no bairro é onde melhor pode ser pesquisada.
> Sua melhor amiga, depois da mãe enferma,
> é Rita Santana, costureira, moça desimpedida,
> a qual não dá notícia nenhuma,
> limitando-se a responder: Não sei.
> O que não deixa de ser esquisito.

O cuidado do eu lírico em preservar a distância visa não só conter o *pathos*, como também assinalar a não-pactuação com as crenças e valores pequeno-burgueses da mulher, "nos quais precisamente nem o poeta nem (presumivelmente) um leitor que seja leitor do poeta crêem"[9]. Isso se torna particularmente notório no momento em que, por força da ingenuidade cristã da mãe, é descartada a hipótese de suicídio de Luísa, porque nesta última sempre "ardeu o santo lume da fé":

---

9. Antônio Houaiss, *op. cit.*, p. 92.

Da Comunicação Precária ao Silêncio das Pedras

Não me venham dizer que Luísa suicidou-se.
O santo lume da fé
ardeu sempre em sua alma
que pertence a Deus e a Teresinha do Menino Jesus.
Ela não se matou.
Procurem-na.

O eu lírico parece se ausentar aqui, deixando espaço para que a mãe fale por si só, a fim de assinalar a não-pactuação com a certeza cristã (que chega às raias da beatice) partilhada por ela[10].

Do mesmo modo que a fé descarta a possibilidade de suicídio, os valores da moral pequeno-burguesa levam a mãe a rejeitar peremptoriamente qualquer insinuação que toque mais diretamente a honra e a castidade da filha, que "não tinha, não tinha namorado":

Nada de insinuações quanto à moça casta
e que não tinha, não tinha namorado.
Algo de extraordinário terá acontecido,
terremoto, chegada de rei,
as ruas mudaram de rumo,
para que demore tanto, é noite.
Mas há de voltar, espontânea
ou trazida por mão benigna,
o olhar desviado e terno,
canção.

Como se vê, é preferível, antes, aventar os mais improváveis ou mesmo absurdos motivos para o sumiço da filha – que não deixam de soar irônicos, denunciando, nisso, a presença do eu –, a acatar a hipótese de que esta tenha-se perdido no mundo por conta de uma aventura amorosa. A insistência, porém, com que a mãe *denega*[11] essa possibilidade, não só

---

10. A atenção dada às estratégias de aproximação e recuo do eu, para afirmar ou negar sua pactuação com a perspectiva da mãe, inspira-se aqui em análise de obra muito diversa: refiro-me ao belo exame feito por Alfredo Bosi do foco narrativo e do manejo do discurso indireto livre pelo narrador de *Vidas Secas* (ver a respeito *Céu, Inferno*, São Paulo, Ática, 1988, p. 11).

11. Como se deve saber, para a psicanálise, a *denegação* é um mecanismo de defesa por meio do qual "o indivíduo, embora formulando um dos seus desejos, pensamentos ou senti-

Drummond: Da Rosa do Povo à Rosa das Trevas

na passagem acima, mas nos vários outros momentos em que reitera o fato da filha não ter namorado, faz pensar que, talvez inconscientemente, ela é tida como uma hipótese provável para o desaparecimento. Probabilidade tanto maior quando se considera o que fora até então a vida solitária e carente da moça estrábica (notação perversa, insistentemente ressaltada pelo eu lírico), já entrada nos anos e condenada à condição de arrimo de mãe paralítica.

Chegando mais para o final do poema, nota-se que o distanciamento tende a ser suspenso na medida em que a mãe vai se mostrando desesperançosa em relação a qualquer espécie de auxílio divino, por se achar talvez indigna de recebê-lo. O desespero cede a vez à atitude serenada ou mesmo *conformada* da mãe, que, se aceita a perda objetiva da filha, é, segundo Houaiss, por resgatá-la e mantê-la viva no plano da memória. Nesse momento, opera-se um inversão fantástica, pois a mãe paralítica desata os membros perclusos e sai a vaguear pelo mundo, enquanto a filha, que partiu sem mais voltar, termina "inerte", "cravada" no "centro da estrela invisível":

> ...não adianta procurar
> minha querida filha Luísa
> que enquanto vagueio pelas cinzas do mundo
> com inúteis pés fixados, enquanto sofro
> e sofrendo me solto e me recomponho
> e torno a viver e ando,
> está inerte
> cravada no centro da estrela invisível
> Amor.

O poema assume, como se vê, a forma direta, com o eu delegando a voz à mãe entrevada, que segue falando em primeira pessoa até o derradeiro verso. Talvez mais do que delegação, haja, na verdade, uma *fusão* entre a voz e a ótica do sujeito lírico e as da mãe, agora descrente e mais conformada, que passam a falar em uníssono, de modo a sugerir a total identificação solidária do eu com o pequeno drama cotidiano. Essa busca

mentos, até aí recalcado, continua a defender-se dele negando que lhe pertença" (J. Laplanche e J.-B. Pontalis, *Vocabulário de Psicanálise*, São Paulo, Martins Fontes, 1983, p. 373).

Da Comunicação Precária ao Silêncio das Pedras

de uma compensação subjetiva para a frustração objetiva já foi, aliás, vista como prenúncio do processo de abstratização do real e e valorização da própria interioridade que se verificará em *Claro Enigma*[12].

Na passagem do segundo para o terceiro poema, há novamente um *gancho* sustentando a seqüência e que se liga, precisamente, ao *malogro na busca de notícias* presente em ambos, embora com pequenas e significativas diferenças. Vejamos:

NOTÍCIAS DE ESPANHA

Aos navios que regressam
marcados de negra viagem,
aos homens que neles voltam
com cicatrizes no corpo
ou de corpo mutilado,

peço notícias de Espanha.

Às caixas de ferro e vidro,
às ricas mercadorias,
ao cheiro de mofo e peixe,
às pranchas sempre varridas
de uma água sempre irritada,

peço notícias de Espanha.

Às gaivotas que deixaram
pelo ar um risco de gula,
ao sal e ao rumor das conchas,
à espuma fervendo fria,
aos mil objetos do mar,

peço notícias de Espanha.

Ninguém as dá. O silêncio
sobe mil braças e fecha-se
entre as substâncias mais duras.

---

12. Cf. Mirela Vieira Lima, *Confidência Mineira*, São Paulo, Ática, 1995, p. 121.

Hirto silêncio de muro,
de pano abafando boca,

de pedra esmagando ramos,
é seco e sujo silêncio
em que se escuta vazar
como no fundo da mina
um caldo grosso e vermelho.

Não há notícias de Espanha.

Ah, se eu tivesse navio!
Ah, se eu soubesse voar!
Mas tenho apenas meu canto,
e que vale um canto? O poeta,
imóvel dentro do verso,

cansado de vã pergunta,
farto de contemplação,
quisera fazer um poema
não uma flor: uma bomba
e com essa bomba romper
o muro que envolve a Espanha.

Em "Notícias de Espanha", é flagrante a afinidade, agora em espíri-
to e forma, a poemas como "Carta a Stalingrado" ou "Telegrama de
Moscou", ambos da coletânea anterior, a propósito dos quais Iumna
Simon já explicitou "a importância da comunicação como fator que de-
termina as mudanças nas relações dos diversos componentes do sistema
poético, especialmente no que concerne à sintaxe, às funções da lingua-
gem e às formas poéticas"[13]. São eles: a hipotaxe predominante nas cons-
truções dos períodos e o uso abundante de vocativos e apostos; a ênfase
nas funções emotiva, referencial e, sobretudo, conativa (com a presença
de um "tu" muito bem marcada); a dicção epistolar e o prosaísmo da
linguagem. Além disso, observa Simon, a ordem em que estão dispostos
no livro, com o "Telegrama" sucedendo a "Carta", parece sugerir

13. *Op. cit.*, p. 90.

Da Comunicação Precária ao Silêncio das Pedras

[...] uma continuidade de comunicação, que leva a supor a destinação de uma mensagem, a do poeta, sob forma de "carta" e o subseqüente envio da resposta sob forma de "telegrama", este partindo da fonte centralizadora dos ideais com que o poeta comunga. No primeiro poema, uma mensagem-apelo do poeta; no segundo, uma mensagem-resposta coletiva de esperança e certeza na construção da "grande Cidade de amanhã"[14].

Partindo dessa análise, é possível perceber, de imediato, uma mudança significativa, apesar das afinidades, em "Notícias de Espanha", *onde o sistema comunicativo está visivelmente interrompido e já não assume os contornos precisos de um gênero dialógico, com um destinatário muito bem marcado*, mas toma, na verdade, a forma um tanto vaga e incerta da notícia – qualquer notícia! – que, na impossibilidade de ser enviada diretamente ao destinatário efetivo, volta-se a um intermediário qualquer (a substituição da segunda pessoa pela forma *despersonalizada* da terceira bem o demonstra). A mensagem assume o caráter de apelo reiterado no monóstico que, intercalado entre os quintetos, ao modo de refrão, demonstra a persistência do emissor à cata de notícias, ao mesmo tempo que revela o esforço vão diante de um destinatário silencioso, ou melhor: *silenciado*. Interceptada a comunicação, e com ela o empenho solidário do sujeito lírico, o poema-apelo destitui-se da esperança no amanhã, traduzida no decantado símbolo da *flor*, e, ao molde de "Elegia 1938", deixa *aflorar* a revolta sob a forma do desejo de se tornar bomba e explodir o "muro que envolve Espanha". Mas, ainda aqui, a revolta assinala a impotência da subjetividade lírica e a descrença no poder do verbo poético:

...que vale um canto?

A articulação entre "Desaparecimento de Luísa Porto" e "Notícias de Espanha" está, conforme assinalado, no caráter de *notícia*, embora distinto: naquele, ele assume a forma específica do noticiarismo jornalístico do tempo; neste, ao contrário, a notícia nem chega a se formalizar, resumindo-se a um mero apelo desesperado. Mas o que ambos tra-

---

14. *Idem, ibidem.*

Drummond: Da Rosa do Povo à Rosa das Trevas

zem em comum, e interessa observar, é a frustração dessa busca de notícias, sem qualquer resposta de/sobre o destinatário, levando o emissor seja à revolta, seja ao conformismo, de todo modo atestando a impotência de toda tentativa de comunicação. Isso é um dado significativo no contexto dos *Novos Poemas*, pois parece refletir de viés *o fechamento gradativo de todos os canais de contato com a realidade* até alcançar o hermetismo do próprio discurso poético, sinalizando a descrença em todo projeto de participação e comunicação da palavra poética, que ainda alimentava boa parte dos versos na coletânea de 1945.

Passo ao poema seguinte, quarto da seqüência, dedicado "A Federico Garcia Lorca" e, portanto, irmanado por mais de um motivo a "Notícias de Espanha", além de outras afinidades com alguns momentos significativos de *A Rosa do Povo*. Da admiração pelo poeta espanhol, Drummond já havia dado provas em uma página de sua ensaística[15], embora nesta o enfoque privilegie a dimensão do jogo dialético entre o particular e o universal, que a obra de Lorca ilustra à perfeição[16]. Já no poema, a questão é bem outra. Sob a aparência laudatória – destituída, é certo, de todo e qualquer vestígio retórico-encomiástico –, o poema busca evidenciar, em Lorca, a dimensão de sua "poesia resistência", para empregar a expressão cunhada entre nós por Alfredo Bosi[17]. Resistência da poesia e do próprio poeta-mártir, expressa no duplo movimento de *recusa* e *expectação*[18]: na "treva do hoje", o derradeiro *não* do poeta espanhol na mira do exército franquista e a solidariedade feita de revolta contida do poeta itabirano; no futuro, a projeção utópica do "claro dia espanhol", a certeza de que "amanhecerá". Essa certeza, porém, tende a ser minimizada logo na seqüência, com a repetição do verbo na *dúbia* forma parentética

---

15. "Morte de Frederico Garcia Lorca", *Confissões de Minas, Obra Completa*, Rio de Janeiro, Aguilar, 1967.
16. Vejam-se ainda os comentários de Iumna Simon (*op. cit.*, p. 117) sobre a relação do poeta com a obra de Lorca.
17. Alfredo Bosi, "Poesia Resistência", *O Ser e o Tempo da Poesia*, São Paulo, Cultrix, 1977, pp. 139-192.
18. *Idem*, p. 173.

Da Comunicação Precária ao Silêncio das Pedras

(*amanhecerá*)[19], introduzindo uma nota de pessimismo que, se não chega a destruir a perspectiva utópica, parece trazer-lhe certa dose de improbabilidade, de todo ausente em poemas similares (mencionados a seguir) da coletânea anterior. Assim, se para Costa Lima o poema todo encontra sustentação no "escavar da esperança"[20], caberia, a meu ver, acrescentar esse pequeno grau de incerteza, que confere aos versos um movimento dialetizante de esperança e desesperança[21].

Como sempre, no trato de Drummond com a obra alheia, há certa margem de refluxo ou espelhamento, refletindo por contraste a imagem que o poeta tem da própria obra, não raro traduzida em autocrítica impiedosa e depreciativa. Assim ocorre, na coletânea anterior, em poemas como "Canto do Homem do Povo Charles Chaplin" e "Mário de Andrade Desce aos Infernos", nos quais já se notou a dimensão manifesta "de confiança do poeta em outros projetos de participação que não o seu", justamente pelo poder que têm de penetrar no "ordinário e no popular" e alcançar, assim, "a identificação com o homem comum"[22]. Ainda que esse poder de identificação não esteja assinalado no caso de Lorca (pelo menos, não no poema)[23], fica patente a confiança depositada na palavra poética alheia e, em contrapartida, a desconfiança para com a própria poesia. Tal desconfiança comparece de maneira sutil, implícita no sentimento de "vergonha e lágrimas" depostas pelo poeta itabirano sobre o corpo de Lorca, "que há dez anos / se vem transfundindo em cravos / de rubra cor espanhola". Se as lágrimas (que não são de "noturno orvalho") destilam um misto de "desejo e ânsia e certeza / de que o dia amanhecerá", a vergonha é experienciada no confronto com o poder de resistência de poeta e poesia sob as esporas fascistas:

19. A respeito da repetição com parênteses no poema, nota Gilberto Mendonça Teles, de uma maneira mais matizada, que ela expressa, entre outras coisas, "a certeza e a dúvida: uma certeza duvidosa" (ver *Drummond: A Estilística da Repetição, op. cit.*, pp. 138-139).
20. Luís Costa Lima, *Lira e Antilira, op. cit.*, p. 181.
21. O mesmo movimento é descrito por Bosi (*op. cit.*, pp. 183-184) a propósito de um poema de Brecht ("Tudo Muda", em tradução de Modesto Carone), embora acrescido de um terceiro momento de "re-esperança", que devolve aos versos a dimensão da utopia.
22. Iumna M. Simon, *op. cit.*, pp. 141-142.
23. No ensaio acima citado ("Morte de Frederico Garcia Lorca", *op. cit.*), essa identificação é pressuposto para a referida dialética entre o particular e o universal.

Drummond: Da Rosa do Povo à Rosa das Trevas

Vergonha de há tanto tempo
viveres – se morte é vida –
sob chão onde esporas tinem
e calcam a mais fina grama
e o pensamento mais fino
de amor, de justiça e paz.

Termo bastante forte, a *vergonha* diz do sentimento penoso de *opró-brio*, *desonra*, *humilhação* ou *rebaixamento* diante de outrem. Estes dois últimos sentidos parecem ajustar-se mais aos versos para explicar o sentimento de impotência de Drummond como poeta quando confrontado com o poder de sobrevida da poesia e do poeta Lorca para além do contexto tremendamente adverso. Fruto da velha desconfiança que o poeta itabirano sempre nutriu contra seus versos, a vergonha traz implícito o velho *sentimento de culpa* tão recorrente na obra de Drummond, cujas razões históricas – ligadas à origem e ao modo de inserção social do poeta participante "integrado" ao regime de Estado – serão assinaladas na terceira parte.

O poema seguinte ocupa um lugar central no conjunto da coletânea. Sendo o quinto da seqüência e imediatamente anterior ao soneto identificado atrás como marco divisório dos poemas, ele parece pôr termo ao que ainda se afinava com o espírito participativo da poética anterior, encenando – mais do que todos, porque em definitivo – a desistência de uma poética mais abertamente engajada e a imersão em um *universo* de *imobilismo* e *inação*, que será reiteradamente tematizado pelos demais. Vejamos:

PEQUENO MISTÉRIO POLICIAL
OU
A MORTE PELA GRAMÁTICA

Não amando mais escolher
entre mil serôdios programas,
e posto entre o tédio e o dever,
sabendo a ironia das camas
e tudo que – irrisão – é vômito   5

Da Comunicação Precária ao Silêncio das Pedras

```
        sobre a rosa do amanhecer,
        igualdade no ser, não-ser,
        covardia de peito indômito,
        mas possuidor de um atro armário
        (para o que viesse a acontecer)          10
        onde cartas, botas, o anuário
        das puras modas de dizer
        e uma faca pernambucana
        se compensavam sem saber,
        eis que mergulha no nirvana:             15
        mas o aço, intato! Que fazer?
```

Trata-se de um poema difícil e provocativo, que deliberadamente se propõe como um *pequeno mistério* inspirado no gênero de produção policialesca a que alude. O duplo título faz pensar que o mistério envolve uma morte que curiosamente se deu pela gramática. Talvez aí já haja uma pista, que deve ser seguida através da análise propriamente gramatical. Comecemos, assim, por considerar a estrutura sintática do poema.

Como se pode notar, a construção bastante complexa do poema repousa sobre um único período composto, cuja oração principal só comparece no verso 15. A ela estão subordinadas quatro orações adverbiais causais, todas regidas por verbos empregados na forma nominal, estando um deles [*posto*] no particípio e os outros três (se considerarmos o verbo omitido na oração iniciada pelo verso 9[24]), no gerúndio: amando, sabendo e [*sendo*]. Ao contrário do particípio, que exprime fundamentalmente o estado resultante de uma ação passada, o gerúndio, quando anteposto no período, define ações não concluídas, ainda em curso em um tempo imediatamente anterior àquele indicado pela oração principal[25] (o presente do indicativo). A ordenação sintática vem em obediência ao intuito maior do poema, que é a exposição das *causas* relativas à única ação ou mudança efetiva, descrita no penúltimo verso. Mais do que isso: o poeta parece querer *flagrar essa mudança em seu suceder*, pela anteposição das causas vertiginosamente enumeradas no contínuo do período composto, de modo

24. Implicitamente, temos: "mas [sendo] possuidor de um atro armário".
25. Celso Cunha, *Gramática da Língua Portuguesa*, Rio de Janeiro, FAE, 1986, pp. 461 e ss.

Drummond: Da Rosa do Povo à Rosa das Trevas

a *figurar o próprio mergulho no Nirvana*, que afinal se efetiva nos derradeiros versos.

Da filosofia hindu a Schopenhauer e deste a Freud, o *nirvana* remete, em suma, à *extinção*. Extinção do desejo e aniquilamento da individualidade, que se funde na alma coletiva, em um estado de quietude e de felicidade perfeitas, explicada pela psicanálise, em um primeiro momento, pela tendência do aparelho psíquico em reduzir em si toda quantidade de excitação externa e/ou interna. Em um segundo momento, porém, o "princípio de Nirvana" passa a exprimir "a tendência da pulsão de morte" e, nesse sentido, parece sugerir uma "ligação profunda entre o prazer e o aniquilamento, ligação que para Freud permaneceu problemática"[26]. No poema de Drummond, todavia, a ênfase não parece recair na idéia do *nirvana* como propriamente desejado, mas sim como decorrência da pressão exercida por toda uma ordem de fatores que, acuando a subjetividade lírica a um beco sem saída, culmina na sua anulação completa. Anulação reforçada pelo emprego do sujeito *oculto* regendo a única ação descrita nesse longo período que se estende pelo poema todo: eis que (*ele*) mergulha no nirvana. Curiosamente, a subjetividade que se enuncia no poema o faz não na 1ª, mas na 3ª pessoa ou, como diz Benveniste, a "não-pessoa"[27]: é a própria anulação do sujeito lírico que se encena aqui, *morto pela gramática*, como bem indica o título.

Cabe ainda tratar um pouco mais da *causa mortis*, ou seja, das razões do mergulho do eu no *nirvana* e de sua anulação completa. Elas devem ser buscadas na condição *acuada* do eu lírico, "posto entre o tédio e o dever". Uma das justificativas para o "tédio" é dada logo nos versos de abertura do poema, quando o eu lírico afirma não amar mais escolher entre "programas", cuja natureza não sabemos ao certo qual seja (programas literários? políticos?...), mas que, embora sendo muitos

---

26. Um rápido apanhado do conceito de *nirvana*, mais especificamente na psicanálise, pode ser encontrado em J. Laplanche e J.-B. Pontalis, *op. cit.*, pp. 464-465. Para uma análise mais detida (ver Sigmund Freud, "El Problema Económico del Masoquismo", *Obras Completas*, Madrid, Biblioteca Nueva, 1973).

27. E. Benveniste, "Estructura de las Relaciones de Persona en el Verbo", *Problemas de Linguística General*, México, Siglo Veintiuno, 1974, p. 164.

Da Comunicação Precária ao Silêncio das Pedras

("mil"), revelam-se igualmente tardios, fora de hora, anacrônicos (e tanto mais fora de hora quando se considera o peso meio arcaizante do adjetivo "serôdios"). Além disso, há a "ironia das camas", que o eu lírico demonstra bem conhecer. Tomada no sentido moderno da "distância entre expectativa e satisfação", de acordo com a definição sucinta de Harold Bloom[28], a ironia parece referir-se aqui especificamente à questão do *amor* (*ironia das ironias*, segundo Schlegel[29]), sob o prisma da frustração possivelmente resultante do contraste entre a idealização, o desejo e a realização amorosa.

Já o sentimento de "dever" parece envolver o problema da opção poético-participante, como bem mostra a imagem da "rosa do amanhecer" contida no verso 6, referência segura à utopia socialista do livro de 1945. Entretanto, a *rosa* aparece agora coberta pelo desprezo dos homens, feito de "irrisão" e "vômito", configurando, assim, o momento terminal de seu projeto lírico-participante em virtude da frustração da tão acalentada utopia revolucionária. Assim, o contraponto entre o tédio e o dever parece caracterizar a situação acuada da subjetividade lírica nos seguintes termos: se, por um lado, ele ainda revela o senso do dever, isto é, o sentimento ou impulso de participação social, por outro, não vislumbra um caminho por onde canalizá-lo, seja devido ao desprezo dos homens pelo sonho social que ele acalentou; seja porque os programas à disposição não atendem mais à realidade presente.

Apesar disso, o eu lírico ainda parece contar com uma última reserva de forças para reagir a esse estado de coisas, que se encontra em um "atro armário (para o que viesse a acontecer), onde cartas, botas, o anuário das puras modas de dizer e uma faca pernambucana se compensavam sem saber". Mais uma vez, o poema coloca-nos diante de um pequeno mistério: o que haveria de afim a objetos tão díspares a ponto de poder com-

---

28. *Abaixo as Verdades Sagradas: Poesia e Crença desde a Bíblia até os Nossos Dias*, São Paulo, Companhia das Letras, 1993, p. 16.

29. "A verdadeira ironia é a ironia do amor. Ela nasce do sentimento da finitude e da limitação própria, assim como da aparente contradição desse sentimento em face à idéia do infinito, inclusa em todo amor verdadeiro" (Friedrich Schlegel *apud* Anatol Rosenfeld, "Aspectos do Romantismo Alemão", *Texto/Contexto*, São Paulo, Perspectiva, 1969, p. 159).

Drummond: Da Rosa do Povo à Rosa das Trevas

pensar um ao outro, mesmo sem o saber? Além disso, fica a dúvida em saber por que o armário é qualificado como "atro", ou seja, *sinistro* – o que de qualquer modo se ajusta bem ao gênero policialesco a que alude o título do poema. Como é próprio do gênero, devemos recorrer a pequenos indícios, *pistas* que permitam desvendar o mistério, talvez ainda por via da *gramática*, por onde, afinal, deu-se o crime.

A principal delas talvez esteja no *significado original* da palavra *armário*, que originalmente designava o móvel feito para guardar *armas*. Isso fica evidente no caso da "faca pernambucana". Mas, e no caso dos demais objetos? O que eles teriam a ver com armas? Para formular minha hipótese, é preciso considerar que as *botas* podem também designar "composições ruins". A par desse significado, pode-se dizer que elas guardam em comum com as "cartas" e o "anuário das puras modas de dizer" o fato de serem todos feitos de *palavras*. Se assim for, podemos considerar que as palavras também podem ser consideradas como *armas*, tão *cortantes* quanto a "faca pernambucana" – como bem demonstraria, anos depois, o amigo pernambucano de Drummond, João Cabral, com sua "faca só lâmina".

Mas o fato é que o *aço* da faca permanece *intacto*, o que bem demonstra sua inutilidade para alguém que, apesar de possuí-la, jamais chegou a manejá-la em combate ou em defesa própria. Quanto às demais armas, falta-lhes também o gume acerado da palavra cortante, pois as composições são ruins e o anuário resume-se aos modismos da época, meros clichês vazios de conteúdo significativo, contundente.

O arsenal de que dispõe o sujeito lírico, portanto, de nada lhe serve para reagir ao estado nirvânico em que se encontra mergulhado, devido às razões enumeradas no encadeamento vertiginoso do período composto. Com isso, reafirma-se sua condição acuada pela indagação perplexa com que dá fecho ao poema – e que repercutirá no restante deste e do livro seguinte como o cerne do conflito encenado nos versos: "Que Fazer?" Indagação que desde Lênin (que a empregou como título de conhecida obra) tem sido reiteradamente formulada por todo espírito participante, angustiado pela busca de caminhos alternativos àquele em que naufragaram suas esperanças.

Da Comunicação Precária ao Silêncio das Pedras

2

DO MERGULHO NO NIRVANA
AO OBSCURO ENIGMA DAS PEDRAS

O mergulho no nirvana e o conseqüente resvalar da subjetividade para o plano da *inação* respondem pelas imagens de *imobilismo, calcinação* e *petrificação* recorrentes no segundo bloco dos *Novos Poemas*. Não menos integrada a essa ordem de imagens é a forma de que se reveste a própria poesia nessa parte: se, no poema anterior, ela já assumia a forma expressa de um "pequeno mistério", agora ela se propõe deliberadamente como "enigma" – e não penso exclusivamente no último poema da coletânea, onde "O Enigma" dá o título. Como se sabe, é próprio do enigma o *enrijecimento* (ou *petrificação*) e *fechamento* do próprio discurso, valendo-se, para tanto, de uma *linguagem hermeticamente cifrada*, cujas relações foram bem estudadas por André Jolles em suas *Formas Simples*[1]. Teríamos, assim, uma equivalência que pode ser representada do seguinte modo: *subjetividade pétrea, cenário calcinado, poesia enigmática* e *linguagem hermética*, tudo envolvido em uma *atmosfera de pura inação*. Entramos agora em um universo lírico regido pelo signo do "medusamen-

---

1. Ver o capítulo dedicado à "Adivinha", em A. Jolles, *Formas Simples*, São Paulo, Cultrix, s/d.

to", para empregar a boa expressão aplicada por Benedito Nunes[2] à poesia de Cabral, com quem, aliás, o Drummond de 1948 parece partilhar – além da grande amizade, intensificada depois de 1942 com a mudança do poeta pernambucano para o Rio[3] – um mesmo gosto por certas imagens arquetípicas.

Em contraponto às imagens de calcinação e petrificação, há ainda a referência constante a *água*. O antagonismo dessas imagens, por mais estranho que pareça, não deve causar espécie ao leitor familiarizado com o quadro da lírica moderna, posto que essa polaridade acha-se inscrita no cerne da obra de outros nomes representativos. Cito dois, em especial, estudados comparativamente por Modesto Carone: o próprio João Cabral e Paul Celan[4].

Vale lembrar aqui, com Bachelard, que as imagens aquáticas estão associadas basicamente à idéia de *transitoriedade*[5], o que é um dado significativo no contexto de inserção dos *Novos Poemas*. Toda uma tradição literária, aliás, tem reiterado o valor simbólico da água em termos de *inconstância* e *flexibilidade*[6], e ainda não raras vezes tem-na associado à dimensão do inconsciente[7]. No caso específico de Drummond, a recorrência das *imagens líquidas* no conjunto da obra já foi uma vez examinada por Affonso Romano de Sant'Anna, para quem a idéia de *fluidez* aquática vem associada à problemática do *tempo*, em um duplo movimento que lhe confere valor ambivalente: por um lado, é signo de destruição; por outro, de fertilidade[8]. No âmbito estrito dos *Novos Poemas*, entretanto, essa ambivalência não parece vigorar, pois em nenhum momento as imagens aquáticas vêm associadas à idéia de fertilidade.

2. Benedito Nunes, *João Cabral de Melo Neto*, Petrópolis, Vozes, 1971.
3. Sobre as relações de amizade entre os dois poetas, marcadas por encontros freqüentes e diálogo intenso, ver José M. Cançado, *op. cit.*, pp. 217-219.
4. Modesto Carone, *A Poética do Silêncio*, São Paulo, Perspectiva, 1979.
5. Gaston Bachelard, *L'Eau et les Rêves*, Paris, Librarie José Corti, 1942, p. 159.
6. Ver Henri Mourier, *Dictionnaire de Poétique et Rhetorique*, Paris, PUF, 1989, p. 1139.
7. Para ficar com a prata da casa, cito o estudo de Lauro Escorel, *A Pedra e o Rio*, São Paulo, Duas Cidades, 1973, pp. 17-18, onde trata da "fase noturna" de João Cabral representada pela *Pedra do Sono*, povoada de "metáforas líquidas" associadas pelo crítico à indefinição e transitoriedade própria ao psiquismo do "poeta adolescente".
8. *Op. cit.*

Drummond: Da Rosa do Povo à Rosa das Trevas

Com o mergulho no *nirvana*, a subjetividade lírica tenderá, naturalmente, à abstração da realidade e do próprio tempo objetivo. Thomas Mann, que se comparava a um "hindu hipnotizado pelo nirvana e pela morte", associava esse estado tanto ao perigo da "entrega total às formas irreais e ilusórias da vida ou da realidade, ou seja, à existência estética e intelectualista enquanto afastada da realidade", quanto ao da exaltação da natureza, do telúrico e do arcaico. Deles, entretanto, se afastava por força de sua ironia[9]. Ambos os perigos ressurgem a seu modo nos dois poemas que seguem o mergulho no *nirvana* encenado por Drummond em seu "pequeno mistério policial". São eles "Jardim", que representa uma espécie de equivalente da torre-de-marfim, e "Canto Esponjoso", que evoca o movimento de integração do eu lírico com a paisagem marítima. Nos dois casos, portanto, o risco da alienação do real é evidente. Vejamos, entretanto, como Drummond se comporta diante deles, começando por "Jardim", o soneto que é marco classicizante do segundo bloco e no qual assistimos ao primeiro movimento *regressivo* em relação ao tempo e à história, que se consolidará gradativamente nos demais poemas:

JARDIM

Negro jardim onde violas soam
e o mal da vida em ecos se dispersa:
à toa uma canção envolve os ramos,
como a estátua indecisa se reflete

no lago há longos anos habitado
por peixes, não, matéria putrescível,
mas por pálidas contas de colares
que alguém vai desatando, olhos vazados

e mãos oferecidas e mecânicas,
de um vegetal segredo enfeitiçadas,
enquanto outras visões se delineiam

---

9. Cf. Anatol Rosenfeld, "Thomas Mann, Apolo, Hermes, Dioniso", *Texto/Contexto, op. cit.*, p. 209.

Da Comunicação Precária ao Silêncio das Pedras

e logo se enovelam: mascarada,
que sei de sua essência (ou não a tem),
jardim apenas, pétalas, presságio.

Os versos acima parecem negar toda uma simbologia *positiva* com que a tradição revestiu a imagem do *jardim (hortus conclusus)*: refúgio aprazível; representação do paraíso (lembrando que o Éden era um jardim); resumo do universo ou o mundo em miniatura; um sonho do mundo transposto para fora do mundo; a beatitude e a realidade última; natureza restituída ao seu estado original, convite à restauração original; ou, por outro lado, símbolo do poder do homem sobre uma natureza domesticada e, em nível mais elevado, símbolo de cultura, por oposição à natureza selvagem, da reflexão por oposição à espontaneidade, da ordem por oposição à desordem, da consciência por oposição ao inconsciente[10].

A negação já começa pelo peso soturno do adjetivo inicial, "negro", que tende a relativizar o que faz de todo jardim um refúgio aprazível. Ainda assim, é certo, continua sendo um *refúgio*, domínio de fuga e abstração do real, posto que nele "o mal da vida em ecos se dispersa". Aos ecos vão se sobrepondo os sons de violas, entoando "à toa" (sinalizando certa gratuidade) uma canção que envolve os ramos. Ao que tudo indica, não é apenas o "mal", mas a própria "vida" que parece se dispersar, dado que sequer a forma mais elementar de existência habita o lago aí localizado. Drummond parece querer eliminar de seu refúgio qualquer indício da ação do tempo, pois os "peixes" são rejeitados por serem "matéria putrescível". Em seu lugar, o lago passa a abrigar formas extremamente *artificiais*, como o reflexo de uma "estátua indecisa" ou as "pálidas contas de colares que alguém (o próprio eu?) vai desatando, olhos vazados e mãos oferecidas e mecânicas, de um vegetal segredo enfeitiçadas". Notem-se, assim, que a única presença humana denunciada no poema é também destituída do seu agir *natural*, por conta da *mecanização* dos gestos. Atente-se ainda aos "olhos vazados" desse alguém indeterminado, pois a referência à perda da visão far-se-á em mais de um momento do livro.

---

10. Para toda a simbologia do *jardim* nas mais diferentes culturas, ver Jean Chevalier e Alain Gheerbrant, *Dicionário de Símbolos*, Rio de Janeiro, José Olympio, 1990, pp. 512-515.

Drummond: Da Rosa do Povo à Rosa das Trevas

A propósito dos poemas de índice participante de *A Rosa do Povo*, Iumna Simon observou a freqüência com que o poeta alude ao olhar "como forma sensorial de registro objetivo dos fatos presentes". Em contrapartida, notou "que a renúncia ao presente e o apelo ao passado (memória) – pela impossibilidade de resolução do conflito poesia X mundo – é representada em determinados momentos, através da recusa à própria visão"[11]. Da recusa passa-se, em *Novos Poemas*, à *impossibilidade* mesma da visão, que está em correlação direta com o fechamento hermético da poesia, petrificada em enigma (que aqui assume a forma de um "vegetal *segredo*"), já que, em ambos os casos, rompem-se os canais de contato com a realidade circundante. Essa correlação poderia ser validada por Adorno, que, ao tratar do caráter enigmático da arte, fala justamente dos "olhos vazios"[12] que esta dirige ao leitor desprevenido.

Da "canção amiga" de abertura do primeiro bloco de poemas, cuja expressividade deveria ser tamanha a ponto dela falar como "dois olhos", chegamos, assim, no poema de abertura do segundo bloco, à cegueira absoluta relacionada ao hermetismo dos versos que nada *dizem* de imediato sobre seu significado – do qual só é permitido ao leitor aproximar-se de forma indicial. Aliás, do mesmo modo como ocorre com o eu lírico diante das "visões" que "se delineiam e logo se enovelam" no espelho d'água do lago, cuja "essência" – *se é que a tem*, dúvida indiciada pela oração parentética, sugerindo a possibilidade do vazio por detrás da "mascarada" – só lhe é dado conhecer através de parcos vestígios, que, juntamente com as pálidas contas de colares e os ecos do mal da vida, configuram um universo regido pelo signo da *dissipação*, do *desatamento*, da *dispersão*, onde nada subsiste de *concreto* justamente porque se trata de um domínio de *abstração da realidade*. Enquanto tal, nada aqui se permite conhecer a fundo, tudo é falsidade, pura "mascarada" por trás da qual se esconde o vazio, o nada.

Assim, se Drummond, por conta da desilusão com seu projeto participante, acaba por se condenar ao refúgio e ao isolamento de seu jardim,

11. Iumna M. Simon, *op. cit.*, pp. 77-78 n.
12. Theodor Adorno, *Teoria Estética*, São Paulo, Martins Fontes, 1988. Dessa imagem aproxima-se ainda a da "estátua cega" empregada pelo filósofo alemão.

Da Comunicação Precária ao Silêncio das Pedras

não faz deste um espaço mais grato de retorno a si, onde as perdas e frustrações seriam compensadas. Ele sabe os riscos da alienação do real, em termos de ilusão e falsidade. Por isso, nega toda a simbologia positiva tradicionalmente associada a esse "recanto aprazível". Longe de ser a materialização dos desejos e do poder do homem, o jardim converte-se em um espaço soturno, onde o eu drummondiano assiste à dissipação não só das visões que se projetam no lago, mas também dos sonhos que acalentou em meio à *praça de convites*. Aqui, o que resta da *rosa do povo* é tão-somente as "pétalas", enquanto o sonho do amanhã cede a vez a agourentos "presságios".

Na passagem para o poema seguinte, o movimento regressivo em relação à História caminha desse *domínio intermediário entre a criação humana e a natureza representado pelo jardim,* para chegar ao *domínio estrito da Natureza*, encarnada em sua dimensão *reparadora*, nos belíssimos versos de "Canto Esponjoso":

CANTO ESPONJOSO

Bela
esta manhã sem carência de mito,
e mel sorvido sem blasfêmia.

Bela
esta manhã ou outra possível,
esta vida ou outra invenção
sem, na sombra, fantasmas.

Umidade de areia adere ao pé.
Engulo o mar, que me engole.
Valvas, curvos pensamentos, matizes da luz
azul
        completa
sobre formas constituídas.

Bela, a passagem do corpo, sua fusão
no corpo geral do mundo.

Drummond: Da Rosa do Povo à Rosa das Trevas

Vontade de cantar. Mas tão absoluta
que me calo, repleto.

A idéia de aderência, porosidade e absorção contida no título – e mimetizada na seqüência das três primeiras estrofes, que parecem gradualmente *inchar* em número de versos – aponta para um movimento de integração e reconciliação do eu com a paisagem, que muito faz lembrar a atitude romântica diante da Natureza, impulsionada pelo desejo de fuga das contradições experimentadas no convívio com os homens[13]. A Natureza incumbir-se-ia, assim, de sua função revigoradora, devolvendo ao eu lírico o que a sociedade lhe rouba. Em última instância, nessa relação, a paisagem se afigura de dois modos: ou como espelho ao revés, encarnando o que o poeta almeja, justamente por se achar destituído; ou como puro reflexo de um momentâneo estado de espírito, uma projeção macrocósmica da interioridade lírica e, portanto, em perfeita harmonia com a subjetividade. Este último caso parece ajustar-se mais ao "Canto Esponjoso", pois nele o que torna a manhã propriamente bela – isto é, a não "carência de mito", o "mel sorvido sem blasfêmia", a ausência de "fantasmas" na "sombra" – são, na verdade, atributos subjetivos, projeções do estado de espírito do eu lírico. Pode-se afirmar, assim, sobre o cenário natural evocado pelo poema de Drummond, o mesmo que diz Corbin sobre as marinas e os quadros de beira-mar de Friedrich: "o objeto dessa arte intensamente silenciosa pertence ao espaço interior"[14].

Algumas das demais observações de Corbin sobre o imaginário romântico diante do mar ajudam também a melhor elucidar a atitude do sujeito lírico do poema frente à paisagem marítima. Observando que, embora as praias já tivessem se tornado, antes, lugares de contemplação e deleite – e vistas "como um remédio contra a melancolia e os males da cidade enferma" –, os românticos foram "os primeiros a formular um discurso coerente sobre o mar", enriquecendo poderosamente os modos

---

13. Para a análise da relação entre o poeta romântico e a paisagem, ver, entre outros, Alfredo Bosi, "Imagens do Romantismo no Brasil", em Jacó Guinsburg (org.), *O Romantismo*, São Paulo, Perspectiva, 1978.
14. Alain Corbin, *O Território Vazio: A Praia e o Imaginário Ocidental*, São Paulo, Companhia das Letras, 1989, p. 180.

Da Comunicação Precária ao Silêncio das Pedras

de fruição da praia e acentuando "o desejo inspirado por essa *indecisa* fronteira". Fizeram, assim, "da beira-mar um lugar privilegiado da descoberta de si"[15]. Na perspectiva estética do *sublime* kantiano, a permanência na praia possibilita a vibração do eu, nascida da percepção exaltante de sua confrontação com os elementos. A beira-mar propõe o cenário no qual, mais do que qualquer outro, é possível desenvolver-se o fantasma da devoração e a fantasia da fusão com as forças elementares devido ao próprio espetáculo do enfrentamento do ar, da água e da terra. Tal fantasia opera-se, com todas as letras, na quarta estrofe do "Canto Esponjoso", depois de sugerido, na terceira, um possível mergulho nas águas marítimas ("engulo o mar que me engole"), fazendo os *"curvos pensamentos"* desse *eu todo retorcido*[16] misturarem-se a valvas e matizes de uma luz "azul" e "completa" que se projeta nas águas, "sobre formas constituídas" – projeção essa que a própria disposição das palavras nos três últimos versos da terceira estrofe trata de reiterar. Inclusive a imagem do mergulho é explicada por Corbin em associação com a fantasia da regressão, o sonho da involução no corpo do mar, visto como retorno às fontes originais da felicidade (que os junguianos identificariam como retorno ao corpo materno). O mergulho é visto, assim, como a possibilidade do "gozo de sentir-se em afinidade com as forças elementares, experimentar a concordância cinestésica entre os movimentos do mar e os da água original que o corpo traz em si". Concordância que faz lembrar o baudelairiano "L'homme e la mer", tão afinado ao espírito de "Canto Esponjoso", em que a pulsação cardíaca mostra-se em sintonia com os movimentos das vagas marítimas:

> *Homme libre, toujours tu chériras la mer!*
> *La mer est ton miroir; tu contemples ton âme*
> *Dans le déroulement infini de sa l'âme,*
> *Et ton esprit n'est pas un gouffre moins amer.*

---

15. *Idem*, p. 176.
16. Como se deve saber, a expressão foi empregada por Drummond em sua *Antologia Poética* para nomear os poemas que tratam do indivíduo. Sobre a incidência das imagens de *torção* na lírica do poeta, ver Antonio Candido, "Inquietudes na Poesia de Drummond", *op. cit.*

Drummond: Da Rosa do Povo à Rosa das Trevas

Tu te plais à plonger au sein de ton image;
Tu l'embrasses des yeux et des bras, et ton coeur
Se distrait quelquefois de sa propre rumeur
Au bruit de cette plainte indomptable et sauvage[17].

O desejo desse retorno cinestésico traduziria, segundo Corbin, o "consentimento à condição temporal". Ora, é justamente essa idéia de consentimento que Sant'Anna ressalta ao se referir à figuração do mar no poema (a única representação mais "positiva" da água no conjunto dos *Novos Poemas*), interpretando-a em termos de uma maior flexibilidade do eu ao ambiente e uma prova daquela "aceitação maior de tudo" que rezam os versos de "Idade Madura"[18]. O fato é que essa aparente aceitação encerra, todavia, um ato de *recusa*, de negação. Note-se que a integração do eu lírico com as águas segue em um *crescendo* até alcançar a plenitude, que entretanto não chega a ser vertida em canto, pois ele prefere calar-se, "repleto". Como de praxe, Drummond furta-se ao canto celebrativo, revelador de epifanias, que permanece como impulso não realizado (ou realizado pela negação). Nisso parece revelar a desconfiança moderna em relação ao *sublime*, como se evitasse pactuar com a *dominação* e o *poder* associados à aparição imediata do mesmo[19], represando a exaltação do instante na garganta.

17. Na tradução de Ivan Junqueira: "Homem liberto, hás de estar sempre aos pés do mar! / O mar é o teu espelho; a tua alma aprecias / No infinito ir e vir de suas ondas frias, / E nem teu ser é menos acre ao se abismar. // Apraz-te mergulhar bem fundo em tua imagem; / Em teus braços a estreitas, e *teu coração / Às vezes se distrai na própria pulsação / Ao rumor dessa queixa indômita e selvagem*" (Charles Baudelaire, *As Flores do Mal*, Rio de Janeiro, Nova Fronteira, 1985, p. 139).
18. Affonso Romano de Sant'Anna, *op. cit.*, p. 160.
19. Para as relações entre a arte, a natureza, o sublime desde Kant e o que a ele se associa em termos de poder e dominação, valho-me das considerações de Adorno em sua *Teoria Estética*, especialmente quando observa que, "ao situar o sublime numa grandeza imponente, na antítese do poder e da impotência, Kant afirmou sem hesitação a sua cumplicidade indiscutível com a dominação. A arte deve dela envergonhar-se e converter o que ainda permanece, que era o que pretendia a idéia de sublime. Kant não eludia absolutamente o facto de que a grandeza qualitativa enquanto tal não é sublime: com profunda razão definiu o conceito de sublime pela resistência do espírito contra o poder excessivo. O sentimento de sublime não se aplica imediatamente ao que aparece; as altas montanhas falam como imagens de um espaço libertado das suas cadeias e dos seus entraves, e da possível participação em tal libertação, e não enquanto esmagam. A herança do sublime é a negatividade não moderada, nua e evidente como outrora o prometia a aparência do sublime. Mas isso constitui ao mesmo tempo o sublime do cósmico, que antes se alimentava do sentimento do mesquinho, do pomposo e do insignificante, e falava a favor da dominação

Da Comunicação Precária ao Silêncio das Pedras

Por outro lado, ao fazer calar o canto, Drummond mostra-se extremamente fiel à linguagem *muda* da Natureza, cuja dignidade repousa precisamente nessa recusa à comunicação. Recusa que, segundo a bela análise adorniana, transmitiu-se ao "caráter enigmático da arte", tão marcante no hermetismo deste segundo bloco de poemas do livro de 48. Irredutíveis à expressão ou à comunicação de algo, a linguagem enigmática da Natureza e da Arte subtrai-se à conversão em moeda fácil, em circulação no mercado. Pois, como nota Adorno,

[...] a comunicação é a adaptação do espírito ao útil, mediante a qual ele se integra nas mercadorias, e o que hoje se chama sentido participa desta monstruosidade. A completude, a textura e a consonância das obras de arte é a cópia do *silêncio*, unicamente a partir do qual fala a natureza. O belo na natureza, perante o princípio dominante e na presença do caos difuso, é um outro; a ele se assemelha o reconciliado[20].

À plenitude experienciada pela integração silenciosa com as águas reparadoras do mar, liberta das sombras e fantasmas, contrapor-se-á a esterilidade do deserto, no poema seguinte, que devolve o eu lírico à desolação do real:

COMPOSIÇÃO

E é sempre a chuva
nos desertos sem guarda-chuva,
algo que escorre, peixe dúbio,
e a cicatriz, percebe-se, no muro nu.

E são dissolvidos fragmentos de estuque
e o pó das demolições de tudo
que atravanca o disforme país futuro.
Débil, nas ramas, o socorro do imbu.
Pinga, no desarvorado campo nu.

estabelecida" (*op. cit.*, p. 225). (Veja-se ainda o exame que Davi Arrigucci Junior faz da mesma desconfiança moderna para com o sublime na poesia de Manuel Bandeira, *Humildade, Paixão e Morte: A Poesia de Manuel Bandeira*, São Paulo, Companhia das Letras, 1990, p. 131.)

20. Theodor Adorno, *Teoria Estética, op. cit.*, p. 91.

Drummond: Da Rosa do Povo à Rosa das Trevas

Onde vivemos é água. O sono, úmido,
em urnas desoladas. Já se entornam,
fungidas, na corrente, as coisas caras
que eram pura delícia, hoje carvão.

O mais é barro, sem esperança de escultura.

"Composição" é um poema que se constrói à custa do *paradoxo* (figura, aliás, bastante recorrente nessa parte da obra e que se tornará ainda mais no livro seguinte), pois os versos parecem desmentir o que o título afirma, na medida em que as imagens remetem a um movimento exatamente contrário, de total *decomposição*. O "deserto", os "fragmentos de estuque e o pó das demolições", o "muro nu" e o "campo nu", o "carvão", as "urnas desoladas" e mesmo o "barro, sem esperança de escultura", dão a tônica a esse cenário de pura desolação, ao qual estão correlacionados, por força da mímese, o desarticulado da ordenação paratática, minando toda hierarquia lógico-discursiva, e também a exploração sistemática da obscura e monótona vogal *u* em rima toante ligando a quase totalidade dos versos[21].

O paradoxo vem, assim, dizer da matéria que passa a *compor* os *Novos Poemas*, ou seja, a *decomposição* da utopia revolucionária *construída* pela lírica social do livro anterior. Pois está visto que os "fragmentos de estuque" e o "pó das demolições" são destroços do que era uma construção ligada ao "país futuro" (tal como a utópica "Cidade de Amanhã" surgida sobre os escombros do cerco fascista nos versos vitoriosos e solidários de "Carta a Stalingrado"), mas que agora se mostra informe.

Em contraponto às imagens de calcinação e esterilidade, há ainda as imagens aquáticas. Figurada, na primeira estrofe, sob a forma de *chuva*, a água é aqui destituída de seu poder *fertilizador*, visto "sempre" sur-

---

21. Como observa Hélcio Martins, "o ambiente do poema é acentuado pela única rima em *u* tônico em que só variam as postônicas. [...] Essa rima acorda correspondências interiores na palavra *muro* (do 4º verso, imediatamente anterior à rimante *nu*), *urnas*, do 11º e *pura*, do 13º; e sua monotonia acentua os efeitos gerais do poema, para o que também concorre sua arrastada sintaxe" (*op. cit.*, pp. 51-52).

Da Comunicação Precária ao Silêncio das Pedras

preender alguém *despreparado* ("sem guarda-chuva"[22]) em meio à *esterilidade do deserto*. Na segunda estrofe, ela ainda figura convertida no "socorro do imbu" – lembrando que o imbuzeiro é uma arvoreta muito copada, própria da caatinga, cujas raízes têm grandes tubérculos reservadores de água. Assim vista, a água representa uma *pequena reserva oculta* de que dispõe o caminhante no deserto. Após essas duas figurações iniciais, surge a afirmação categórica:

> Onde vivemos é água. O sono, úmido,
> em urnas desoladas.

Na medida em que o *sono* – evocando a idéia de *adormecimento* e, com isso, reforçando a condição de *inação* do eu reflexa em outros momentos da coletânea – é qualificado pela *umidade*, a água parece vir associada à dimensão do psiquismo, o grande mar do inconsciente em que mergulha o eu para fugir da desolação do real[23].

Na seqüência do poema (quarta estrofe), a água da chuva, que "pinga no desarvorado campo nu", irá converter-se em *torrente* na qual se entornam os destroços do antigo edifício literário de 45, que era "pura delícia, hoje carvão", sendo eles *arrastados para longe* ou *dissolvidos* até retornarem à condição de *matéria-prima*, de *amálgama original*, para o qual,

---

22. A imagem do "guarda-chuva" ou da falta dele como signo de despreparo e desproteção parece bastante evidente. Basta lembrar aqui o belo poema com que João Cabral saudava o amigo itabirano em *O Engenheiro* – livro de 45 dedicado a Drummond, nos mesmos moldes com que este saudou, em seu livro de estréia, o amigo Mário de Andrade –, onde a imagem do guarda-chuva aparece reiteradas vezes. Ou melhor, reitera-se a mesma idéia de que "não há guarda-chuva", o que vale dizer, "não há proteção" contra o poema, o amor, o tédio, o mundo e o tempo (João Cabral de Melo Neto, "A Carlos Drummond de Andrade", *O Engenheiro. Obra Completa*, Rio de Janeiro, Nova Aguilar, 1994, p. 79).

23. Não custa lembrar, em reforço, que a associação entre o *sono* e a *umidade* já havia comparecido em "Procura de Poesia", para caracterizar o estado de atrofiamento das palavras antes de "despertarem" para a realidade do poema: "ainda *úmidas de sono*, / rolam num rio difícil e se transformam em desprezo". Veja-se, a respeito, a bela análise que Iumna Simon (*op. cit.*, pp. 151-169) faz do poema. Lembre-se ainda aqui a freqüência com que compareciam as *metáforas líquidas* no livro de estréia do amigo João Cabral (*A Pedra do Sono*) também associadas ao *sono* e ao *psiquismo adolescente* do poeta, buscando incessantemente encontrar, na fluidez das imagens oníricas, a concretitude e o rigor da *pedra* que (daí em diante na obra do poeta pernambucano) tornar-se-á o símbolo de ordem e perfeição, de disciplina e consciência do trabalho artístico (cf. estudo de Lauro Escorel, *A Pedra e o Rio, op. cit.*, pp. 15-24).

Drummond: Da Rosa do Povo à Rosa das Trevas

todavia, não há a menor ilusão de vir a ser convertido em nova criação utópica dessa ordem: "o mais é barro, sem esperança de escultura".

A recusa a essa nova criação semelha ao silêncio no final de "Canto Esponjoso". E o que, em ambos os poemas, afigura-se como recusa definitiva ao canto, no poema seguinte parece sugerir como que uma *suspensão temporária*, um *intervalo* apenas no ofício poético. Trata-se de "Aliança", que se refere à relação íntima que une o sujeito lírico a um ser aparentemente misterioso. Indagado certa vez sobre a identidade deste ser, Drummond respondeu, curto e grosso, que se tratava de um cão[24], para decepção daqueles que muito possivelmente viam nele a encarnação sublime de alguma instância metafísica, transcendente ou psíquica. E de fato é um mero e prosaico cão que vemos logo nos primeiros versos, em uma cena bem caseira, enrodilhado e imóvel no sono, aos pés de seu dono, que se entrega impaciente à composição poética. Estendendo um dos pés, encontra e pressiona carinhosamente o corpo tépido do animal "ciente do que pressão vale em ternura":

> Deitado no chão. Estátua,
> mesmo enrodilhada, viaja
> ou dorme, enquanto componho
> o que já de si repele
> arte de composição.
> O pé avança, encontrando
> a tepidez do seu corpo
> que está ausente e presente,
> consciente do que pressão
> vale em ternura. Mas viaja
> imóvel. [...]

Por oposição ao cão que viaja imóvel, qual estátua, e tranqüilo através do sono (por isso ausente e presente), seu dono deixa-se flagrar pelo *agir constante* e pela *inquietação* que chega, em dada altura, a acenar com o desejo de *desistência*, motivada pela insatisfação com o produto de seu duro ofício de exprimir:

24. Ver "Confissão", *Jornal de Letras*, mar. 1953.

Da Comunicação Precária ao Silêncio das Pedras

... Enquanto prossigo
tecendo fios de nada,
moldando potes de pura
água, loucas estruturas
do vago mais vago, vago.
Oh que duro, duro, duro
ofício de se exprimir!
Já desisto de lavrar
este país inconcluso,
de rios informulados
e geografia perplexa.

Imagens abstratas como os "fios de nada", os "potes de pura água", as "loucas estruturas do vago mais vago, vago" vêm dizer daquilo que permanece irredutível ao canto. O leitor familiarizado com o universo lírico de Drummond certamente não terá dificuldade de reconhecer nesse afã de compor "o que já de si repele arte de composição", o mesmo esforço malogrado do poeta participante de 1945 que, no ritmo desembalado dos acontecimentos (e dos versos), buscava, no "Rola Mundo"[25], extrair em vão a "precária síntese". "Aliança", entretanto, inclui ainda o momento seguinte em que o esforço malogrado cede a vez ao desejo de *desistência* do eu diante de uma realidade incomensurável e informe, que se furta a toda tentativa de *síntese*, por mais *precária* que seja. (Mais uma vez, a impossibilidade de alcançar a totalidade, que justificará a recusa final da "Máquina do Mundo", conforme veremos.)

Diante da impotência com as palavras e da ameaça de desistência, o eu lírico levanta-se, tomado de fúria, e segue caminhando a passos largos por um jardim de formiga e hera, contando de pronto com a companhia do mais fiel amigo do homem:

Já soluço, já blasfemo
e já irado me levanto,

25. Curioso notar que neste poema já se desenha a articulação destacada aqui entre o imobilismo e a perda do foco visual. Nota, a respeito, Iumna Simon: "Em 'Rola Mundo', depois da enumeração de imagens em movimento de queda, salto, rotação ou dispersão no ar, apreendidas pelo foco visual do poeta, o poema caminha para uma paralisação do movimento ('e em cada país havia / um muro de pedra e espanto') e um fechamento do foco visual ('e nesse muro pousada / uma pomba cega')" (*op. cit.*, p. 189).

Drummond: Da Rosa do Povo à Rosa das Trevas

ele comigo. De um salto,
decapitando seu sonho,
eis que me segue. Percorro
a passos largos, estreito
jardim de formiga e de hera.
E nada me segue de
quanto venho reduzindo
sem se deixar reduzir.
O homem, feixe de sombra,
desejaria pactuar
com a menor claridade.
Em vão. Não há sol. Que importa?
Segue-me, cego. Os dois vamos
rumo de Lugar Algum,
onde, afinal: encontrar!
A dileta circunstância
de um achado não perdido,
visão de graça fortuita
e ciência não ensinada,
achei, achamos. Já volto
e de uma bolsa invisível
vou tirando uma cidade,
uma flor, uma experiência,
um colóquio de guerreiros,
uma relação humana,
uma negação da morte,
vou arrumando esses bens
em preto na face branca.

Seguir rumo a "Lugar Algum" é seguir a esmo, buscando desanuviar as idéias e deixar para trás, pelo menos temporariamente, o tormento causado por tudo "quanto venho reduzindo sem se deixar reduzir". Para isso, ele conta com a tranqüilidade, espontaneidade e total alheamento de seu companheiro diante dos conflitos e tormentos que assolam a existência dos homens. A ambigüidade homofônica do imperativo "Segue-me, cego" diz desse desejo de se identificar na "cegueira" com a realidade humana.

O espairecimento, a abstração, a cegueira temporária em relação aos problemas que atordoavam o sujeito lírico em seu ofício acabam por resultar profícuos, na medida que lhe permitem reempossar-se de uma reserva oculta de inspiração e reaver "bens" que, na verdade, não esta-

Da Comunicação Precária ao Silêncio das Pedras

vam perdidos e cuja natureza parecem remeter à utopia da comunhão social de *A Rosa do Povo*: "cidade", "flor", "experiência", "colóquio de guerreiros", "relação humana" e "negação da morte". Tal utopia é, assim, recriada literariamente, pois tais bens são arranjados "em preto" (das letras) "na face branca" (do papel).

Quando, por fim, retornam do passeio rumo a "Lugar Algum", o cão entrega-se novamente ao sono, após entreter com seu sonho, por mais estranho que pareça, um rápido diálogo, que bem evidencia aquela mesma incompreensão total diante dos "negócios de homem" que levaria, no livro seguinte, um boi a assistir aturdido ao espetáculo humano e concluir: "depois disso, duro é ruminarmos nossa verdade". Vejamos o trecho final:

> De novo a meus pés. Estátua.
> Baixa os olhos. Mal respira.
> O sonho, colo cortado,
> se recompõe. Aqui estou,
> diz-lhe o sonho; que fazias?
> Não sei, respondeu-lhe; apenas
> fui ao capricho deste homem.
> Negócios de homem: por que
> assim os fazes tão teus?
> Que sei, murmura-lhe. E é tudo.
> Sono de agulha o penetra,
> separando-nos os dois.
> Mas se...

O poema, como se vê, não chega a ser propriamente concluído, mas sim *suspenso*, logo após o outro ser reempossado de seu sono profundo – "sono de agulha o penetra". O adversativo "mas" seguido do condicional "se" parece, por um lado, deixar em aberto a possibilidade de um novo despertar do outro, sempre que o eu lírico assim o carecer. Poder-se-ia, então, implicitamente, concluir o verso final mais ou menos nos seguintes termos: *"Mas se* for preciso, se mais uma vez me vir às portas da desistência, poderei contar com ele para, descolando-se de seu sono, podermos seguir rumo a Lugar Algum, de onde retornarei refeito, trazendo uma nova reserva de esperança". A "aliança" seria, assim, perpetuada em

Drummond: Da Rosa do Povo à Rosa das Trevas

cada novo despertar. Por outro lado, o final em suspenso pode quem sabe indicar também a possibilidade de o eu lírico, mais uma vez lançado à dúvida, não poder contar com esse novo despertar – "*mas se* eu precisar mais uma vez, ele pode não acordar, lançando-me ao completo desamparo" – ou mesmo com essa reserva oculta de esperança. Drummond deixa, assim, em aberto a própria dúvida, justificada pelo fato do eu não poder mais dominar lucidamente sua criação (como se vê nos versos iniciais), mas sim depender de uma "graça fortuita", um feliz *acaso* que pode ou não se repetir.

A passagem de "Aliança" para o poema seguinte da coletânea, "Estâncias", marca o reencontro com uma temática há muito abandonada por Drummond: o *amor*. Lembremos que o tema havia sido "provisoriamente" banido da lírica drummondiana desde *Sentimento do Mundo* – leia-se "O congresso internacional do medo" – em atenção à premência do momento histórico-político, que impunha ao poeta a grandeza do sopro épico, sufocando o respiro mais puramente lírico do canto. Eis que, quase uma década depois (quando a confiança no *epos*, já minada pela consciência do precário durante a fase de engajamento, esbarra no que – "irrisão – é vômito sobre a rosa do amanhecer"), o abandono da poesia mais abertamente social traz de volta o "velho" tema de "mais abaixo dos subterrâneos", onde havia se "refugiado" em 40, para se fazer ainda mais presente no livro seguinte. Não me ocuparei do tema nem neste nem no livro seguinte, visto que já foi objeto de análises cuidadosas de, entre outros, Costa Lima, Gledson, Achcar, Lafetá e, mais recentemente, Mirella Vieira Lima, que a ele dedicou um livro inteiro. Gostaria, entretanto, de frisar dois aspectos gerais da retomada do tema neste momento da obra drummondiana, que pode ser justificada, ao menos em parte, pela reposição da pesquisa lírica em um contexto marcado pela especialização do trabalho artístico que, conforme vimos na primeira parte, levou à redefinição de conceitos mais puros para a poesia. O amor prestar-se-ia bem a isso por ser o tema lírico por excelência, ainda mais quando se considera o tratamento que lhe é dispensado: o estilo depurado; a recorrência, por vezes, a esquemas formais clássicos e ao universo do mito; o enfoque

Da Comunicação Precária ao Silêncio das Pedras

especulativo-filosófico, metafísico, universalizante em vez da mera figuração de uma vivência emotiva particular... Além disso, a retomada da lírica amorosa nesse momento não implica, como poder-se-ia ingenuamente supor, um *retorno compensatório* a um tema mais grato, devido às vicissitudes do empenho participante do poeta. Quanto a isso, aliás, as "Estâncias" já são suficientemente claras, dados os signos negativos, tortuosos, com que se define o sentimento ressuscitado:

> ... Em nós ressurge o antigo; o novo; o que de nada
> extrai forma de vida; e não de confiança, de desassossego se nutre.
> Eis que a posse abolida na de hoje se reflete, e confundem-se,
> e quantos desse mal um dia (estão mortos) soluçaram,
> habitam nosso corpo reunido e soluçam conosco.

De "Estâncias", passo ao penúltimo poema do livro, que também parece destoar do restante dos *novos poemas* não pelo tema, mas pelo repertório de imagens elementares empregadas. Em vez das imagens pétreas ou aquáticas, dominantes no segundo bloco, encontramos *imagens aéreas*, como já indica a referência do título, que tenderão a predominar no livro seguinte:

O ARCO

> Que quer o anjo? chamá-la.
> Que quer a alma? perder-se.
> Perder-se em rudes guianas
> para jamais encontrar-se.
> Que quer a voz? encantá-lo.
> Que quer o ouvido? embeber-se
> de gritos blasfematórios
> até quedar aturdido.
>
> Que quer a nuvem? raptá-lo.
> Que quer o corpo? solver-se,
> delir memória de vida
> e quanto seja memória.
>
> Que quer a paixão? detê-lo.
> Que quer o peito? fechar-se

Drummond: Da Rosa do Povo à Rosa das Trevas

contra os poderes do mundo
para na treva fundir-se.

Que quer a canção? erguer-se
em arco sobre os abismos.
Que quer o homem? salvar-se,
ao prêmio de uma canção.

Tais imagens, associadas fundamentalmente à idéia de movimento, vêm para encenar o conflito de um eu dividido por impulsos desencontrados, mas que remetem, de igual modo, ao desejo de fugir da condição de imobilismo pétreo. Por um lado, tal desejo beira o desespero traduzido em termos de perdição (moral), explosão de revolta e desejo de anulação absoluta de memória e vida; mas, por outro, há uma força contrária que busca deter o eu lírico através da *sublimação* dos impulsos destrutivos (indicada pelas *imagens aéreas* e o movimento a elas associadas, incluindo aqui a *voz*, que se constitui e se projeta no ar[26]).

Essa divisão do eu entre impulsos contrários encontra reforço ainda no uso muito particular (para não dizer verdadeiramente infracionário) que Drummond faz dos *pronomes pessoais*. Sintaticamente, eles desempenham a função de objeto direto, ou seja, eles indicam os seres aos quais se *dirigem* as ações. Para tanto, é claro, eles deveriam ter sido anteriormente expressos, mas não é o que ocorre, pois Drummond promove uma inversão no mínimo curiosa. Tome-se o verso de abertura:

Que quer o anjo? chamá-*la*

Note-se que o anjo dirige o chamado para alguém (ou algo) que é indicado pelo pronome pessoal átono da terceira pessoa do singular e do gênero feminino. Ocorre que não há nenhum nome (substantivo) anterior-

26. Para a relação entre a sublimação e o impulso ascensional ou as imagens aéreas (ver Gaston Bachelard, *O Ar e os Sonhos: Ensaio sobre a Psicologia do Movimento*, São Paulo, Martins Fontes, 1988). Em contrapartida, vejam-se ainda as considerações do autor relativas ao movimento descensional (e dessublimatório), marcado pela idéia da vertigem e da queda abissal (implicando um sentido *moral*), visível também no poema acima, seja na referência aos "abismos" na última estrofe ou ao "quedar aturdido" da segunda, associado à idéia de desregramento.

Da Comunicação Precária ao Silêncio das Pedras

mente expresso nesse gênero, de modo que o anjo parece *chamar em vão* por alguém que se mostra *ausente*, porque ainda *não nomeado*. Isto só virá a ocorrer, de fato, no verso seguinte:

Que quer a *alma*? perder-*se*

Invertendo portanto a lógica da ordenação, a "alma" sucede e não precede o pronome pessoal que a ela se refere. Esta, por sua vez, é sujeito de uma outra ação complementada por um novo pronome: "se". Como se sabe, trata-se de um pronome *reflexivo* e, enquanto tal, indica que o objeto direto é o mesmo sujeito da ação. Nesse sentido, compreende-se que o anjo pareça "chamar" em vão, na medida em que seu apelo dirige-se a um objeto, a alma que se encontra completamente *voltada para ela própria* e *perdida em si mesma*. A mesma lógica às avessas no uso dos pronomes pode ser verificada na segunda e na terceira estrofes para suge-rir idêntico *desencontro* de desejos do eu entre a "voz" que busca "encan-tar" o "ouvido" enquanto este quer "embeber-*se* de gritos blasfema-tórios"; entre a "nuvem" que quer "raptar" o "corpo" enquanto este deseja "solver-*se*".

A possibilidade de superação do conflito encenado nos versos vem representada na última estrofe pela "canção" a "erguer-se em arco sobre os abismos". A analogia com o arco-íris resgata, para a canção, o que ele simboliza em termos de *reconciliação, reunião de metades separadas, resolução*[27]. Nela, o "homem" encontra a possibilidade de mobilizar os *sentidos dispersos* (voz e ouvido) e de "salvar-se" da queda *pela sublima-ção de seus impulsos destrutivos em arte*. Sublimação essa que o próprio "O Arco" acaba por alcançar na medida mesma em que indaga por seus impulsos blasfematórios, depurando-os na nobreza dos vocábulos, no ri-

---

27. Cf. Jean Chevalier e Alain Gheerbrant, *op. cit.*, pp. 77-79. Como lembram os autores, no Gênesis, depois do dilúvio, Deus faz do arco-íris a materialização da *aliança* com Noé e seus descendentes (a raça humana). "E disse Deus: *Eis aqui o sinal do concerto que vou fazer convosco, e com toda alma vivente que está convosco, em todo decurso das gerações futuras para sempre. Eu porei o meu arco nas nuvens, e ele será o sinal do concerto, que persistirá entre mim e a terra.*" Em várias outras culturas, como demonstram os autores, o arco iridescente simbolizará a idéia de união dos contrários referida acima.

Drummond: Da Rosa do Povo à Rosa das Trevas

gor matemático de sua construção, no requinte, em suma, de sua ourivesaria poética, que só faz acentuar, ainda mais, o niilismo dos versos[28].

Tanto "O Arco" quanto "Estâncias" (ou mesmo "Aliança", através da evasão pelo inconsciente, rumo a "Lugar Algum") parecem representar caminhos alternativos buscados pelo eu drummondiano para fugir da realidade frustrante e da condição de inércia a que se encontra relegado, porém nenhum deles chega a se afigurar satisfatório, nem sequer efetivamente compensatório, seja porque o amor não abole o sofrimento, seja porque a canção salvadora é apenas uma possibilidade no horizonte. A condição de imobilismo permanece, assim, inalterável e é reiterada *definitivamente* no poema seguinte.

Derradeiro poema da coletânea de 48, "O Enigma" resume a condição final do poeta e da poesia após todo um processo que busquei acompanhar aqui, cujas determinantes históricas foram, bem ou mal, apontadas na primeira parte do livro. No conjunto da obra de Drummond, esse poema em prosa alinha-se a dois outros, de fases distintas, situando-se exatamente *no meio do caminho* entre a famosa "pedra" modernista de *Alguma Poesia* e o desvelar sublime de "A Máquina do Mundo", em *Claro Enigma*[29]. Volta-se, aqui, à mesma situação paradigmática de alguém (ou algo!) que caminha por uma estrada e é barrado

---

28. Diz, a respeito, Merquior: " 'O arco' inscreve o pessimismo do pensamento existencial em estrofes de um rigor matemático. Cada um dos primeiros versos se refere, por meio do pronome acusativo, a um substantivo só revelado no verso seguinte, enquanto ao menos dois versos por estrofe acabam com o sintagma infinitivo + pronome, o que produz, como bem viu Hélcio Martins, uma espécie de rima lógica. Há, pois, efetivamente, um arco ligando os versos e as estâncias entre si. A estrutura do poema é uma metáfora do objetivo da canção, 'arco sobre os abismos'. Encaixado nessa geometria lírica, um vocabulário raro (guianas, aturdido, solver-se, delir) atesta o enobrecimento da elocução. Ele é acompanhado em surdina pela anáfora (Que quer...), a anadiplose (perder-se/Perder-se), o efeito de epanadiplose [*delir* memória *de vida/e quanto seja* memória], um sutil afastamento do uso corrente (ao preço>ao prêmio), a metáfora (embeber-se de gritos), e finalmente pelas aliterações (*r*udes *g*uianas, que*d*ar atu*rd*ido, po*d*eres *d*o mundo/para na treva fundir-se) e as assonâncias (chamá-la, *a*lma; jamais encontra*r*-se; de*l*ir me*ó*ria de *v*ida). Uma ourivesaria poética excepcionalmente cuidada sublinha assim o niilismo do texto, cuja visão negra se exprime em termos espiritualistas extremos..." (*Verso Universo em Drummond, op. cit.*, p. 133).

29. Veja-se, a respeito, John Gledson, *op. cit.*, pp. 255-256.

Da Comunicação Precária ao Silêncio das Pedras

por um obstáculo que o obriga a deter-se na reflexão e inspeção sobre o sentido de tal existência. No famoso poeminha modernista, como se sabe, o obstáculo é a *pedra*, que obriga o caminhante a fatigar suas retinas sobre ela na busca de uma explicação para o impedimento. Já em "O Enigma", as *pedras* é que são barradas (!) por uma forma desconhecida, inclusive para si própria, de onde sua vaga denominação: "Coisa". Por outro lado, diferentemente da "Máquina de Mundo", que intercepta o caminho do caminhante, desvelando-lhe uma verdade maior que ele só não aceita porque não quer, a Coisa fecha-se hermeticamente em *enigma,* zombando "de toda tentativa de interpretação"[30].

Na *prosa apologal*[31] de "O Enigma", é patente a associação entre as pedras e a condição de imobilismo do eu lírico, que se reflete na coletânea como um todo. Mas o que importa destacar é o papel determinante da própria *reflexão*, do *mentar aturado* como *responsável* por esse imobilismo. Note-se que, logo no início do poema, as pedras, a despeito de sua condição natural, ainda contam com um mínimo de mobilidade, visto que "caminhavam pela estrada". Só no momento em que a Coisa barra-lhes o caminho e as obriga a perquirir sobre o sentido de tal existência desconhecida, é que se dá a paralisação:

As pedras detêm-se. No esforço de compreender, chegam a imobilizar-se de todo. E na contenção desse instante, fixam-se as pedras – para sempre – no chão compondo montanhas colossais, ou simples e estupefatos e pobres seixos desgarrados.

Longe de querer me aventurar na busca de um sentido para tal Coisa – com o risco de encalhar no inefável chavão heideggeriano do Ser-do-ente, sempre tão presente nas interpretações metafísicas de poemas dessa natureza –, o certo é que ela própria não é apenas matéria de reflexão (das pedras), mas Coisa *reflexionante*, de onde sua condição petrificada de enigma. É o que se pode notar no final do poema:

30. Vários intépretes já se ocuparam do confronto entre esses (e outros) poemas que se alinham pela mesma situação paradigmática, revelando outros aspectos de que não me ocuparei aqui (ver, além de Gledson e Merquior, Silviano Santiago, "Camões e Drummond: A Máquina do Mundo", *Hispânia*, vol. XLIX, n. 3, setembro de 1966, pp. 389-394).
31. A expressão é de Merquior, *Verso Universo... op. cit.*, p. 132.

Drummond: Da Rosa do Povo à Rosa das Trevas

Mas a Coisa interceptante não se resolve. Barra o caminho e medita, obscura.

O vínculo entre a introspecção reflexiva, a meditação persistente, o imobilismo e a pedra como símbolo tem muitos antecedentes. Está presente há séculos em toda uma tradição poética e mesmo médico-filosófica dedicada à melancolia, cujos atributos evocados incluem o peso e o imobilismo decorrente da entrega apática (*acedia*) à atividade contemplativa[32]. A evocação desse vínculo não é gratuita, nem se justifica apenas pelo temperamento reconhecidamente *saturnino* do poeta itabirano, mas por referências precisas contidas no poema, onde não falta sequer a menção à "melancólica moleza", a última peça que faltava para atestar a vigência desta série de associações. Uma análise mais detida, inclusive, revela ainda um outro aspecto significativo do poema em perfeita sintonia com o universo do melancólico: refiro-me ao seu caráter de *alegoria*[33], que vai de encontro à explicação das pedras em termos de simples prosopopéia[34].

Enquanto "metáfora encenada"[35], a *alegoria das pedras* parece dramatizar a situação (descrita pelo livro de 48) do poeta participante frustrado em seu empenho solidário, que se vê por fim relegado à condição de inação, à reflexão melancólica sobre seu intento malogrado e à falta de perspectivas (configurada pelo enigma) quanto a um outro caminho de atuação efetiva a seguir. Trata-se, em suma, da situação do intelectual moderno em geral, nos termos em que a define Bernd Witte ao tratar do retrato de Walter Benjamin como melancólico:

> Há indícios de que o auto-retrato de Benjamin como melancólico não visa a análise de uma idiossincrasia pessoal, mas de um "caráter social" [...] uma "conscience malheureuse" do intelectual moderno, o qual, privado de qualquer possibilidade de atuação prática, fica relegado à reflexão sobre si mesmo e o mundo [...] Os sintomas

---

32. Ver, entre outros, Walter Benjamin, *Origem do Drama Barroco Alemão*, São Paulo, Brasiliense, 1984, pp. 176-177 (cf., também, Jean Starobinski, *La Mélancolie au miroir: Trois lectures de Baudelaire*, Paris, Julliard, 1989, pp. 75-76).
33. "L'allégorie serait de la sorte le comble de la mélancolie: un moyen de conjurer le passage du temps et les images de la destruction, certes, mais en arrêtant toute vie, en jetant sur soimême et sur le monde le regard de Méduse..." (J. Starobinski, *idem*, p. 75).
34. John Gledson (*op. cit.*, p. 256) fala das qualidades humanas atribuídas às pedras.
35. A expressão é de Walter Benjamin em *Origem do Drama Barroco Alemão, op. cit.*

Da Comunicação Precária ao Silêncio das Pedras

de auto-alienação e despersonalização não são elementos autobiográficos gratuitos, mas apontam um estado de coisas social: a perda de função da intelectualidade literária na sociedade moderna[36].

Situação que, no caso de Drummond, além da frustração de seu projeto poético participante (que era uma forma de conferir ao literário uma atuação social mais efetiva), conta ainda com o agravante da especialização do trabalho intelectual no período que, conforme vimos na primeira parte do trabalho, levaria a literatura a retroceder de sua posição privilegiada como meio de conhecimento da realidade do país e a redefinir a especificidade de seu ofício.

Em abono da hipótese sobre o significado alegórico das pedras, considere-se mais detidamente o que elas próprias declaram no momento em que assumem a voz lírica e se dirigem diretamente ao leitor:

> Ai! de que serve a inteligência – lastimam as pedras. Nós éramos inteligentes; contudo pensar a ameaça não é removê-la; é criá-la. Ai! de que serve a sensibilidade – choram as pedras. Nós éramos sensíveis, e o dom da misericórdia se volta contra nós, quando contávamos aplicá-lo a espécies menos favorecidas.

O mesmo movimento descrito nessas linhas, de fracasso e desmerecimento de todo esforço compreensivo e sensível que se volta, ironicamente, contra as pedras, reapareceria pela mesma época no já citado comentário de Drummond sobre o romance do ex-comunista Arthur Koestler, no qual o poeta deve ter identificado algo que tocava muito particularmente à sua vivência recente, a ponto de merecer registro em seu diário íntimo. Algo, decerto, além do grande "interesse dramático" que esse livro – do qual Drummond demorou a se aproximar, "prevenido contra o sucesso mundial de obra de atualidade" – era capaz de despertar mesmo em leitores como ele, em que "o quase total desprendimento da coisa política era fator hostil a esse interesse"[37]. O que Drum-

---

36. Bernd Witte *apud* Willi Bolle, *Fisiognomia da Metrópole Moderna*, São Paulo, Edusp, Fapesp, 1994, p. 120.
37. *O Observador no Escritório, op. cit.*, p. 72.

Drummond: Da Rosa do Povo à Rosa das Trevas

mond ressalta no romance é sobretudo o modo como Koestler descreve, "com recursos literários dignos de nota", a

> [...] desagregação da fibra do revolucionário Rubachov, sua reincorporação gradativa do humano e do contingente, *a lógica e implacável cadeia de raciocínios em que se deixa prender, refletindo até o fim e consumando o sacrifício quando já não acreditava na utilidade desse sacrifício*[38].

Além da afinidade com as pedras, devido a essa intensa atividade reflexiva a que se entrega o protagonista de Koestler até o fim, a sua dedicação ou sacrifício à causa comunista acaba tendo o mesmo destino ingrato do gesto solidário e piedoso das pedras, como se nota no seguinte comentário de Drummond:

> Koestler compôs uma das tragédias modernas, a tragédia do homem que se imola à política, sacrificado por aquilo mesmo que enchera toda a sua vida, *e que se volta inexoravelmente contra ele*[39].

Mas há ainda algo mais importante a observar no comentário sobre Koestler: o fato de Drummond definir a *imolação* do escritor à causa política nos termos *sacrificiais* da *tragédia*. Ateste-se logo a pertinência da definição, que, se não coincide integralmente, caminha em sentido muito próximo ao assinalado por alguns dos especialistas no gênero que se detiveram nesse tipo de aproximação. Assim George Steiner (um dos grandes teóricos da tragédia), que, ao tratar da trajetória de Trótski, alinha o revolucionário comunista ao lado do herói trágico diante da ameaça de dissociação da identidade pessoal:

> O marxismo pode efetuar uma dissociação da identidade pessoal muito semelhante àquela sentida pelo protagonista no drama trágico. Ao confiar sua imaginação, seu centro de realidade, ao processo histórico, o revolucionário marxista treina-se a aceitar uma diminuição no âmbito e na validez da consideração pessoal. A lógica, a autoridade emocional do fato histórico, mesmo onde acarretam destruição e humilhação à própria pessoa, superam as pretensões, a intensidade do ego. Aceita-se a sina, quase

---

38. *Idem, ibidem* (grifos meus).
39. *Idem, ibidem*.

Da Comunicação Precária ao Silêncio das Pedras

que se concorda com ela, como sendo parte daquela verdade histórica e do movimento progressivo nos quais a existência individual ancora seu significado[40].

Veja-se ainda a definição lukacsiana da tragédia moderna ou "impura": nela, os heróis são confrontados com uma Necessidade que os ultrapassa e que, inelutavelmente, transforma em Mal o Bem que eles querem fazer (assim, o caso do papa que, para salvaguardar o reino da Igreja, é obrigado a perpetrar os piores crimes, ou ainda, como um exemplo mais "moderno" lembrado pelo tradutor francês de Lukács, o caso do revolucionário tornado stalinista por "força das coisas")[41]. A diferença aqui está no fato de Drummond ressaltar o trágico no momento em que esse revolucionário torna-se a vítima (como no Grande Expurgo stalinista) do sistema que ele mesmo contribuiu para erigir.

Mas, além da pertinência da definição, importa observar que Drummond chama de trágico justamente aquele mesmo destino ingrato de todo um empenho solidário que vimos ser afim ao das pedras do poema. Por extensão, o drama vivido por elas tende a ser também de natureza trágica. Se assim for, ao inscrever o trágico no derradeiro poema que, já no título, anuncia a obra seguinte, Drummond também parece anunciar a *natureza* do conflito que o livro de 1951 tratará de *aclarar*.

Da reflexão aturada a que se entregam, imobilizadas, as pedras, *Claro Enigma* é, por assim dizer, o *produto*. Se o imobilismo reflexivo revela, alegoricamente, o impasse do artista e do intelectual modernos, privados de atuação prática e condenados à reflexão melancólica sobre si mesmo e o mundo, conforme vimos com Witte, *Claro Enigma* tratará de concluir pela irreversibilidade desses estados de coisas – de onde a natureza *trágica* do conflito encenado pelo poeta, condenado a expiar a culpa e a se sujeitar a uma destinação histórica contra a qual não há como interceder, dada sua condição social. É dessa condição trágica que se ocupará a terceira e última parte do livro.

---

40. George Steiner, "Trotski e a Imaginação Trágica", *Linguagem e Silêncio, op. cit.*, p. 314.
41. Ver a nota introdutória de Guy Haarscher à tradução francesa de Georges Lukács, "Méthaphysique de la Tragédie", *L'Âme et les Formes*, Paris, Gallimard, 1974, p. 244.

Drummond: Da Rosa do Povo à Rosa das Trevas

Parte III

DA ROSA DAS TREVAS À LUZ DO ROSÁRIO: *CLARO ENIGMA* (1951)

1

SONDAGEM PERIFÉRICA DO ENIGMA

Une immobilité faite d'inquiétude.

VICTOR HUGO

Do "Enigma" de *Novos Poemas* a *Claro Enigma* (1951), a articulação parece evidente e proposital. O exame do conflito armado ao final do livro de 48 e desenvolvido no seguinte ajudará a reforçar a idéia de continuidade e desdobramento denunciada nos títulos, o que obviamente se explica pelo fato de se reportarem ao mesmo contexto literário, histórico e político examinado na primeira parte.

Talvez tenha sido justamente o intuito de frisar essa articulação que levou Drummond a optar pela mudança do primeiro título dado ao livro de 1951, que ainda consta dos originais enviados à José Olympio, hoje em posse de Fernando Py: *Poemas Coloquiais*[1]. A ambigüidade do adjetivo não esconde sua reserva de ironia e provocação: se, por um lado, o *coloquial* pode ser tomado no sentido de *diálogo* ou conversa a dois (como o "colóquio" entre *A Máquina do Mundo* e o ser "noturno e miserável" a

---

1. O primeiro título aparece datilografado na página de rosto dos originais, tendo depois sido riscado e substituído por *Claro Enigma*, que aparece escrito a mão.

quem ela se dirige, paradoxalmente sem emitir palavra; ou o "oaristo" do eu consigo mesmo no "Sonetilho do Falso Fernando Pessoa"); por outro, é sem dúvida empregado no sentido literário mais corrente, do *prosaico*, o que certamente entra em contradição com o tom e estilo elevados, dominantes na obra. O título original tinha, assim, o mérito de tornar ainda mais patente a *ironia* presente na reapropriação do legado clássico e na depuração estilística promovida em *Claro Enigma*, e já evidenciada por intérpretes como Achcar, a propósito de um ou outro poema.

Se não é possível afirmar categoricamente a real intenção da mudança, pode-se ao menos inferi-la a partir da articulação estabelecida justamente com o poema que dá fecho ao livro anterior. A essa articulação retornarei em breve, após algumas considerações relativas aos dados mais periféricos do livro, que podem, entretanto, auxiliar na sua melhor compreensão, como é o caso da dedicatória, a epígrafe e a estrutura de conjunto e das partes.

DEDICATÓRIA

Claro Enigma é dedicado a Américo Facó, a quem Drummond confiaria os originais do livro, junto com suas dúvidas e indecisões, como declara em nota de *O Observador no Escritório*, escrita em 53, por ocasião da morte do primeiro:

> Na casa da Rua Rumânia, durante três noites, confiei-lhe os originais do meu livro *Claro Enigma* e ouvi suas opiniões de exímio versificador. Eu "convalescia" de amarga experiência política, e desejava que meus versos se mantivessem o mais possível distantes de qualquer ressentimento ou temor de desagradar os passionais da "poesia social". Paciente e generoso, Facó passou um mínimo de nove horas, contando as três noites seguidas, a aturar minhas dúvidas e indecisões. Se não aceitei integralmente suas observações, a verdade é que as três vigílias me deram ânimo a prosseguir no rumo que me interessava. E me fizeram sentir a nobreza do seu espírito de autêntico homem de letras, mais preocupado com a linguagem e seus recursos estéticos do que com a fácil vida literária das modas e dos bares.

A admiração e a proximidade intensa levariam ainda Drummond a dedicar, mais ou menos pela mesma época, um ensaio crítico sobre a

Drummond: Da Rosa do Povo à Rosa das Trevas

Poesia Perdida de Facó, além de dois sonetos de *Fazendeiro do Ar* escritos em homenagem de seu dileto interlocutor. É possível que muito dos interesses literários de Drummond, identificáveis nessa fase da obra, deva-se em boa medida ao convívio com esse valeryano confesso – ou *"mallarmista* consumado", como prefere Sérgio Buarque[2] –, que acompanhou de perto a revolução modernista e seus desdobramentos, inclusive colaborando nas principais revistas do movimento (*Klaxon, Estética*) e participando em algumas de suas conspirações, mas sempre na qualidade de simpatizante, sem maiores compromissos.

Fiel ao convívio dos clássicos portugueses, Facó não deixava por isso de acolher algumas contribuições dos modernos, demonstrando, assim, no plano das eleições literárias, a mesma liberdade de espírito com que atuou junto aos grupos modernistas. De acordo com Sérgio Buarque, a capacidade de Facó

[...] de conciliar na mesma e desenvolta estima um Sá de Miranda e um William Blake, um Gil Vicente e um Valéry, ou de fazer inteira justiça – em artigo para *Estética* – à obra de Joseph Conrad, na mesma época que alguns dos nossos cometiam a barbaridade de ver no autor de *Lord Jim* o "Coelho Neto da Inglaterra", era uma surpresa e era, também, um ensinamento para os mais moços[3].

Foi decerto essa independência de espírito, revelada nos mais variados aspectos, que levaria Drummond a eleger Facó como interlocutor privilegiado. Sua completa isenção em relação aos grupos, tendências e solicitações do momento deveria surgir como o ideal almejado por alguém que ainda "convalescia" de "amarga experiência política e desejava que [seus] versos se mantivessem o mais possível distantes de qualquer ressentimento ou temor de desagradar os passionais da 'poesia social'", conforme declara o poeta no trecho acima de seu diário – o que por si só pode servir de boa justificativa para a articulação de base estabelecida aqui, entre a guinada de *Claro Enigma* e o contexto estético e político do pós-guerra historiados na primeira parte do livro.

2. Sérgio Buarque, "Branco sobre Branco", *O Espírito e a Letra, op. cit.*, vol. II, p. 525. Ainda no mesmo volume, há a resenha do crítico sobre *Poesia Perdida*, em que fala do fascínio exercido por essa arte poética sobre poetas como Drummond (p. 540).
3. *Idem*, p. 539.

Da Rosa das Trevas à Luz do Rosário

Mas, além da independência de espírito, o que também fazia de Facó o interlocutor ideal era a formação clássica e o profundo conhecimento de "exímio versificador", como ainda declara Drummond no trecho acima. Na resenha dedicada ao único livro desse poeta *bissexto*, como diria Bandeira, publicado no mesmo ano e dentro do mesmo espírito classicizante de *Claro Enigma*, Drummond ressalta a qualidade "rara" dessa poesia que concilia "a sensibilidade moderna com o espírito clássico", numa altura superior ainda não alcançada entre nós. Uma "poesia vivida e meditada, ao mesmo tempo voluptuosa e depurada pelo filtro da inteligência, devaneio regido", em cuja preparação o seu autor consumiu toda a existência, de onde a estréia tardia. Todavia, como argumenta Drummond, ele não poderia, mesmo, ter surgido antes, pois nem o formalismo parnasiano (cultivado na juventude) nem o antiformalismo modernista (do qual permaneceu afastado, sem lhe ser hostil) teriam servido para a criação de uma linguagem poética adequada à natureza do poeta.

> Seu verbo tinha de constituir-se pela revalorização da forma aristocrática a serviço de um pensamento caprichoso, que se não deixa possuir ao primeiro enlace, e se prolonga sutilmente à custa das ambigüidades e subentendidos próprios de um tratamento especial da palavra.

Além da precisão no emprego dos vocábulos, o rigor da poesia de Facó evidencia-se, também, na conservação do molde estrito que ele se impôs e do qual não se afasta sequer um instante: a adoção de forma fixa em todas as composições, correlacionadas de tal modo que parecem estruturar o livro num só poema; e a proscrição das rimas esdrúxulas e agudas – um dos preceitos da geração de 45, conforme vimos na primeira parte, ao qual Facó permanece fiel. Drummond, todavia, trata logo de advertir que esse rigor formal está longe do "estéril quebra-cabeças parnasiano, que consistia em mera pesquisa da forma, quando aqui, e em geral na melhor poesia moderna, a partir de Mallarmé, a forma se confunde com a essência mesma da poesia, mediante uma operação que Paul Valéry compara à da música: da mesma maneira que esta soube extrair do mundo dos ruídos o mundo dos sons puros, busca o espírito poético extrair da linguagem, 'essa produção da prática e da estatística', os ele-

Drummond: Da Rosa do Povo à Rosa das Trevas

mentos com que venha fazer 'cbras inteiramente deliciosas e distintas'".
Para obter esse resultado tão dificilmente alcançado, Valéry recomenda,
como qualidades indispensáveis, "a paciência, a obstinação e a indús-
tria", das quais se forrou, em seu trabalho de criação, Américo Facó, que
se mostra particularmente sensível à lição do poeta francês[4].

Muitas dessas considerações tecidas a propósito da poesia de Facó
têm o mérito de, indiretamente, elucidar aspectos comuns à de *Claro Enig-
ma*, já que ambas se afinam por uma mesma tendência de época, cujas
razões foram apontadas na primeira parte do trabalho. Assim, o retorno à
tradição, o alinhamento da sensibilidade moderna e do espírito clássico, o
rigor formal e a lição colhida em Valéry também se fazem sentir em Drum-
mond. Além disso, algumas dessas considerações também podem servir de
resposta a certas acusações dirigidas a *Claro Enigma*. O cuidado, por
exemplo, com que Drummond, ao mesmo tempo que enfatiza o requinte
dos recursos formais empregados pelo amigo Facó, busca resgatá-lo do
estéril quebra-cabeças parnasiano, revela a preocupação maior com o ris-
co do esteticismo alienante, constantemente tematizado nos poemas que
tratam da *arte poética* de *Claro Enigma*, conforme veremos, valendo-se
inclusive da alusão direta e reiterada ao legado parnasiano. Desse modo,
responde de forma indireta àqueles que tenderam a alinhar indiscrimina-
damente a guinada classicizante do livro de 1951 ao mesmo espírito res-
taurador da geração de 45. Assim, se Drummond nomeia a estética
parnasiana como um estéril quebra-cabeças é porque ela consiste, como se
viu, em mera pesquisa da forma, quando, na melhor poesia moderna, a
partir de Mallarmé, a forma se confunde com a essência numa operação
similar à da música, de acordo com a famosa comparação estabelecida
por Valéry. A consciência dessa união indissolúvel já adverte contra a
dissociação freqüente entre forma e conteúdo, denunciada por Merquior,
conforme vimos, no exame da primeira recepção do livro de 1951.

Deve-se, por fim, notar que, se Facó representa um interlocutor ideal
pela sua independência de espírito e seu profundo conhecimento da
versificação e das virtualidades poéticas da língua – que o torna, aos

---

4. Cf. "Américo Facó. Poesia Nobre", *Passeios na Ilha, op. cit.,* pp. 1437-1440.

Da Rosa das Trevas à Luz do Rosário

olhos do amigo, quase que *il miglior fabbro*, como diria Dante a propósito de Arnaut Daniel em conhecida passagem da *Divina Comédia* lembrada na crítica sobre *Poesia Perdida* –, a proximidade de Drummond não implica adesão *incondicional* às idéias e sugestões do amigo. Como ele próprio declara no trecho citado de seu diário, "[s]e *não aceitei integralmente suas observações*, a verdade é que as três vigílias me deram ânimo a prosseguir no rumo que me interessava". A fidelidade a um projeto já previamente traçado para *Claro Enigma* garantia ao poeta itabirano uma atitude criteriosa e seletiva em relação às sugestões do amigo. Isso o eximiu ainda mais de incorrer em certas concessões (por mais que Drummond não as admita na resenha de *Poesia Perdida*) feitas por Facó ao formalismo estreito, que, inclusive, se afinavam com preceitos da geração de 45, tais como a proscrição das rimas esdrúxulas e agudas (ironizada por Sérgio Buarque, que lembra, a respeito, a lição do bom e velho Camões) e a adoção da forma fixa em todas as composições. Ora, em *Claro Enigma*, a variedade de formas e medidas (embora sem alcançar a riqueza de experimentações de *A Rosa do Povo*) é flagrante, e as esdrúxulas comparecem em mais de um poema, como se vê em "Aniversário" ("malasártico" e "fantástico"), "Os bens e o sangue" ("malincônica", "cômica" e "vômica") e "Relógio do Rosário" ("afrodisíaco" e "dionisíaco"; "única" e "túnica").

Nesse sentido, se a interlocução Drummond-Facó merece e deve ser considerada como marcante na composição do livro de 1951, inclusive pelo que ilustra das questões e tendências poéticas em pauta no momento, ou mesmo pelo que atesta da amarga experiência política que está na gênese da guinada operada na lírica drummondiana do período, por outro lado, ela precisa ser vista com cautela, a fim de não incorrer numa associação demasiadamente estreita, que ignore o projeto já previamente traçado pelo poeta itabirano e as reservas deste em relação às sugestões do amigo, que o impediram ainda mais de incorrer nas concessões ao formalismo em voga. Há de convir, entretanto, que essa não-aceitação integral não deixa de ser, por outro lado, índice de mais uma afinidade com Facó, na medida em que revela uma independência de espírito idêntica à deste. Independência que se confirma no desejo de Drummond de

Drummond: Da Rosa do Povo à Rosa das Trevas

permanecer alheio ao temor de desagradar os passionais da "poesia social", muito embora a tentativa de demarcar essa distância nem sempre se dê de modo tranqüilo, nem mesmo se mostre destituída de certa dose de ressentimento e amargor, como se verá mais à frente.

EPÍGRAFE

Da dedicatória a um valeryano confesso passamos, na seqüência (e já denunciando, com isso, a coerência na articulação das partes, ressaltada adiante), para o próprio Valéry, na famosa epígrafe de abertura de *Claro Enigma* – *les événements m'ennuient* –, sempre evocada como prova cabal da alienação social e política, e como decorrência necessária das preocupações puramente estetizantes do poeta nos anos 50.

O problema maior, a meu ver, está em considerar que o tédio diante dos acontecimentos implique, necessariamente, uma atitude puramente evasiva em relação a eles. Basta pensar, por exemplo, de que modo a presença ou mesmo a tematização recorrente do *ennui*, do *spleen,* da melancolia – tomados como sinônimos – na poesia baudelairiana e de outros de seus contemporâneos, como Flaubert, Heine e Herzen, serviu de reação ao esquecimento e o recalque do grande massacre de junho de 1848, que representou, de acordo com a definição sartriana, o "pecado original da burguesia". É o que demonstra Dolf Oehler em belo estudo intitulado, justamente, *Le Spleen contre l'oubli*. De acordo com ele, contra a "despolitização forçada da literatura de 1850", que

[...] proibiu, doravante e por longo período, tomar partido, atacar a sociedade da Restauração e do novo Império, expressar abertamente seu luto pela liberdade perdida, sua compaixão pelo povo miserável e vencido [...], esses contemptores da burguesia descobrem que *a melancolia da impotência pode tornar-se uma força literária produtiva, inspirar um rigor estético e intelectual que, ao se concentrar ostensivamente no mundo interior de sujeitos isolados, é capaz de pôr a descoberto as relações secretas ou as correspondências entre o universo pessoal reduzido ao silêncio e o político que é preciso reduzir ao silêncio*[5].

5. Dolf Oehler, *Le Spleen contre l'oubli. Juin 1848. Baudelaire, Flaubert, Heine, Herzen*, Paris, Payot, 1996, pp. 19-20 (grifos meus). (Em tradução mais recente para o português: *O Velho Mundo Desce aos Infernos*, São Paulo, Companhia das Letras, 1999.)

Da Rosa das Trevas à Luz do Rosário

É nesse sentido, também, que o próprio Oehler lê o grande poema baudelairiano da melancolia, "Le Cygne", como um *signe* de que

[...] o otimismo obrigatório da Paris hausmanniana teria de contar com a resistência da melancolia [...] solidária dos vencidos de Junho. [...] É a melancolia dirigida contra o júbilo, é a obscura lembrança do mal, de tudo que parecia vencido e que se manifesta muito freqüentemente da maneira mais inoportuna, lá onde ele é recalcado com toda a raiva[6].

Ligado ao mesmo contexto, veja-se ainda o estudo de Ross Chambers, *Mélancolie et Opposition*, sobre o início do modernismo na França, com Flaubert e Baudelaire entre outros. Se a melancolia sempre existiu, sob numerosas formas e nomes (*aphateia, acedia, taedium vitae, mal du siècle, ennui, spleen...*), como "um sentimento de falta, de um desfalecimento do ser que lança o sofredor, de uma parte, na multiplicidade, na diversidade, à deriva, e, de outra, na [...] in-diferença", é só a partir de meados do século passado que, segundo Chambers, ela "começa a aparecer – e isso sem deixar de ser considerada uma doença – como uma experiência da verdade"[7]. E *verdade de oposição*, dirá ele.

Chambers fala, a princípio, de uma "epidemia de *tédio*" – denunciado por Baudelaire em "Au lecteur" e por Ema Bovary no seu exílio normando –, visto menos como uma forma de oposição e mais como produto direto da regularidade e uniformização da vida impostas pela ordem burguesa.

Seria necessário a perspicácia de certos artistas para pressentir a força da cólera e revolta que a calma superfície do tédio esconde e recalca, e para transformá-lo, de manifestação da ordem oficial, em *spleen* de oposição. Pois a palavra *spleen*, denun-

---

6. *Idem*, p. 22.
7. Ross Chambers, *Mélancolie et Opposition. Les Débuts du Modernisme en France*, Paris, Librairie José Corti, 1987, pp. 223-224. Esse sentimento de uma verdade que não deixa de ser uma doença – "é necessário", dirá Chambers, "ser alienado para ver claro" – encontrará sua formulação definitiva, segundo o crítico, no Freud de "Luto e Melancolia", ele próprio chegando a indagar a respeito: "nós nos perguntamos apenas por que é necessário tornar-se de início uma doença para ter acesso a uma tal verdade" (*idem, ibidem*).

Drummond: Da Rosa do Povo à Rosa das Trevas

ciando o caráter inglês (portanto moderno) do mal, permite, remetendo à antiga medicina dos humores, aprofundar as características do "novo" vago n'alma[8].

Etimologicamente aparentada à *cólera* (do grego *kholé*, "baço"), a melancolia é também uma "cólera vaporizada", diagnosticada à época como produto dos vapores provenientes do baço, sede do "humor negro", que ameaçava a "sede da razão e da... ordem" e provocava vertigens, náuseas, desmaios e fraquezas (o que se resumia na expressão "ter vapores"). Nos casos extremos, levava ao que hoje denominamos de angústia ou depressão, mas que a medicina do século XIX diagnosticava justamente como melancolia. Ligada a essa vaporização, Chambers assinala a freqüência com que comparece, na obra de Flaubert, Baudelaire e Nerval, entre outros, a "visão de um universo sujeito à melancolia" acompanhada de "notações de poeira, nevoeiros e nuvens", estabelecendo, assim, a correspondência com "um espaço mental e psíquico invadido pelos 'vapores'"[9]. Tal vaporização se explica porque, na melancolia, há sempre o sentimento não só de indiferença, mas também de falta, de algo que se perdeu, se *evaporou*. Trata-se de um vago sentimento de uma perda irreparável que os escritores tendem a privatizar, a individualizar. Mas essa *privatização* já é, ela própria, sintoma de época e "efeito de um fenômeno de *despolitização* que não impede essas vagas nostalgias individualizadas de trair um sentimento de perda coletiva"[10], ligado ao fracasso dos ideais sociais e revolucionários nutridos entusiasticamente por tais escritores com o desfecho sangrento das jornadas de junho de 1848. É assim, por exemplo, que Chambers fala do "livro sobre nada" de Flaubert no "contexto de uma análise histórica da *eterização* progressiva do discurso artístico" proposto pelo próprio romancista, estabelecendo o paralelo entre essa "eterização da arte e a evaporação das esperanças socialistas, tornadas em 1852 irremediavelmente 'futuras'". É "entre a fumaça em que se tornaram os socialismos doravante caducos e o torpor de uma vontade pulverizada", reafirma Chambers, "que convém situar a *melan-*

8. *Idem*, p. 41.
9. *Idem*, p. 42.
10. *Idem*, pp. 43-44.

Da Rosa das Trevas à Luz do Rosário

colia histórica de que o texto eterizado do modernismo é, para nós, o sintoma ou o traço"[11].

Se me ocupei mais detidamente do estudo de Chambers foi pensando não só no caráter *oposicional*, mas também nessas figurações etéreas, vaporosas ou evanescentes associadas à visão do melancólico. Isso porque tais figurações também comparecem com insistência em *Claro Enigma*, como veremos logo na abordagem do primeiro poema. A partir da interpretação dada pelo crítico, pode-se, assim, melhor compreender o significado que elas podem assumir no livro, ligado também à evaporação dos ideais socialistas, embora por razões históricas específicas e diversas do contexto imediato de um Flaubert.

Exemplos como os citados, a partir das análises de Oehler e Chambers, não devem servir, entretanto, para supor que vejo sempre na melancolia, no *ennui* um poder necessário de resistência, de crítica, de *oposição*, em suma, à realidade social e política do tempo. Sei também de sua dimensão *conformista*, e basta nesse sentido lembrar a "melancolia de esquerda" de um poeta como Kästner que, de acordo com a análise de Benjamin, atendia lisonjeiramente a um extrato social específico – o dos altos e médios funcionários colarinhos-brancos (agentes, jornalistas e diretores de pessoal) –, porque era tão "incapaz de atingir com seus acentos rebeldes os que não possuem, quanto com sua ironia os industriais". Trata-se de uma insatisfação e uma melancolia derivadas da rotina, e como diz Benjamin, "estar sujeito à rotina significa sacrificar suas idiossincrasias e abrir mão da capacidade de sentir nojo"[12]. A melancolia deixa de ser aqui uma expressão autêntica, para se tornar mera pose, afetação visando o consumo[13].

---

11. *Idem*, p. 37. É assim, também, que Chambers conclui seu ensaio estabelecendo a relação entre o universo *etéreo* e *pulverizado* do melancólico com a célebre frase do *Manifesto do Partido Comunista* sobre a *volatilização de tudo que é sólido*, atribuída à ascendência burguesa (firmada de vez em 1848). Nesse sentido, o melancólico é uma consciência não só fiel, mas privilegiada na compreensão dessa lógica da realidade burguesa.

12. Walter Benjamin, "Melancolia de Esquerda, A Propósito do Novo Livro de Poemas de Erich Kästner", *Obras Escolhidas I: Magia e Técnica, Arte e Política*, São Paulo, Brasiliense, 1985, p. 74.

13. É o que diz Willi Bolle, observando que o ensaio, embora trate de um poeta específico, estende a crítica a todo um grupo de "autores radicais de esquerda, do tipo Kästner, Mehring ou Tucholsky: Benjamin denuncia neles uma postura que converte reflexos revolucionários

Drummond: Da Rosa do Povo à Rosa das Trevas

Embora ciente dessa dimensão conformista – e Drummond certamente não devia ignorá-la –, o fato é que reconheço em *Claro Enigma*, a começar pela epígrafe, não a mera afetação *blasé* de um eu "disponível e jamais disposto"[14] diante da mesmice dos acontecimentos, mas sim uma dessas "expressões autênticas" da melancolia, considerando-a, mesmo, como a tônica da cosmovisão dominante em *Claro Enigma*. Nessa qualidade, conforme veremos, ela reaparecerá reiteradamente, de forma mais ou menos explícita, ao longo dos versos reunidos no livro.

A epígrafe reconhece, como fonte da melancolia ou do *ennui*, os próprios *acontecimentos*. À luz do contexto traçado na primeira parte do trabalho, não é difícil supor o porquê disso. É preciso, entretanto, explicitar melhor o que, especificamente, nesses acontecimentos pode ter ocasionado um sentimento dessa ordem, com base no que se conhece a propósito da natureza da melancolia. Freud a define pela aproximação com o luto, vendo em ambos uma forma de reação psíquica diante da perda de um ente querido ou de uma abstração posta em seu lugar, como a pátria, a liberdade, um ideal etc. Idênticos em praticamente tudo, como a depressão extrema, a suspensão de interesse pelo mundo exterior, a perda da capacidade de amar e a inibição de qualquer atividade, a melancolia diverge, entretanto, do luto pelo "rebaixamento do sentimento de auto-estima, que se expressa em auto-recriminações e auto-insultos, chegando até à expectativa delirante da punição"[15]. Além dessa diferença

(na medida em que eles afloram na burguesia) em objetos de distração e de divertimento, canalizados para o consumo. [...] A crítica é fundamentada em critérios técnicos que permitem detectar formas de melancolia afetada, visando efeitos. [...] Nos poemas de Kästner, ele verifica uma atitude servil em relação ao público comprador e uma incapacidade de extrair da melancolia alguma forma autêntica de revolta [...] A melancolia é desmascarada como emoção postiça, estereotipada, que não leva a conhecimento algum da realidade social, apenas a uma poesia sem nitidez, que não ultrapassa a percepção rotineira [...] A moderna melancolia dos ricos e saturados, que lembra o *tópos* barroco do príncipe melancólico, se torna emblema de uma poesia niilista de consumo. [...] Trata-se da 'inércia do coração', *acedia* medieval e barroca, redescoberta por Benjamin entre seus contemporâneos. A rotina de percepção leva a um encouraçamento emocional; e o medo de ser vulnerável, a um fazer as pazes com os choques do cotidiano" (Willi Bolle, *Fisiognomia da Metrópole Moderna*, *op. cit.*, pp. 121-122).

14. Cf. definição do *spleen* de Jean Pucelle, *Le Temps*, Paris, PUF, 1967, pp. 15 e ss.

15. Valho-me aqui da tradução comentada de "Luto e Melancolia" feita por Marilene Carone e dada à estampa em *Novos Estudos Cebrap*, n. 32, São Paulo, mar. 1992, p. 131.

Da Rosa das Trevas à Luz do Rosário

mais significativa – que será relacionada adiante, com base no *sentimento de culpa* marcante na lírica drummondiana –, Freud assinala outro aspecto distintivo da melancolia, que interessa mais diretamente aqui: refiro-me ao fato de que, na melancolia, ao contrário do luto, nem sempre há consciência clara – inclusive para o melancólico – do que se perdeu ou mesmo da própria perda, que pode ser de natureza mais ideal, sem implicar necessariamente a morte do objeto amado[16]. Daí a impressão mais *enigmática* causada pela inibição melancólica, na medida em que essa perda inconsciente não permite ver o que absorve tão completamente o doente. Isso, de certo modo, ocorre no caso de Drummond de *Claro Enigma*, que não nos diz explicitamente qual a motivação de sua atitude melancólica diante dos acontecimentos. Entretanto, uma resposta possível, pelo que vimos à luz do contexto traçado no primeira parte do estudo, pode ser encontrada na definição dada por Ludwig Binswanger para a própria melancolia, como uma

[...] alteração na estrutura da consciência-do-tempo, alteração caracterizada pela incapacidade em que se acha o melancólico de efetuar o ato de *protensão* que o liga a um futuro. Privado do futuro, o melancólico sente escapar-lhe o próprio presente, pois o fundamento do presente é o *projeto*, o lançamento na direção de um futuro por meio do qual a consciência confere solidez e significado ao fluxo temporal que toda a envolve[17].

Com base nessa definição e na de Freud, já é possível especificar melhor o que, nos *événements*, ocasiona a melancolia dominante no livro de 1951: a perda de um ideal (revolucionário) ligado a um projeto futuro (socialista), que impulsionava a lírica de guerra dos anos 40. É do luto pela perda desse ideal que se alimentam os versos de *Claro Enigma*. O próprio modo como Drummond reincide, obsessivamente, em *Claro Enigma*, na tematização da perda ou frustração da utopia social acalentada em *A Rosa do Povo* parece ser produto da *dificuldade de esquecer*, que define, em suma, a condição do melancólico, na esteira da interpretação freudiana. Ora, o

16. Freud cita, nesse caso, o exemplo da noiva abandonada (*idem, ibidem*, p. 132).
17. A síntese das concepções desse fenomenólogo da melancolia é, na verdade, de José Guilherme Merquior, a propósito de uma belíssima canção de Joaquim Cardozo, em *Razão do Poema: Ensaios de Crítica e Estética*, Rio de Janeiro, Topbooks, 1996, pp. 29-30.

Drummond: Da Rosa do Povo à Rosa das Trevas

que se perde juntamente com esse ideal social, é também um *ideal poético* que se alimentava do primeiro, conferindo à poesia um senso de participação mais imediato na realidade do tempo, que possibilitava, assim, amenizar o peso do *caráter de culpabilidade da arte*, vista como luxo e privilégio de classe, segundo Adorno. Ainda mais para uma consciência social tão crispada quanto a de Drummond.

Para a *consciência sem projeto* que é o melancólico, só lhe resta mesmo a tentativa de *sublimação pela arte*[18]. Como diz Starobinski, o melancólico transforma a "impossibilidade de viver em possibilidade de dizer". Além disso, de acordo com Tellenbach, o "temperamento melancólico, tão afeito à arte, se mostra significativamente amigo da ordem, da disciplina das formas e da obediência aos princípios impessoais" – o que parece bem se ajustar à tendência classicizante e formalista dessa fase da lírica de Drummond.

Ligado ainda ao perfil do melancólico, de acordo com a antiga teoria dos humores, temos em *Claro Enigma* a associação desse temperamento com a idade madura (tematizada em poemas como "A Ingaia Ciência" e "Campo de Flores") e com a estação outonal (presente em "Tarde de Maio", por exemplo). Isso para não falar da obsessão com a morte, que comparece em praticamente todas as seções do livros e não apenas nas dedicadas aos amigos e familiares mortos – que, entretanto, sobrevivem em nós e, justamente por isso, dirão os versos de "Convívio", "já não enfrentamos a morte de sempre trazê-la conosco"[19].

Voltando, por fim, ao potencial mais ou menos crítico da melancolia, Drummond, como já se observou, não ignora o risco do conformismo que cerca a atitude entediada diante dos acontecimentos. Tanto que o tematiza reiteradamente em vários dos poemas onde a melancolia aflora com mais evidência. E na medida em que assim o faz, na medida em que não só tematiza, mas sim *dramatiza* esse risco, ele parece escapar de

---

18. Sobre esses vínculos entre a melancolia e a criação artística, Drummond travaria contato, pouco depois, com o estudo de Romano de Guardini (*De la Melancolie*), que lhe seria enviado dos Estados Unidos por Lauro Escorel – cf. carta deste último, datada de 20.11.54, constante da correspondência passiva de Drummond no espólio da Casa de Rui Barbosa.
19. Dessa "sobrevida", em nós, de amigos e familiares mortos tratará, ainda, "Segredos", crônica de *Passeios na Ilha, op. cit.*, pp. 1382-1384.

Da Rosa das Trevas à Luz do Rosário

entregar-se sem mais ao conformismo que ameaça a condição do melancólico. Ao contrário, faz da melancolia uma força da criação literária, traduzida em rigor estético, em termos mais ou menos próximos ao que diz Oehler a respeito de Baudelaire. Através desse rigor, Drummond fez frente ao barateamento panfletário a que o realismo socialista sujeitou a literatura mais engajada, denunciando ao mesmo tempo o que nessa imposição é traição à utopia libertária alardeada pelo próprio partido. Por outro lado, se o barateamento panfletário levou o poeta a reagir através de certo formalismo e hermetismo poéticos, Drummond resgata-se do que, nesse rigor, tende a encalhar no *rigorismo* ou na convenção estreita que comprometeu a dita geração de 45, justamente pela tematização reiterada do risco alienante da *torre de marfim*.

Em suma, se, na lírica social dos anos 40, a *poética do risco* definia-se pela consciência do precário, traduzida no impulso de participação social, sem abolir, entretanto, a consciência das limitações de todo anseio de comunicação dessa ordem, digamos que, nos anos 50, a consciência do risco persiste, embora em outros termos: através da afirmação da impossibilidade do canto participante, sem contudo abolir a consciência dos *riscos* do quietismo.

O RIGOR DA ARQUITETURA

Claro Enigma foi considerado com razão o livro mais rigorosa e ostensivamente arquitetado de Drummond[20]. Esse rigor evidencia-se de imediato na ordenação dos poemas em seções ou cadernos (seis ao todo), que parece antecipar a triagem promovida por Drummond na *Antologia Poética* de 1962[21], de acordo com a tônica de suas composições,

---

20. Como diz Sebastião Uchoa Leite, este é o livro mais "isolado" da obra de Drummond, "o mais encerrado em sua própria trama, o mais esquematizado, o livro mais livro (ao passo que *Rosa do Povo* talvez seja o mais não-livro)". Sebastião U. Leite. "Drummond: Musamatéria/Musa Aérea", em Sônia Brayner (org.), *Carlos Drummond de Andrade: Fortuna Crítica*, Rio de Janeiro, Civilização Brasileira, 1978, pp. 280-281.

21. Carlos Drummond de Andrade. *Antologia Poética, op. cit.* A divisão em seções, como se sabe, seria ainda uma vez empregada em *Lição de Coisas*, pela mesma época da antologia. Vale ainda notar que, embora não conste das edições mais recentes das obras com-

Drummond: Da Rosa do Povo à Rosa das Trevas

como sugere Francisco Achcar em estudo introdutório ao exame da obra[22]. É ainda ele quem chama a atenção para a lógica da seqüência do livro, que se abre com os poemas *escuros* de ENTRE LOBO E CÃO – evocando a descida da noite e o mergulho nas trevas – para finalizar "com a dissolução da sombra em imagens admiráveis da volta da luz e da cor" nos derradeiros versos de "Relógio do Rosário", fazendo justiça, assim, ao título paradoxal da coletânea[23]. Isso faz pensar num movimento *progressivo*, que vai da escuridão à claridade. Sem desconsiderá-lo aqui, gostaria entretanto de evidenciar um segundo movimento, como que *circular*, descrito pelo livro, que parte da epígrafe de Valéry e a Valéry retorna, através da alusão direta ao "Cimetière Marin" nos derradeiros versos de "Relógio de Rosário"[24].

Há ainda que observar, num mapeamento prévio do livro, que a equivalência estabelecida por Achcar tem seus limites. Ela parece, de fato, vigorar integralmente no caso de seções ou cadernos como II-NOTÍCIAS AMOROSAS, V-OS LÁBIOS CERRADOS e VI-A MÁQUINA DO MUNDO, que corresponderiam, na *Antologia* de 62, a UMA, DUAS ARGOLINHAS (poemas de temática amorosa), A FAMÍLIA QUE ME DEI e TENTATIVAS DE EXPLORAÇÃO E DE INTERPRETAÇÃO DO ESTAR-NO-MUNDO, respectivamente. No caso dos demais cadernos, a equivalência é apenas *parcial*, levando a pensar que deve haver uma afinidade de outra ordem – nem sempre fácil de identificar – relacionando os poemas reunidos num mesmo caderno, além daquela(s) apresentada(s) por Drummond para justificar a triagem proposta na *Antologia Poética*.

Assim, um poema como "Os Bens e o Sangue" que, pelo tema, ajustar-se-ia melhor ao caderno OS LÁBIOS CERRADOS, dedicado à família[25], foi incluído em SELO DE MINAS, que trata da terra natal, talvez porque

---

pletas de Drummond, *Passeios na Ilha* (prosa contemporânea a *Claro Enigma*) também era dividida em seções intituladas.

22. Ver Francisco Achcar, *A Rosa do Povo e Claro Enigma: Roteiro de Leitura*, *op. cit.*

23. *Idem*, p. 79.

24. Foi Mirella Vieira Lima, *op. cit.*, quem chamou a atenção para essa alusão final, embora sem se deter nela.

25. Tanto é que o próprio Drummond, na *Antologia Poética*, incluiria o poema na seção dedicada à família.

Da Rosa das Trevas à Luz do Rosário

Drummond visasse, com isso, frisar o modo como a história familiar não pode ser pensada independentemente da história da província. Se isso sempre foi fato evidente em sua poesia de família (tipicamente mineira), veremos como essa articulação assume um caráter mais enfaticamente determinante no poema em questão.

O mesmo ocorre com o caderno III O MENINO E OS HOMENS, que poderia corresponder totalmente à seção CANTAR DE AMIGOS, da *Antologia*, não fosse a presença de um único poema que foge totalmente ao tema: "A um Varão que Acaba de Nascer", estranho *genetlíaco* que – ao contrário dos poemas no gênero, com que muitos poetas saudavam e louvavam o nascimento dos nobres varões dos reis e grandes senhores, de que eram, muitas vezes, protegidos – traz implícito um ensinamento dos mais dolorosos, súmula da visão pessimista dominante no livro. Assim, enquanto nesse natalício ele saúda a chegada de uma nova vida a um mundo onde "todos chegam tarde" ou "fora de tempo" ("Durante, / quais os que aportam? Quem / respirou o momento, / vislumbrando a paisagem / de coração presente?"); onde "a luz se exilou" e prosseguimos "no escuro"; onde "a todos como a tudo estamos presos" e "se tentas arrancar o espinho de teu flanco, a dor em ti rebate a do espinho arrancado"; onde, enfim, nosso "amor se mutila a cada instante" e a "cada instante agonizamos ou agoniza alguém sob o carinho nosso"; nos outros três poemas (dedicados a Bandeira, Quintana e Mário de Andrade), o eu lírico fala "de amigos que envelheceram ou que sumiram na semente de avelã" ("Quintana's Bar").

Mas onde a busca da correspondência entre a ordenação de *Claro Enigma* e a da *Antologia Poética* torna-se ainda mais complicada é, sem dúvida, no primeiro caderno do livro de 51, tanto que o próprio Achcar se omitiu de estabelecê-la. Isso porque se misturam, nele, poemas que tratam variadamente do indivíduo (UM EU TODO RETORCIDO, de acordo com a classificação da *Antologia*), da própria poesia (POESIA CONTEMPLADA), do engajamento social (NA PRAÇA DE CONVITES) e, novamente, de indagação existencial (TENTATIVAS DE EXPLORAÇÃO E DE INTERPRETAÇÃO DO ESTAR-NO-MUNDO), entre outros. Aqui, portanto, a lógica não está na unidade temática ou formal, mas deve ser buscada em outro plano. Uma pista

Drummond: Da Rosa do Povo à Rosa das Trevas

mais segura pode ser encontrada na sugestão (ou sugestões) do próprio título do caderno (ENTRE LOBO E CÃO), que, como veremos a seguir, ilumina o significado (e o conflito) central de alguns dos principais poemas aí reunidos.

Da Rosa das Trevas à Luz do Rosário

2

DA SOMBRIA ACEITAÇÃO DA NOITE AO LEGADO DO IMPASSE

Se considerarmos os vários significados simbólicos de *cão* e de *lobo*, tomados isoladamente ou vistos em relação, como na expressão que dá título ao primeiro caderno, veremos que todos eles encontram ressonância nos vários poemas aí reunidos, ou mesmo em todo o livro.

Morier observa que o *cão* sempre foi símbolo de "fidelidade, vigilância, inteligência; presciência ou intuição da morte", sendo, na mitologia, o "animal de Plutão; guardião dos infernos; sacrificado a Hécate e Prosérpina"[1]. Não se pode também esquecer o que já assinalou Benjamin sobre a antiga e íntima relação entre o cão e o melancólico:

> Entre os acessórios que ocupam o primeiro plano da "Melancolia" de Dürer está o cão. Não é por acaso que em sua descrição do estado de espírito do melancólico Aegidius Albertinus menciona a hidrofobia. Segundo a velha tradição, "o baço domina o organismo do cão". Nisso ele se parece com o melancólico. Com a degenerescência do baço, órgão tido como especialmente delicado, o cão perde sua alegria e sucumbe à raiva. Desse ponto de vista, o cão simboliza o aspecto sombrio da compleição melancólica. Por outro lado, o faro e a tenacidade do animal permitiam construir a imagem do investigador incansável e do pensador[2].

1. Henri Morier, *Dictionnaire de Poétique et de Rhétorique*, op. cit., p. 1138.
2. Walter Benjamin, *A Origem do Drama Barroco*, op. cit., p. 174.

Já o *lobo*, segundo Morier, sempre foi símbolo de

[...] intuição do perigo, pressentimento da morte (animal do deus Marte); crueldade; dignidade diante da morte, estoicismo. Neste último caso, o lobo opõe-se ao cão selvagem, que grita sua miséria e seu desespero[3].

Quanto à vinculação entre o cão e a melancolia, não é preciso dizer mais, pois vimos há pouco como esta última constitui a "força" motriz do livro. Vimos também como a consciência do melancólico é votada à morte, cujo pressentimento ou pré-consciência vem encarnada aí tanto pelo cão quanto pelo lobo. Por fim, a atitude estóica do lobo diante da morte pode também ser validada por aquela "fiel indiferença" tão almejada pelo eu lírico de "Aspiração" diante da ameaça do fim.

Passando agora para os termos vistos em relação, já observou Achcar que a expressão "Entre Cão e Lobo" é referência segura aos seguintes versos de um poema de Sá de Miranda:

Na meta do meo dia
andais entre Lobo e Cão.

Ou seja, "no momento de maior claridade (o alto do meio-dia), estais na maior escuridão". Escorando-se em Rodrigues Lapa, esclarece que o poeta português alude aqui "às constelações do Lobo e do Cão, céu negro"[4]. Em reforço a essa significação, inclusive, vale lembrar que o primeiro poema do livro, "Dissolução", evoca justamente o baixar da noite, o mergulho na mais cerrada escuridão, a indicar com isso a "dissolução" das perspectivas do eu lírico diante do real, bem como o pessimismo característico dessa fase. Além disso, a presença, no livro, de outras referências explícitas ao universo estelar (Arcturo, Aldebarã, Ursa Maior etc.) reforça a idéia de que se trata aqui, de fato, de uma alusão possível às constelações que formam o "céu negro".

Mas Drummond também se vale, com certeza, do que a expressão "entre cão e lobo" sugere por si só, ou seja, a condição de *impasse* de um

3. *Op. cit.*, p. 1141.
4. Achcar, *op. cit.*

Drummond: Da Rosa do Povo à Rosa das Trevas

eu – e de uma poesia, já que, sobretudo de ambos, trata a primeira seção – acuado *entre duas ameaças*. Isso, obviamente, não exclui o significado anterior, mas antes se articula com ele: do pessimismo e da falta de perspectivas associada à escuridão do "céu negro" decorreria essa situação de impasse, condenando o eu lírico a "um imobilismo feito de inquietude", de acordo com o verso de Hugo recolhido em 1952 por Drummond em seu diário íntimo, como a definição mais acabada de sua condição[5].

As razões históricas desse impasse foram esboçadas no capítulo introdutório, através das principais tendências que marcaram o contexto político-literário do pós-guerra e que acabaram por acuar o nosso maior "poeta público", agora entediado diante dos acontecimentos, entre as *ameaças* representadas, de um lado, pelo dogmatismo ideológico decorrente da orientação jdanovista adotada pela política cultural do PCB no período; de outro, pelo esteticismo estéril e alienante em que redundaria a resposta dos neomodernistas de 45 às exigências de especialização do trabalho artístico então em curso. Vimos também de que modo esse impasse se cristaliza em atitude poética, ao acompanharmos de perto a transição encenada em *Novos Poemas* entre os derradeiros esforços de participação do *poeta precário* e a frustração absoluta do empenho participante que acabaria por redundar no imobilismo final das pedras, completamente absortas na reflexão sobre a forma estranha e obscura que lhes barra o caminho. Último poema da coletânea de 1948, "O Enigma" anunciava, assim, a condição, vista com Bernd Witte, do próprio intelectual moderno impossibilitado de agir, que o livro seguinte de Drummond trataria não de resolver propriamente, dado permanecer *enigma*, mas sim de *aclarar* em todas as suas implicações.

É, portanto, a partir do exame dessa condição de impasse, presente em vários dos poemas da primeira seção, que podemos alcançar o cerne do conflito encenado no livro de 51, do qual é possível derivar não só a *posição assumida pela subjetividade lírica em face do mundo*, mas tam-

---

5. "Leituras. Pinço em Victor Hugo um verso que parece me definir: *Une immobilité faite d'inquiétude*. E outro, *idem*, em Mário de Sá-Carneiro: 'Fartam-me até as coisas que não tive'. Aprendemos muito com aqueles que jamais souberam de nossa existência" (*O Observador no Escritório, op. cit.*, p. 99).

Da Rosa das Trevas à Luz do Rosário

bém a *arte poética* e a *cosmovisão trágica* de *Claro Enigma*, além de outros aspectos temáticos e formais relevantes, tais como o uso recorrente do *paradoxo* (a contar do título) e demais figuras de oposição. Gostaria, assim, de começar tratando mais detidamente dessa posição da subjetividade e de sua condição de impasse à luz das indicações contidas no título do primeiro caderno.

A Total Imanência na Noite

> *Apesar de ultrapassarem a língua, deixando a comunicação verbal para trás, tanto a tradução para a luz como a metamorfose para a música são atos espirituais positivos. Ao cessar ou sofrer mudança radical, a palavra presta testemunho de uma realidade inexprimível ou de uma sintaxe mais flexível, mais penetrante do que a sua própria.*
>
> *Mas há uma terceira modalidade de transcendência: nela, a linguagem simplesmente cessa, e o movimento do espírito não produz nenhuma manifestação exterior de sua existência. O poeta mergulha no silêncio. Aqui a palavra delimita-se não com o esplendor ou com a música, mas com a noite.*
>
> George Steiner, *Linguagem e Silêncio.*

Começo, assim, por considerar um dos possíveis significados contidos no título do primeiro caderno, através da alusão aos referidos versos de Sá de Miranda. Como observei há pouco, a referência à completa escuridão do *céu negro* que envolve o sujeito lírico, no auge do meio-dia, diz de sua condição melancólica e pessimista, sem quaisquer perspectivas diante do real. Ela encontra sua confirmação no primeiro dos *poemas escuros*, instalado no pórtico do livro, que evoca justamente a *dissolução* do dia e a total imanência na noite do desengano.

"Dissolução" ilustra à perfeição o "ideal do negro" a que se refere Adorno como único caminho à disposição da arte moderna radical. "Para subsistir no meio dos aspectos mais extremos e sombrios da realidade", diz ele, "as obras de arte, que não querem vender-se como consolação,

Drummond: Da Rosa do Povo à Rosa das Trevas

deviam tornar-se semelhantes a eles. Hoje em dia, a arte radical significa arte sombria, negra como sua cor fundamental"[6]. É certo que os demais poemas *escuros* do livro encarnam o mesmo ideal, mas é principalmente em "Dissolução" que vemos se estabelecer, expressamente, a *articulação íntima* a que se refere o próprio Adorno entre essa *arte sombria, a abstração, a pobreza e o silêncio*[7]. Acompanhemo-la de perto.

DISSOLUÇÃO

Escurece, e não me seduz
tatear sequer uma lâmpada.
Pois que aprouve ao dia findar,
aceito a noite.

E com ela aceito que brote
uma ordem outra de seres
e coisas não figuradas.
Braços cruzados.

Vazio de quanto amávamos,
mais vasto é o céu. Povoações
surgem do vácuo.
Habito alguma?

E nem destaco minha pele
da confluente escuridão.
Um fim unânime concentra-se
e pousa no ar. Hesitando.

E aquele agressivo espírito
que o dia carreia consigo
já não oprime. Assim a paz,
destroçada.

6. Theodor Adorno, *Teoria Estética, op. cit.*, p. 53.
7. "O ideal do negro constitui, conteudalmente, um dos mais profundos impulsos da abstracção. [...] No empobrecimento dos meios, que o ideal do negro, se é que não toda a objectividade, consigo traz, empobrece-se também o poetizado, o pintado, o composto; as artes mais progressistas impelem este empobrecimento até a beira do mutismo" (*idem*, pp. 53-54).

Da Rosa das Trevas à Luz do Rosário

Vai durar mil anos, ou
extinguir-se na cor do galo?
Esta rosa é definitiva,
ainda que pobre.

Imaginação, falsa demente,
já te desprezo. E tu, palavra.
No mundo, perene trânsito,
calamo-nos.
E sem alma, corpo, és suave.

Analisando a imagem recorrente da *noite* na fase da poesia partici-
pante, Gledson observou a dupla função que ela desempenha como "coisa
objetiva e subjetiva, ao mesmo tempo empírica e expressiva das emoções
do poeta"[8]. Em *Claro Enigma*, entretanto, ela parece vigorar mais como
expressão da subjetividade lírica (a exemplo de "Passagem da Noite", do
livro anterior). Ou seja, para empregar a famosa expressão de Eliot, ela
funciona como *correlato objetivo* das emoções do poeta. Muito embora
ela pareça figurar em vários momentos como um dado exterior, é mais no
sentido de indicar o desengano ou a falta de perspectivas do eu em rela-
ção à realidade. Assim ocorre em "A Máquina do Mundo", quando as
formas pretas das aves que pairam no céu de chumbo vão-se "*diluindo /
na escuridão maior, vinda dos montes / e de meu próprio ser desengana-
do*". Assim também ocorre em "Dissolução", onde a noite liga de tal
modo a exterioridade à interioridade do eu lírico, a ponto dele *não poder
destacar sua pele da confluente escuridão*.

Além do desengano, há quem veja ainda no findar do dia de "Disso-
lução" uma metáfora para o *envelhecimento*, outro tema recorrente no
livro, como bem comprovam os versos de "A Ingaia Ciência". O fato é
que um significado não exclui o outro, tanto mais porque a *madureza* –
"essa terrível prenda / que alguém nos dá, raptando-nos, com ela, / todo
sabor gratuito da oferenda / sob a glacialidade de uma estela..." – é
focalizada justamente pelo ângulo da contradição irônica entre, de um
lado, a amplitude do conhecimento e da experiência alcançada nessa fase

8. *Op. cit.*, p. 122.

Drummond: Da Rosa do Povo à Rosa das Trevas

da vida, pois ela "sabe o preço exato dos amores, dos ócios, dos quebrantos..."; e de outro, a perda das ilusões e dos horizontes, da espontaneidade dos gestos e da surpresa diante do mundo, que acaba por se converter "numa cela". Nesse sentido, a *madureza* é a justificativa *natural* para o desengano – valendo lembrar que, para a antiga teoria dos humores, essa seria a fase da vida que melhor corresponde ao temperamento *melancólico*[9]. Essa justificativa natural, entretanto, não é o bastante para anular as motivações históricas da melancolia dominante no livro, conforme veremos neste e em outros poemas.

Voltando ao poema de abertura, vale observar que a *dissolução* do dia (e das perspectivas diante do real) é *mimetizada* pela própria *sintaxe* do poema: à exceção da conjunção explicativa ("pois") na primeira estrofe e de "com ela" no início da segunda estrofe, que estabelece a conexão com a "noite" no final da primeira, inexiste no restante do poema uma hierarquia que defina os nexos subordinativos entre as demais estrofes. Ao invés da hipotaxe, temos uma lógica *paratática* ordenando as várias estrofes, como bem demonstra a recorrência do conectivo – *e* – no início (e às vezes no meio) do 2º, 4º e 5º quartetos, além do verso final do poema. Nas demais estrofes, sequer um conectivo dessa ordem se mostra expresso. Pensando na relação existente entre uma e outra *dissolução*, vale talvez aqui algo do que observou Adorno sobre a "passividade suprema" de Hölderlin, cujo correlato formal é justamente a técnica da justaposição: deixada ao abandono, solta, a linguagem aparece abalada, *indecisa*, arruinada parataticamente, à medida da intenção subjetiva[10].

A mesma sugestão parte da sintaxe arruinada e indecisa do poema de Drummond, posta a serviço de uma atitude não menos passiva, que se evidencia desde os primeiros versos. Note, entretanto, que essa condição de *imobilismo*, *aceitação* e *entrega* diante da inelutável dissolução do dia (com tudo o que ela implica) parece beirar o *conformismo* – atitude bem

---

9. Cf. Raymond Klibansky, Erwin Panofsky e Fritz Saxl, *Saturne et la Mélancolie: Études Historiques et Philosophiques: Nature, Religion, Médicine et Art*, Paris, Gallimard, 1989, p. 45.

10. Cf. Theodor Adorno, "Parataxe", *Notes sur la littérature, op. cit.*, p. 335. Vale ainda lembrar aqui a definição dada por Ross Chambers à *parataxe* como "princípio de desordem textual" (*Mélancolie et Oposition, op. cit.*, p. 120).

Da Rosa das Trevas à Luz do Rosário

distinta, portanto, daquela de *A Rosa do Povo,* onde, por cima do momento *negro*, ainda podia-se acenar com a utopia do claro dia espanhol ou de Stalingrado. Tudo parece decorrer da mais pura falta de ânimo ou vontade do sujeito *blasé* que assim se anuncia desde a epígrafe do livro e a quem simplesmente *não seduz* tatear sequer uma lâmpada que o ilumine em meio à escuridão, preferindo entregar-se de "braços cruzados" às figurações abstratas e evanescentes que emergem da noite (exterior e/ou interior). Nenhuma justificativa é evocada para amenizar o peso do conformismo, resgatando-o da aparente gratuidade.

É bem verdade que alguma resposta poderia ser encontrada na irreversibilidade do curso *natural* do dia, que chega mesmo a ser dotado de *vontade própria*, pois que a ele "aprouve" findar. Contra ela, toda reação já se mostra previamente fadada ao fracasso, de onde a *aceitação conformada.* Mas o fato é que o eu não chega a justificar o porquê de revestir a dissolução de suas perspectivas com o caráter inelutável de um fenômeno *natural*, redundando em atitude completamente desenganada. Veremos, entretanto, que essa tendência à *naturalização* comparece em outros momentos do livro, evidenciando-se como conseqüência da recusa melancólica de agir. Como já ocorre, de certo modo, aqui, através dessa metáfora natural, a História é dotada de total *autonomia* diante de um eu que, de braços cruzados, se recusa a interceder no curso daquela, por conta da frustração participante. Ora, essa intervenção seria o modo de imprimir um rumo aos acontecimentos, ou seja, de fazer propriamente a História, mas, na medida em que ele se furta ao seu papel de sujeito histórico, ela tende a se emancipar de sua vontade e passa a desenhar um padrão prefigurado[11], encarnado aqui pelo transcorrer "natural" do dia.

O leitor que passa da epígrafe do livro aos primeiros versos de "Dissolução" parece ver confirmada, assim, a aparente gratuidade do tédio que assola o eu lírico em face dos acontecimentos – aparência que mais de um intérprete trataria logo de generalizar para o livro todo ou mesmo

---

11. Sigo, aqui, a lógica da argumentação de Roberto Schwarz a propósito de uma obra bem distinta (*A Metamorfose* kafkiana), mas na qual também se verifica a *naturalização* da História em Mito ("Uma Barata é uma Barata é uma Barata", *A Sereia e o Desconfiado*, Rio de Janeiro, Paz e Terra, 1965).

Drummond: Da Rosa do Povo à Rosa das Trevas

para toda a fase de *Claro Enigma*. Isso não quer dizer que não haja, por trás dessa aparência gratuita, razões significativas, conforme vimos a propósito da epígrafe, que os demais poemas do livro tratarão de aclarar, acabando assim por converter o conformismo em "desengano viril" – de acordo com a expressão empregada por Alfredo Bosi para caracterizar o ato de recusa do caminhante diante de "A Máquina do Mundo".

Por ora, entretanto, Drummond parece apenas preocupado em *apresentar* essa condição *noturna* a que se encontra relegada a subjetividade lírica e que persistirá ao longo do livro, deixando para os demais poemas a tarefa de explicitar as razões e implicações disso. Talvez mais do que apresentar, ele queira *flagrar* o momento exato em que o eu lírico se abandona a essa condição (tal como o fizera em "Pequeno Mistério Policial"), à medida que vê suas expectativas e esperanças dissolverem-se na noite, ao mesmo tempo que se entrega a toda uma "ordem outra de seres e coisas não figuradas", entre as quais inclui-se, decerto, o produto da imaginação, da reflexão, do devaneio ou do sonho, de que se alimentam muitos dos demais poemas do livro, como "Ser" e "Contemplação no Banco", entre outros.

A toda essa outra ordem de seres e coisas volta a se referir a terceira estrofe, como as "povoações [que] surgem do vácuo", no momento em que, "vazio de quanto amávamos", o céu se torna mais vasto. Na medida em que se alimentam do *vazio* deixado pela *perda* de tudo que se amou, tais povoações parecem ser produto da imaginação melancólica. Como diz Starobinski, o "excesso de imagens e o vazio dependem ambos do excesso de humor melancólico. Este se dirige naturalmente aos extremos que alterna ou mesmo faz coexistir de maneira surpreendente"[12]. E veremos logo como o eu melancólico de "Dissolução" oscila ou "hesita" entre esses extremos.

Antes, é preciso observar que a referência ao céu e às povoações nascidas do vácuo talvez responda pela incidência de *imagens aéreas* dominantes em todo o livro, ligadas ao *universo estelar e constelar* – visíveis só mesmo à noite – e à idéia de *vaporização*, *evanescência*, em

12. Jean Starobinski, *Montaigne em Movimento*, *op. cit.*, p. 32.

Da Rosa das Trevas à Luz do Rosário

suma: de *dissolução*[13]. Imagens que, conforme vimos com Chambers, são conaturais à visão de mundo do melancólico.

Mirella Vieira Lima já ressalvou a importância da incidência das *imagens celestes* na poesia de Drummond, embora tendo mais especificamente em mira a lírica amorosa[14]. Ainda assim fala, em geral, em um "movimento de abstratização" presente em *Claro Enigma*, que se evidencia em certas escolhas lexicais e na configuração de imagens como, precisamente, as já citadas "povoações surgidas do vácuo" – ligadas a outras afins, como as "campinas de ar" –, que "passam a integrar uma poesia cogitativa feita a partir de um exercício de intelecção caro à poética de Valéry" e que parecem "advir de um processo de valorização da interioridade já anunciado nos versos finais de 'Desaparecimento de Luísa Porto'"[15]. De fato, na medida em que a subjetividade lírica vê suas perspectivas dissolverem-se diante do real, a tendência é voltar-se para a *noite interior*, de onde, inclusive, decorrerá muito da feição hermética e paradoxal dessa poesia. Isso não implica, necessariamente, escapismo, como se apressariam em supor aqueles mesmos intérpretes que buscam na epígrafe valeryana a prova cabal da alienação do poeta diante do real.

Contrariando essa suposição apressada, atente-se ao que dizem a ter-

13. Veja-se, nesse sentido, a incidência de vocábulos como: "correndo e secando pelos ares", "evapora", "bruma", "esfuma", "pássaro", "peso celeste", "vento", "vôo limitado", "sopro", "anjo", "canto do ar", "pombas", "ruflo", "vazio mais branco", "recuam para a noite", "constelam", "suspiro sem paixão", "brisa", "nuvem", "objeto de ar", "abstrato"," hálito", "pulverizado", "estampa vaga no ar", "arco-íris", "claro estoque de manhãs", "vento", "escultura de ar... nua e abstrata", "dia vasto", "incorpóreo", "coisas diluculares", "dissolvendo", "desorbitado", "efígie lunar", "abstrair o maciço", "raios", "ignota região lunar", "radiosamente", "fumaça", "treva", "abstratas ao luar", "dissolvem noutras absurdas figurações", "Arcturo", "astros", "luar", "céu", "resplandece", "brisa marinha", "ave de rapina", "nuvens", "sombra azul da tarde", "luz crepuscular", águia, vôo, céu flamante, "oscila no espaço", "rorejando a manhã", Aldebarã, "éter", Ursa Maior, "campinas do ar", "flutuávamos", "treva do vale", "baixar o céu", "chuva monorrítmica", "circunvoando", "baixou dos ermos", "colcha de neblina", "sol preto", "fantasma", "gasoso", "fecho da tarde", "aves", "pairassem", "desvanecida a treva espessa", "dor do espaço e do caos e das esferas", "risco de pombas".
14. Escorando-se em Frye (*The Great Code*), a intérprete ressalta o valor simbólico dessa imagística celeste que, de acordo com uma longa tradição, representa a "boa natureza" e a perfeição que o eu lírico drummondiano buscaria alcançar através da vivência amorosa (cf. Mirella Vieira Lima, *Confidência Mineira, op. cit.*, pp. 13 e ss).
15. *Idem*, p. 121.

Drummond: Da Rosa do Povo à Rosa das Trevas

ceira e a quarta estrofes de "Dissolução". Nelas, quando indaga a si próprio se habita alguma das povoações criadas, afinal de contas, por força de sua própria imaginação, o eu lírico o faz motivado pela dúvida quanto à possibilidade de se deixar abandonar completamente aos devaneios. Mas, logo em seguida, trata de responder negativamente a essa indagação: ao dizer que não destaca sua pele da confluente escuridão, ele atesta a impossibilidade de abstrair da realidade de sua condição pessimista, mergulhada na mais completa escuridão do desengano, para evadir-se no mundo dos sonhos e fantasias que ele próprio criou. Não por acaso, na seqüência da estrofe, ele fala de um "fim unânime", que "concentra-se e pousa no ar", qual uma nuvem negra encobrindo a visão das tais povoações imaginárias. O "Hesitando", isolado numa só oração, no final do verso, diz do modo *temeroso* com que se anuncia esse "fim", marcando aquela oscilação vista há pouco com Starobinski como típica do melancólico, deslizando entre o excesso de imagens (ou povoações) criadas por sua imaginação, num convite à evasão, e o vazio de sua condição noturna, marcada pelo desinteresse generalizado, pela descrença absoluta e pelo pressentimento de um fim unânime, que acabará por dominar daí para o final do poema (e do livro todo).

A total imanência na noite do pessimismo e do desengano, sem qualquer possibilidade de evasão e sob a ameaça do fim pairando no ar, parece, apesar de tudo, trazer um certo alento, na medida em que, de acordo com a estrofe seguinte, liberta o sujeito lírico da opressão causada por "aquele agressivo espírito que o dia carreia consigo". Todavia, a "paz" alcançada à custa dessa libertação é feita de *destroços* – que encontram reforço na sintaxe arruinada pela ordenação paratática de que falei atrás. Não há, portanto, compensação alguma, tal como a "terrível prenda" de "Ingaia Ciência", cujos ganhos alcançados com a maturidade não servem absolutamente de reparo ao que se perdeu com ela. Assim também a *paz destroçada* que, lida à luz do contexto de gestação dos versos, parece ainda evocar, de pronto, os anos imediatos do pós-guerra, nos albores da guerra fria.

É dessa condição totalmente noturna, melancólica, entre destroços da paz e sem qualquer possibilidade de evasão, traçada nas cinco primei-

Da Rosa das Trevas à Luz do Rosário

ras quadras, que se alimentará a "rosa das trevas"[16], referida na sexta estrofe, reunindo todas as componentes do "ideal do negro", vistas atrás, com Adorno:

> Vai durar mil anos, ou
> extinguir na cor do galo?
> Esta rosa é definitiva,
> ainda que pobre.

Lembrando o significado que ela costuma assumir desde o livro anterior, a *rosa* parece indicar tanto a própria poesia quanto o ideal (não só estético, mas também político-social) por ela acalentado: a *rosa do povo* era não só símbolo da comunhão socialista, mas também da poesia que a veiculava como ideal social. Se, em "Dissolução", a *rosa* se afigura "pobre" é porque ela define uma poesia carente de qualquer horizonte utópico. Carência absoluta e insuplantável, porque se, por um lado, o eu lírico, em virtude da frase interrogativa, parece ter dúvida quanto à duração dessa visão sombria, por outro, apressa-se logo em afirmar categoricamente que a "rosa das trevas" é "definitiva", eliminando por completo a possibilidade de um novo ideal social, um novo *amanhecer* que seria anunciado pela "cor do galo", como aquele que despontava, para além da escuridão do presente de guerra e injustiça social, em tantos poemas da lírica de guerra dos anos 40.

Afora essa carência implícita nos versos, a pobreza da rosa é expressamente justificada na penúltima estrofe pelo desprezo a dois "instrumentos poéticos"[17] essenciais, sem os quais não parece haver criação possível. O primeiro deles é a "imaginação", tida como "falsa demente", o que vale dizer que, para Drummond, a idéia corrente da fantasia como negação do real ou do existente é mera e enganosa aparência[18]. Isso só faz

---

16. A expressão é de Francisco Achcar.

17. É Gledson (*op .cit.*, p. 215) quem a eles se refere nesses termos.

18. Veja-se, nessa linha, o que observa Adorno sobre a imaginação ou fantasia: "Se tudo nas obras de arte, e mesmo o mais sublime, está encadeado ao existente a que elas se opõem, a fantasia não pode ser a simples faculdade de se subtrair ao existente ao pôr o não-existente como se existisse. A fantasia rejeita antes o que as obras de arte absorvem no existente, em constelações, mediante as quais elas se tornam o outro do existente, mesmo que

Drummond: Da Rosa do Povo à Rosa das Trevas

reforçar o quão ilusório é buscar na imaginação uma forma de alheamento da dor e do real, justificando o porquê dele não se abandonar àquelas figurações que via surgir do vácuo.

Além da imaginação, o desprezo se estende a outro instrumento poético ainda mais essencial: a própria "palavra", atestando a opção pelo *silêncio* ("calamo-nos"), que é a "expressão eloqüente do estado de solidão", como diria Benjamin a propósito do herói trágico, mas que pode se aplicar aqui, tendo em vista a condição de isolamento a que se encontra relegada a subjetividade lírica. Afastado da comunidade dos homens, não há, de fato, comunicação possível, de modo que a palavra torna-se ociosa. Mas há outra razão alegada explicitamente nos versos: o silêncio é a resposta possível do eu desenganado a um mundo definido, paradoxalmente, por seu "perene trânsito", no qual, sobre o qual e contra o qual, deduz-se, nada se pode afirmar em *definitivo*, já que o próprio *devir* tratará de desmenti-lo.

Com o desprezo lançado à imaginação e à palavra (ou mesmo ao ideal utópico, que não deixa de ser produto da primeira), pouco ou nada resta em termos de produção e manifestação exterior do espírito. Daí por que "Dissolução" encerra-se afirmando a anulação da *alma* em benefício do *corpo*.

Anos antes, em um dos poemas de *Brejo das Almas*, a impossibilidade de sublimar os desejos frustrados levara Drummond a se rebelar contra o corpo, xingando "o que nele é corpo e nunca será alma". Agora, é contra a alma que ele se rebela, reafirmando, assim, mais uma vez, o apego à imanência e a recusa à transcendência. Se toda uma concepção transcendentalista da tradição filosófica, platônica, neoplatônica e cristã sempre reconheceu, negativamente, no corpo o domínio do transitório,

---

seja apenas através de sua negação determinada. Se se procurar, como dizia a teoria do conhecimento, fazer uma idéia, numa ficção fantasiante, de um qualquer objeto puramente não existente, nada se produzirá que, nos seus elementos e mesmo nos momentos de seu contexto, não seja reduzível a um ente qualquer. Só sob a influência da empiria total é que aparece o que a esta se opõe qualitativamente, mas apenas como um existente de segunda ordem, conforme o modelo do primeiro. Somente mediante o ente é que a arte se transcende em não ente; de outro modo, ela torna-se a projeção impotente do que de qualquer modo é" (*Teoria Estética, op. cit.*, p. 197).

Da Rosa das Trevas à Luz do Rosário

das imperfeições, dos enganos, dos tormentos e do aprisionamento da alma, Drummond parece reverter para esta última as limitações e o peso dos tormentos, pois, liberto da alma, o corpo torna-se "suave". Ainda em outro poema da primeira seção, o "homem futuro" idealizado em "Contemplação no Banco" traz, entre outros atributos, justamente a capacidade de "compreender com todo o corpo", para além da "minúscula região do espírito", reiterando, assim, a *concepção materialista* expressa no verso final de "Dissolução", que parece aproximar Drummond do amigo Bandeira, em poemas como "Arte de Amar", "Boi Morto" e o excepcional "Momento no Café", no qual saúda "[...] a matéria que passava / Liberta para sempre da alma extinta"[19].

Na "metafísica imanente" de Schopenhauer, o corpo, "ponto certo" de entrelaçamento da experiência exterior e interior, afirma-se como ponto de partida e foco do conhecimento filosófico, deslocando, desse modo, o eixo da filosofia e da metafísica, do "espiritual" e do "intelectual" para o *concreto*. Afinando-se com o ensinamento do filósofo da dor – cuja influência decisiva em *Claro Enigma* deixa-se flagrar de forma mais explícita nos versos finais de "Relógio do Rosário" –, Drummond opta, assim, também por tomar o partido da *concretitude*, do que – segundo a ótica platônica e cristã, tão marcante na tradição da lírica ocidental – de mais imperfeito, precário e provisório define o homem, tal como o mundo – "perene trânsito" – em que ele se insere.

ENTRE O TALVEZ E O SI

Além da relação com o "céu negro", atestado pela dissolução do dia e a total imanência na noite no poema anterior, vimos que o título da primeira seção, "Entre Cão e Lobo", pode ser tomado, também, no sentido de figurar o *impasse* a que se encontra relegada a subjetividade lírica

---

19. Ver, sobre o materialismo da visão de Bandeira, no caso de "Momento no Café", a análise de Carpeaux, "Ensaio de Exegese de um Poema de Manuel Bandeira", em Sônia Brayner (org.), *Manuel Bandeira*, Rio de Janeiro, Civilização Brasileira, INL/MEC, 1980. Col. "Fortuna Crítica". No de "Boi Morto", a de Davi Arrigucci Júnior, "Entre os Destroços do Presente", *Humildade, Paixão e Morte: A Poesia de Manuel Bandeira*, São Paulo, Companhia das Letras, 1990, pp. 243-246.

Drummond: Da Rosa do Povo à Rosa das Trevas

de *Claro Enigma*. Tema recorrente no livro, essa condição de impasse aparece melhor configurada em poemas como "Legado":

Que lembrança darei ao país que me deu
tudo que lembro e sei, tudo quanto senti?
Na noite do sem-fim, breve o tempo esqueceu
minha incerta medalha, e a meu nome se ri.

E mereço esperar mais do que os outros, eu?
Tu não me enganas, mundo, e não te engano a ti.
Esses monstros atuais, não os cativa Orfeu,
a vagar taciturno entre o talvez e o si[20].

Não deixarei de mim nenhum canto radioso,
uma voz matinal palpitando na bruma
e que arranque de alguém seu mais secreto espinho.

De tudo quanto foi meu passo caprichoso
na vida restará, pois o resto se esfuma,
uma pedra que havia em meio do caminho.

Francisco Achcar demonstrou como esse soneto é construído à contrafação do *tópos* clássico da *perenidade da poesia*, lugar-comum com que o poeta afirma a garantia da imortalidade dos seres e coisas tocados pelo seu canto, contra a perecibilidade do tempo, mas que é negado e ironizado aqui por Drummond. Segundo o crítico, a *recusatio* irônica do poeta itabirano não foi devidamente compreendida por seus intérpretes, lembrando justamente a já citada crítica de Haroldo de Campos ao poema, visto como instância do "tédio alienante" anunciado pela epígrafe valeryana do livro. Ao censurar Drummond por reescrever a famosa e

---

20. Na maioria das edições consta *se* em vez de *si*, presente, entretanto, nos originais do livro, e que parece se justificar pela rima com o "ti" do 2º verso. Por outro lado, a menção ao "talvez" justificaria mais o condicional "se" (embora redundante) do que o pronome "si". Quem sabe Drummond, inspirado nas liberdades gramaticais do amigo Mário, empregue o *si* no duplo sentido... Seja como for, considerei, na análise a seguir, o que rezam os originais. Mas mesmo se levasse em conta a conjunção "se" constante das várias edições, ela não entraria em contradição com a abordagem proposta, pois só faria reiterar a condição oscilante do poeta, que é central na análise.

Da Rosa das Trevas à Luz do Rosário

Legado

Que lembrança darei ao país que me deu
tudo que lembro e sei, tudo quanto senti ;
Na noite do sem fim, já o tempo esqueceu
minha incerta medalha, e a meu nome se ri.

E mereço esperar mais do que os outros, eu ?
Tu não me enganas, mundo, e não te engano a ti.
Esses monstros atuais, não os cativa Orfeu,
a vagar, taciturno, entre o talvez e o si.

Não deixarei de mim nenhum canto radioso,
uma voz matinal palpitando na bruma
e que arranque de alguém seu mais secreto espinho.

De tudo quanto foi meu passo caprichoso
na vida, restará, pois o resto se esfuma,
uma pedra que havia em meio do caminho.

PÁGINA DOS ORIGINAIS DE *CLARO ENIGMA*, EM POSSE DE FERNANDO PY.

revolucionária pedra modernista em "polida e castiça chave-de-ouro", Campos não estaria levando em conta o uso deliberadamente irônico que Drummond faz de todo o convencionalismo do poema – a chave-de-ouro, o verso alexandrino, as rimas convencionais, o tom "elevado", o fraseado e o léxico castiços. De modo que, como nota Achcar, não se trata aqui de ingênuo neoclassicismo, a exemplo de muitos dos poetas da "geração de 45". Diz ainda:

[...] o próprio virtuosismo e o famoso *humour* de Drummond, que não fora antes um modernista ingênuo, deve afastar a hipótese de qualquer neoparnasianismo desprevenido. Parece ser antes um caso de ironia estilística – tom, forma e linguagem solene fazem mais inesperada e destoante a ruptura com um dos *tópoi* mais grandiosos da "grande tradição". O parnasianismo, a que o poema alude formalmente, foi um arremedo algo cômico dessa tradição; mas se não atingiram a *gloire ardente du métier*, os parnasianos lograram algumas pequenas glórias de certa perícia artesanal hoje quase extinta. O poema de Drummond se beneficia desse artesanato e faz dele a trama de um contexto sobrecarregado de estilemas "clássicos". Aí, a grande ironia é a visão desidealizada do trabalho do poeta – o glorioso *monumentum* vira "uma pedra no meio do caminho", ou pior: "uma pedra em meio do caminho". Se não temos aqui o *omnis moriar* de Bandeira, temos pelo menos algo como – sempre alterando os termos horacianos – *multa pars mei morietur*[21].

Veremos adiante, ao tratar da poética do livro, como a alusão formal ao parnasianismo reaparece com freqüência, devendo ser compreendida à luz do contexto estetizante da "geração de 45"[22]. Por ora, cabe insistir

---

21. As expressões latinas referem-se, como variações, às passagens do poema horaciano de encerramento dos *Carmina I-III*, que é o grande exemplo do *topos* clássico da perenidade da poesia. São elas: *Exegi monumentum* ["Construí um monumento"]; *non omnis moriar* ["eu não morrerei todo"] e *multaque pars mei uitabit Libitinam* ["grande parte de mim se salvará da morte"]. Achcar analisa a persistência da tópica em nossa tradição, inclusive nos momentos em que ela parece ser ironizada ou recusada, como no Bandeira de "A Morte Absoluta" ou no Drummond de "Legado" (ver a respeito toda a parte III, "Lírica e Imortalidade: *Exegi Monumentum*" de Francisco Achcar, *Lírica e Lugar-comum, op. cit.*, pp. 151 e ss.).
22. E na prosa contemporânea de *Claro Enigma*, a evocação do universo parnasiano se faz de forma explícita (e irônica) em "Perspectivas do Ano Literário (1900)", *Passeios na Ilha, op. cit.* Veja-se ainda, dentro do mesmo espírito, o texto irônico intitulado "Novíssimos", no qual Drummond evidencia, a propósito da *geração de 45*, o espírito *restaurador* da forma das convenções poéticas e do ambiente literário dos tempos de Guimarães Passos, Coelho Neto e Raimundo Correia. O texto foi publicado pelo n. 6 da

Da Rosa das Trevas à Luz do Rosário

um pouco mais na natureza do "Legado" a que alude o título e que assume, primeiramente, a forma de uma indagação pela lembrança a ser deixada pelo poeta ao país que lhe deu tudo quanto sabe e sente. Tal indagação reaviva aqui o sentimento de dívida que sempre marcou a atitude do poeta consciente de seu papel social, tendo-o impelido à atitude participante dos anos 40. Em escala ampla, ela pode mesmo ser vista como variante explícita daquele *senso de missão* que, segundo Antonio Candido, sempre norteou uma literatura *empenhada* como a nossa.

Note-se entretanto que, à indagação do eu pela lembrança a ser *legada* ao país natal, denotando esse sentimento de dívida, segue, em contrapartida, o esquecimento a que foi *relegada* sua "incerta medalha" na "noite do sem-fim" (como a escuridão absoluta do desengano em "Dissolução"), de onde a ironia presente nos versos e reiterada ainda mais pela referência expressa à irrisão do riso lançado sobre seu nome. A *"incerta* medalha" demonstra bem que o eu lírico não guarda ou jamais guardou qualquer ilusão quanto à validade e permanência de algum reconhecimento público que ele tenha porventura alcançado, tanto que acabou por sucumbir ao esquecimento. "E mereço esperar mais do que os outros, eu?" – indaga, na seqüência do poema, embora já ciente da resposta desenganada.

Essa visão desenganada com relação ao reconhecimento público encontra reforço nos já mencionados "Apontamentos Literários" de *Passeios na Ilha*, a respeito das oscilações constantes da "bolsa de valores intelectuais", tão "emotiva e calculista, como todas as bolsas: se hoje temos talento; amanhã não mais; se éramos bons poetas em determinadas circunstâncias, em outras, somos demasiadamente herméticos ou vulgares; demasiadamente comprometidos pelo nosso individualismo ou nosso socialismo... O público não nos decifra: apóia ou despreza, simplesmente". Desprezo que ainda vemos ecoar na já mencionada irrisão do riso lançado a seu nome nos versos acima. Decerto, muito dessa visão pessi-

---

revista *Orfeu* (verão de 49), órgão oficial do grupo, com outro título: "Música de Gagá", o que bem demonstra o grau de animosidade dos membros dessa geração em relação a Drummond, reiterada ainda em outros momentos dessa publicação, explorando a imagem do poeta superado e decrépito, seja por escrito, seja pela caricatura. Posto, assim, entre a cruz e a caldeirinha, nosso Poeta tornava-se alvo de ataque não só da esquerda radical como também do esteticismo mais conservador.

Drummond: Da Rosa do Povo à Rosa das Trevas

mista a respeito da volubilidade do público foi motivado pela recepção hostil com que contou o poeta nos anos 50, notadamente em virtude de sua desistência poético-participante e sobretudo por parte daqueles *passionais da poesia social* a que ele se refere no ensaio sobre Facó.

A consciência dessa oscilação da bolsa de valores intelectuais, que ora premia ora despreza e esquece, determinará uma atitude equivalente do eu lírico em face do mundo, marcada pela reciprocidade do *desengaño*, que é reiterada pelo uso do pleonasmo:

> Tu não me enganas, mundo, e não te engano a ti.
> Esses monstros atuais, não os cativa Orfeu,
> a vagar taciturno entre o talvez e o si.

Diante de um mundo que se afigura tão instável e volúvel, o eu acaba por adotar uma atitude correlata, com a oscilação de Orfeu, a "vagar taciturno entre o talvez e o si". Ela tem parentesco naquela indecisão tributada à classe média, que, de pura indecisão, Drummond converteria positivamente em atitude armada, alerta e desconfiada. Assim Orfeu, que se era capaz, de acordo com o que reza o mito, de seduzir monstros e criaturas infernais com sua música (salvando, mais de uma vez, os argonautas das ameaças e ciladas com que se deparavam em sua viagem), agora revela-se totalmente descrente quanto à capacidade da poesia de domesticar as ameaças do presente, de cativar os monstros atuais, levando, com isso, à recusa em legar qualquer espécie de lenitivo, de consolo ou esperança – como outrora fizera, em meio à guerra, com a utopia *luminosa* e *radiosa* da "cidade do amanhã" e do "claro dia espanhol" – às dores de um mundo insensível ao canto, que o condenou ao esquecimento:

> Não deixarei de mim nenhum canto radioso,
> uma voz matinal palpitando na bruma
> e que arranque de alguém seu mais secreto espinho.

Ao contrário, a única coisa que lhe é possível *legar* ao país que lhe deu tudo é o próprio impasse a que o *relegou* o mundo, já que tudo mais

Da Rosa das Trevas à Luz do Rosário

se "esfuma". Reafirma-se com isso o paradigma representado pela famosa *pedra* modernista – já evocado em "O Enigma" para simbolizar, conforme vimos, a condição do intelectual moderno impossibilitado de agir e que reaparecerá, novamente, ao final do livro de 1951, nos famosos versos de "A Máquina do Mundo", com o caminhante adotando idêntica postura *oscilante*. Esse paradigma, inclusive, seria lembrado pelo próprio Drummond como representativo de todo *Claro Enigma*, em uma das dedicatórias em versos do livro, endereçada à amiga Zu e incluída em *Viola de Bolso*:

> Querida amiga Zu – meu claro enigma
> é algo obscuro, como aliás convém:
> *das pedras do caminho paradigma,*
> meu coração te quer um grande bem.

O paradigma representado pela pedra, que obriga o caminhante a deter o passo e refletir sobre o obstáculo, condenando-o ao imobilismo, afirma-se na derradeira estrofe em contraponto à *mobilidade* do "passo caprichoso", reforçada pelo *enjambement* na passagem do 1º para o 2º verso do último terceto:

> De tudo quanto foi meu passo caprichoso
> na vida restará, pois o resto se esfuma,
> uma pedra que havia em meio do caminho.

O passo caprichoso obviamente sugere autonomia e inconstância, independência e volubilidade de quem segue a seu bel-prazer, obediente apenas ao impulso do momento. Todavia, essa atitude autônoma refere-se a uma trajetória passada, pois o presente (da enunciação) se define pelo "vagar taciturno" de Orfeu, entre a indefinição ("talvez") e misantropia, o centramento melancólico e silencioso em "si" contra o "ti" do mundo. Embora preserve a idéia de mobilidade, o *vagar* significa errar sem destino certo, mas não ao capricho da vontade. Uma errância similar à de um fantasma, se consideramos ainda a idéia de "vago" contida no verbo, além do "taciturno". O eu também se *esfuma*, como tudo o que marcou

Drummond: Da Rosa do Povo à Rosa das Trevas

sua trajetória caprichosa, restando apenas a "pedra que havia em meio do caminho", que constituirá seu único *legado*, não só em virtude da polêmica em torno do famoso poeminha modernista, que entrou para a história do movimento, mas também por figurar paradigmaticamente a idéia de obstáculo e a situação de imobilismo e impasse que se reafirmam igualmente aqui, como condição final do poeta e de sua poesia, a despeito da depuração estilística e convencional processada. Ou melhor, ao ser vertido ironicamente em português castiço e encerrado em chave de ouro alexandrina, o obstáculo representado pela pedra, além de figurar a imagem desidealizada do trabalho poético, como quer Achcar, parece ainda representar o verdadeiro *encalhe* estetizante em que se converte a poesia quando reduzida ao silêncio, destituída de um impulso utópico que alimente o anseio de comunhão social. Encalhe em que desembocou a lírica moderna com a geração de 45, mas do qual Drummond acaba por se furtar na medida mesmo em que figura a atitude estetizante nesses termos, justificando-a ainda como conseqüência dramática da incompreensão e do fracasso de seu anseio de comunicação e comunhão social – lembrando que o fracasso (*échec*) é, para Sartre, o único meio de participação à disposição da poesia[23] –, o que acabou por redundar na atitude oscilante, melancólica e fantasmática de Orfeu, a "vagar taciturno entre o talvez e o si".

Nessa oscilação, evidenciam-se aquelas duas ameaças – historicamente fundamentadas na primeira parte do livro – que vimos há pouco responder pela situação acuada ("Entre Cão e Lobo") da subjetividade lírica e que reaparecerá com força em dois outros poemas examinados a seguir, a fim de configurar a poética subjacente ao livro.

---

23. *Que É Literatura?*, São Paulo, Ática, 1993, pp. 31-32 (n. 4).

Da Rosa das Trevas à Luz do Rosário

3

A Poética do Impasse:
Do Lamento ao Tédio e à Agressão

A condição acuada do eu lírico, que se afirma no título do primeiro caderno e confirma-se no impasse final de "Legado", reafirma-se nos poemas dedicados à poética subjacente a *Claro Enigma*. Muito embora seja "Oficina Irritada" o que mais especificamente se ocupa disso, há outros dois que permitem melhor precisá-la: "Remissão" e "A Tela Contemplada". Juntos, os três poemas ajudam a conceber não só a guinada operada na lírica de Drummond com o livro de 1951, mas também as razões que a motivaram, a condição a que elas relegaram o poeta e, por fim, a concepção e o objetivo visados pela nova poética, tendo em vista a relação com o leitor. Começo por "Remissão".

Entre o Lamento e o Contentamento de Escrever

REMISSÃO

Tua memória, pasto de poesia,
tua poesia, pasto de vulgares,
vão se engastando numa coisa fria
a que tu chamas: vida, e seus pesares.

Mas, pesares de quê? Perguntaria,
se esse travo de angústia nos cantares,
se o que dorme na base da elegia
vai correndo e secando pelos ares,

e nada resta, mesmo, do que escreves
e te forçou ao exílio das palavras,
senão contentamento de escrever,

enquanto o tempo, em suas formas breves
ou longas, que sutil interpretavas,
se evapora no fundo do teu ser?

Mais uma vez, Drummond emprega aqui uma estratégia dramática recorrente na sua obra, a que já tive oportunidade de me referir: a *personificação do eu* (Merquior) ou *diálogo a um* (Sant'Anna), através do qual o *eu* se desdobra em um *tu*, a fim de encenar uma dualidade ou conflito de posições diante de um mesmo problema, que, no caso em questão, diz respeito às vicissitudes de sua poesia, sintetizadas já na estrofe de abertura do soneto. Nela, o sujeito lírico, partindo da identificação de sua fonte de inspiração poética, reconhece, em seguida, certa mudança operada em sua poesia, que parece ser decorrência do tipo de acolhida ou destinação pública que lhe foi dada. Ou seja, arraigada ao solo da "memória", que retém o mais significativo de toda uma história de vivências do sujeito lírico, essa poesia acabou por servir de alimento ou regozijo a "vulgares" que a popularizaram ou – significado mais provável do termo – *baratearam-na*, muito possivelmente porque incapazes de compreender ou respeitar seu real significado ou valor. Melhor ainda: porque incapazes de respeitar a *sutileza* com que o sujeito lírico, de acordo com os versos finais, *interpretava* o "tempo em suas formas breves ou longas" – o que vale dizer que interpretava via poesia, pois as formas breves e longas do tempo referem-se não só à realidade mediata ou imediata mas também à marcação do ritmo poético. A conseqüência disso é que a poesia acabou por se "engastar" numa "coisa fria". Ressalte-se aqui o peso do verbo *engastar*, que, em se tratando de poesia, remete de pronto ao *preciosismo da ourivesaria parnasiana*, como evidente *reação* ao *barateamento* a que

Drummond: Da Rosa do Povo à Rosa das Trevas

foi sujeitada pelos "vulgares". Dentro do mesmo universo de referência, a "coisa fria" parece qualificar não só o efeito que essa poesia passa a produzir sobre o leitor, como também a atitude *impassível* do *poeta-ourives*, alheio à realidade social do tempo e voltado apenas para o *encastoamento* de sua *joalheria verbal*.

Essa impassibilidade, entretanto, acaba sendo ameaçada pela evocação da "vida e seus pesares" com que o *tu* a quem se dirige o *eu* busca justificar a frieza em que redundou sua poesia. Justificada nesses termos, a poesia tende a se converter em *elegia*, expressamente referida no segundo quarteto do soneto. Como é freqüente nesse gênero ou modo *lutuoso* de expressão poética, não raro vertido em tom formal ou cerimonioso – como, de fato, ocorre nos versos acima –, o *lamento* caminha num sentido que vai da *dor* ou *arrependimento expresso* à *consolação* pela experiência da perda[1]. Assim, no soneto acima, enquanto o *tu* permanece *preso à dor e o lamento* pelo destino dado à sua poesia, o *eu* incumbir-se-ia da tarefa da *consolação*, argumentando contra o pesar do primeiro nas estrofes seguintes.

O contra-argumento do *eu* pode ser sintetizado nos seguintes termos: na medida em que as vicissitudes de sua poesia condenaram-no a abstrair do "tempo e suas formas breves ou longas que sutil interpretavas", redundando no "exílio das palavras", dissipar-se-ia com ele o "travo amargo nos cantares". Assim, ao invés do pesar, dissipado junto com o que o causou, restaria apenas o "contentamento de escrever", o prazer que se esgota no ato puro e simples da escrita, já que nada fica do que é escrito.

A mesma lógica de justificação, como se deve saber, está na origem do movimento parnasiano, surgido sobre os escombros das ilusões revolucionárias de 48, buscando no enclausuramento da torre de marfim, no apego estetizante à forma artístico-literária ou a temas alheios à realidade sócio-política da época, uma meio de reação ou negação dessa mesma realidade[2]. Com base em lógica ou princípio similar é que o *eu* – tão cioso

---

1. Sobre o gênero, ver T. V. F. Brogan, Peter Sacks & Stephen E. Henderson, "Elegy" in Alex Preminger and T. V. F. Brogan (eds.), *The New Princeton Encyclopædia of Poetry and Poetics*, New Jersey, Princeton University Press, 1993, pp. 322-325.
2. Cf., entre outros, Nigel Blake e Francis Frascina, "As Práticas Modernas da Arte e da Mo-

Da Rosa das Trevas à Luz do Rosário

da nobreza do ofício poético, dado o modo como o concebe e a altivez arrogante com que se refere aos leitores, desprestigiando-os como "vulgares" – busca convencer um *tu* ainda tão preso ao lamento, ao trabalho de luto pela destinação de sua poesia, a abstrair da dor junto com os motivos que a causaram. É nesse sentido que se pode entender a *remissão* do título, termo que remete não só à idéia de *perdão* de uma falta ou de uma dívida, como também à de um *lenitivo*, *alívio* ou *consolo* de um sofrimento – no caso, causado pelas vicissitudes de sua poesia.

Argumentando contra seu próprio pesar, o sujeito lírico busca aliviar o sofrimento e superar o conflito que literalmente o *divide* em dois, conciliando-se consigo mesmo e alcançando, assim, a tão almejada *impassibilidade*, que não esconde sua reserva de *conformismo*. Impassibilidade que chega a aparecer como uma "aspiração" no horizonte (negro) de *Claro Enigma*, como bem demonstra aquela "fiel indiferença" de que rezam os versos do final da primeira seção. Por ser ainda uma *aspiração*, é certo, essa indiferença não se consumou de todo. O mesmo ocorre em "Remissão": na medida em que subsiste o pesar, ocasionando a cisão conflitante do sujeito lírico, a atitude impassível e puramente estetizante não se consuma de modo pleno. É bom que assim o seja, porque o conflito resgata a subjetividade lírica da alienação do "exílio das palavras" e do consolo conformista do puro e simples "contentamento de escrever".

UM SUSPIRO SEM PAIXÃO

O risco do esteticismo alienante, tendo entre nós por referência mais imediata o legado parnasiano, comparece novamente em outro dos poemas de *Claro Enigma*, que ajuda a melhor compreender a poética subjacente ao livro:

dernidade", *Modernidade e Modernismo: A Pintura Francesa no Século XIX*, São Paulo, Cosac & Naify, 1998, p. 56. Lembre-se ainda o comentário de Benjamin, no clássico estudo sobre Baudelaire, o respeito da estratégia originalmente "oposicionista" da *art pour l'art*, cujo potencial crítico, entretanto, foi frustrado e transformado pelos interesses políticos e sociais da burguesia durante o Segundo Império de Napoleão III (*Charles Baudelaire: Um Lírico no Auge do Capitalismo*, São Paulo, Brasiliense, 1989). Ver, também, o estudo de Jean-Paul Sartre sobre Mallarmé ("L'Engagement de Mallarmé", *Obliques*, n. 18-19, 1979).

Drummond: Da Rosa do Povo à Rosa das Trevas

A TELA CONTEMPLADA

Pintor da soledade nos vestíbulos
de mármore e losango, onde as colunas
se deploram silentes, sem que as pombas
venham trazer um pouco de seu ruflo;

traça das finas torres consumidas
no vazio mais branco e na insolvência
de arquiteturas não arquitetadas,
porque a plástica é vã, se não comove,

ó criador de mitos que sufocam,
desperdiçando a terra, e já recuam
para a noite, e no charco se constelam,

por teus condutos flui um sangue vago,
e nas tuas pupilas, sob o tédio,
é a vida um suspiro sem paixão.

A contar do título, é patente nos versos acima a aproximação com a
pintura, podendo-se lembrar aqui a conhecida fórmula horaciana do *ut
pictura poesis* ou mesmo a ainda mais antiga comparação que faz da
pintura poesia muda e de um poema, imagem falada[3]. Essa aproximação
revela mais um elo de ligação com a poética parnasiana, votada sobretudo
para a plasticidade do verso – nisso, fiel também ao velho preceito
horaciano[4]. Em se tratando de um *soneto*, vale ainda lembrar a mudança
"pictural" operada no gênero pelos parnasianos, adotando uma estrutura que
Antonio Candido denominou "de quadro" – "estrutura de obra plástica fe-
chando em si mesma um universo completo". Com isso, nota ainda o crítico,

[...] o soneto pictórico dos parnasianos (como os de Heredia) chega de fato às conse-
qüências últimas e de certo modo naturais, ao encerrar hermeticamente um pedaço do
mundo ou da vida na miniatura dos quatorze versos, como certos pintores encerravam

3. Ver a respeito Mario Praz, *Literatura e Artes Visuais*, São Paulo, Cultrix/Edusp, 1982,
   cap. 1, "Ut Pictura Poesis".
4. Cf. Stephen A. Larrabe, T. V. F. Brogan e Wesley Trimpi, "Ut Pictura Poesis", em Alex
   Preminger and T. V. F. Brogan, *op. cit.*, p. 1340.

Da Rosa das Trevas à Luz do Rosário

195

num reflexo polido dum pequeno espelho, ou num caixilho de janela, trechos autônomos do exterior[5].

Se é válida, no soneto acima, a correspondência entre poesia e pintura, é natural que essa equivalência se estenda também à figura do *poeta*. E é justamente isso o que não só o leitor, mas o próprio eu-poeta *contempla* na *tela* do poema: a sua imagem projetada ou *desdobrada* na figura de um *pintor*, graças mais uma vez à estratégia de *personificação dramática*, que lhe permite ver-se como que *de fora*. A imagem que lhe devolve a tela é a de um pintor votado à solidão e ao silêncio que envolvem um cenário de pura suntuosidade. Se, por um lado, faz lembrar os interiores metafísicos de De Chirico[6], por outro, esse cenário não está longe dos ambientes requintados e hermeticamente fechados dos parnasianos, a exemplo do palácio tumular de "Fantástica", de Alberto de Oliveira. Em estudo magistral dedicado a esse poema[7], Antonio Candido demonstrou como a criação de ambientes suntuosos mas desvitalizados como esses atendem ao preceito parnasiano da *arte pela arte*: imerso num silêncio de morte e numa atmosfera de irrealidade, o menor indício de vida e natureza é abolido aqui para criar um mundo cerrado de pura artificialidade, dada pelo acúmulo de ricos artefatos que ajudam a servir de *defesa contra o mundo exterior*. Trata-se, em suma, do interior da própria *torre de marfim*, espaço alternativo e autônomo criado pela arte, onde a pompa dos *artefactos* está em correlação direta com a dos vocábulos.

Algo dessas considerações permanece vigente no caso de "A Tela Contemplada", onde o suntuoso do cenário é dado pelas torres, colunas e mármores. Em estreita sintonia com ele, há também a adoção de vocábu-

---

5. Antonio Candido, "A Vida em Resumo", O *Observador Literário*, em *Brigada Ligeira e outros Escritos*, *op. cit.*, 1992, p. 138.
6. É Merquior quem assinala as afinidades do soneto com as telas de De Chirico e Delvaux. Obviamente, o crítico tem em mente aqui o primeiro de Chirico, o dos interiores "metafísicos" e do "deserto melancólico das praças", como diria Murilo Mendes em um de seus *Retratos Relâmpagos*. Soma-se ainda aqui, como traço afim ao Drummond de *Claro Enigma*, o *hermetismo*, que leva à idéia do quadro como um enigma de impossível resolução, indicado já no título de muitas de suas pinturas (O *Enigma da Fatalidade*, O *Enigma da Chegada*...).
7. Antonio Candido, "No Coração do Silêncio", *Na Sala de Aula: Caderno de Análise Literária*, São Paulo, Ática, 1986, pp. 54-67.

Drummond: Da Rosa do Povo à Rosa das Trevas

los raros, como "soledade" e "silentes", bem ao gosto parnasiano, herdado por muitos dos poetas da geração de 45, conforme vimos na primeira parte do trabalho, ao tratar da discussão promovida por eles em torno da maior ou menor poeticidade dos vocábulos. Aqui, também, todo e qualquer sopro de vida é abolido, na medida em que sequer as *pombas* vêm trazer "um pouco de seu ruflo". É bem verdade que o cenário não é um espaço fechado, mas sim uma *zona intervalar* entre exterior e interior representada pelos "vestíbulos". Não se trata ainda do interior da torre de marfim, mas de sua porta de entrada.

Volto ainda à estratégia de personificação dramática. Vimos no poema anterior com que finalidade Drummond operava o desdobramento da subjetividade lírica: enquanto o *eu* adotava uma postura mais conformista, afirmando o contentamento puro e simples de escrever, o *tu* mostra-se ainda preso ao lamento e ao trabalho de luto pelas vicissitudes de sua poesia, convertendo o canto em elegia. Ora, em "A Tela Contemplada" parece ocorrer uma *inversão das posições*, como se o poeta buscasse *flagrar pelos dois lados a mesma situação conflitiva que o divide entre o risco do conformismo e o lamento*. Agora, é o *eu* quem parece *lamentar* a condição do *tu*, imerso na solidão e no silêncio, na qualidade de um pintor votado a uma arte suntuosa, mas vã, porque desvitalizada e (de acordo com o segundo quarteto) destituída do poder de *comoção*, que acaba por se dissolver no nada, por se consumir "no vazio mais branco e na insolvência das arquiteturas não arquitetadas". É como se a subjetividade lírica cindida, convencendo-se do "exílio das palavras" a que foi relegada, buscasse compensar a dor e o lamento pelas vicissitudes de sua poesia através daquele "contentamento de escrever" a que aludia a proposta conformista do *eu* ao *tu* no poema anterior. Mas o que o exílio revela aqui ao eu – ou, melhor, ao tu, dada a inversão das posições dialógicas – é que nenhum contentamento pode ser alcançado pela arte purista. Aliás, sentimento algum, pois, como afirma o eu, "a plástica é vã, se não comove". Ao contrário, a única reação possível é o suspiro sem paixão do tédio que transparece no olhar que o pintor da soledade devolve ao seu observador e a nós, leitores.

Daí novamente o lamento do *eu*, evidenciado no vocativo ("ó") dos tercetos, apelando a um *tu* que, de "pintor da soledade", depois rebaixa-

Da Rosa das Trevas à Luz do Rosário

do à condição de "*traça das finas torres consumidas*" (se considerarmos a ambigüidade do termo no segundo quarteto), é, agora, nomeado como um "criador de mitos que sufocam". Embora seja ainda produto da criação da subjetividade lírica e não algo imposto de fora, o efeito *opressivo* já denuncia aqui o caráter *negativo* de que se traveste o *mito* no livro de 51 e do qual tratarei adiante. Por ora, importa aquilatar melhor em que consistem tais mitos (dos quais a imagem do poeta-pintor da soledade já é um exemplo) "que sufocam, desperdiçando a terra, e já recuam para noite e no charco se constelam". Da terra desperdiçada ao refúgio na noite, o movimento descrito é o da abstratização do real e do mergulho na escuridão interior, já uma vez encenado nos versos inaugurais de "Dissolução". Além desse movimento afim, a referência celeste aos mitos que se *constelam* permite identificá-los com aquelas *povoações* surgidas do *vácuo* e referidas nos mesmos versos inaugurais. Mitos e povoações designam, assim, as figurações imaginárias de que se alimentam esses e outros tantos poemas do livro, e que remetem invariavelmente aos sentimentos, os conflitos, os fantasmas, os anseios frustrados e à própria condição noturna desse ser condenado ao imobilismo, à inação. Não por acaso os mitos se constelam no "charco", com tudo o que o termo sugere no sentido de *estagnação*, motivada pelo *tédio* que o assola desde a epígrafe do livro.

Hermetismo Injurioso

Preso, em "Remissão", ao lamento e ao luto pelos ideais perdidos, vimos o eu poeta buscar refúgio no puro e simples contentamento de escrever, no exílio das palavras, que acabou, entretanto, por redundar no suspiro sem paixão do tédio que assola os versos de "A Tela Contemplada". Um último movimento de *reação* (literal) a esse estado de coisas será intentado no poema que melhor sintetiza a poética subjacente ao livro, rompendo, assim, com a impossibilidade parnasiana pleiteada pelo eu de "Remissão":

Drummond: Da Rosa do Povo à Rosa das Trevas

OFICINA IRRITADA

Eu quero compor um soneto duro
como poeta algum ousara escrever.
Eu quero pintar um soneto escuro,
seco, abafado, difícil de ler.

Quero que meu soneto, no futuro,
não desperte em ninguém nenhum prazer.
E que, no seu maligno ar imaturo,
ao mesmo tempo saiba ser, não ser.

Esse meu verbo antipático e impuro
há de pungir, há de fazer sofrer,
tendão de Vênus sob o pedicuro.

Ninguém o lembrará: tiro no muro,
cão mijando no caos, enquanto Arcturo,
claro enigma, se deixa surpreender.

Antonio Candido viu no soneto acima a expressão-limite de um dos aspectos fundamentais da arte poética de Drummond – "a violência –, que, partindo do prosaísmo e o anedótico nos primeiros livros, se acentua ao ponto de exteriorizar a compulsão interna, num verdadeiro choque contra o leitor. À maneira de Graciliano Ramos no romance, Drummond, na poesia, não procura ser agradável, nem no que diz, nem na maneira por que o diz..."[8]. Merquior, por sua vez, observa que

[...] por suas imagens violentas (vv. 11, 12 e 13), esse voto de hermetismo injurioso coloca o estilo "puro" no extremo limite de seu campo léxico e psicológico. O poeta se serviu de uma disciplina propositalmente exagerada (as rimas da oitava continuam nos tercetos) para formular um voto performativo: porque este soneto de tons sombrios e ritmo desordenado (o primeiro quarteto é todo em decassílabos insólitos, acentuados na 5^a e 8^a (vv. 1 e 3), na 5^a e na 7^a, na 4^a e 7^a – em suma, nem heróicos nem sáficos) já faz o que se propõe... O conhecimento pela agressão: tal parece ser a moral de uma poética em que o sadismo (v. 10) e a visão escatológica (v. 13) coincidem com o momento em que as estrelas do Boieiro se abandonam, "claro enigma", ao olhar do homem[9].

8. Antonio Candido, "Inquietudes na Poesia de Drummond", *op. cit.*, p. 144.
9. Merquior, pp. 151-152.

Da Rosa das Trevas à Luz do Rosário

Em ambas as leituras, portanto, o aspecto ressaltado – de fato, o mais evidente no poema – é a *violência* e a *agressão* como estratégia de *composição* e de *relação com o leitor*. A intenção deliberada de não querer agradar, comentada por Candido, já se evidenciava em "Legado", através da recusa em oferecer ao leitor qualquer espécie de lenitivo às suas dores:

Não deixarei de mim nenhum canto radioso
uma voz matinal palpitando na bruma
e que arranque de alguém seu mais secreto espinho.

Em "Oficina Irritada", porém, Drummond radicaliza sua atitude, movida agora por um *desejo perverso de causar dor*, traduzido em imagens aflitivas (como a do tendão de Vênus sob o pedicuro); no choque das imagens sublimes e grotescas; na musicalidade "dura" (motivada pelo baque seco das consoantes plosivas) e no efeito *sombrio* dos versos (dada a incidência da *sinistra* vogal "u"); e sobretudo no hermetismo performático descrito por Merquior, que na verdade inclui não só o ato do fazer poético, como também o da própria leitura, mimetizando o embate do leitor com a opacidade semântica dos versos, descrita na derradeira estrofe do soneto. É só no momento em que o leitor toma a consciência dessa intenção deliberadamente perversa, que nasce a possibilidade de aceder ao significado maior dos versos, do enigma se revelar em toda sua claridade. A alusão ao título do livro generaliza essa atitude para todos os poemas aí reunidos, fundados pela mesma disciplina hermética. A revelação, o *aclarar* do *enigma*, vem representada pela alusão a Arcturo – grafado à maneira antiga, em vez de Arturo, talvez para reforçar o impacto sonoro das consoantes plosivas, através do encontro consonantal "ct". Trata-se da estrela mais brilhante da constelação do Boieiro, cuja intensidade do brilho decorre do fato de ser a última a se pôr no horizonte[10]. Em

10. Reza o mito grego que Arcturo é o guardião da Ursa Maior – na qual Drummond instala a figura do amigo Mário de Andrade (portanto, junto com seu herói Macunaíma), no poema a ele dedicado em *Claro Enigma*. Lembre-se ainda que Arcturo é um outro nome para Arcas, criador da Arcádia, com tudo o que evoca o nome associado à tradição poética.

Drummond: Da Rosa do Povo à Rosa das Trevas

virtude disso, tornou-se símbolo de extrema lucidez, da consciência vigilante, sempre alerta.

A violência para com o leitor obviamente não é atitude nova no domínio da lírica, e um bom exemplo – embora de natureza bem distinta da encenada em "Oficina Irritada" – pode ser encontrado nos repisados versos baudelairianos do poema-dedicatória do grande livro do poeta francês, instalado no limiar da modernidade: "hypocrite lecteur, mon semblable, mon frère". Reportando-se a tais versos, Dolf Oehler observou que o poema representa uma

[...] iniciação concreta do leitor sob a forma de um exercício que o coloca em contato com a língua e o tom dessa poesia. [...] Quando Baudelaire volta-se diretamente ao público, a indicação de leitura transforma-se facilmente em provocação, obrigando-o a escolher entre rejeitar o livro ou mergulhar nele, entre tornar-se um adversário ou um cúmplice[11].

O mesmo se pode afirmar sobre o ato performativo de leitura descrito por Drummond em "Oficina Irritada". Conforme ainda esclarece Oehler,

[...] a cumplicidade com uma tal literatura não é puramente um prazer; infiltrar-se nela pressupõe deixar-se infiltrar por ela. E isso não apenas no sentido geral da hermenêutica: Chambers fala de uma "violência simbólica" como uma "resposta à violência repressiva" presente em *Au lecteur*. [...] é a violência exercida por um *espírito de perversidade* que atua tanto no indivíduo como na sociedade, violência que ameaça destruir o desejo de saber, a razão, o propósito da salvação moral do Renascimento e do Iluminismo, e que consagra a humanidade ao declínio. Se para o Iluminismo e para Hegel o tédio era ainda um motor de progresso [...], após os massacres de junho [...], o tédio aparece como o principal agente da destruição da verdade e da vida. Esse tédio, alegoria da época, é também a encarnação do leitor hipócrita que em seus devaneios abandona-se a todos os horrores de que sua memória não quer mais saber. Baudelaire denuncia no leitor não só o que Benjamin chama de "o menos aprovador", mas também o indivíduo o mais incapaz, e devido mesmo a essa incapacidade, capaz do pior. A banalidade de seu cotidiano não é outra senão a continuidade, não totalmente inconsciente, mas absolutamente negada, dos processos sangrentos do passado e a preparação para a brutalidade dos que virão. Essa resposta endereçada ao leitor é, assim,

11. *Op. cit.*, p. 298.

Da Rosa das Trevas à Luz do Rosário

uma impiedosa análise da sociedade burguesa pós-junho [de 1848], que descobre ao mesmo tempo a banalidade do mal [...] e a verossimilhança fundamental que se repetem das catástrofes como as que acabam de atravessar. *Au lecteur*, não fazendo diferença entre o crime real e o fantasiado, permitiu falar de catástrofe permanente, o que é para Baudelaire a modernidade: um longo remoinho da humanidade sobre ela mesma num círculo infernal antes que, cedo ou tarde, ela acabasse no inferno. Mais ainda que a epígrafe de d'Aubigné à qual ele se vincula, esse poema diz ao leitor como ler o volume poético e o contexto histórico-social onde brotaram essas 'flores' de Baudelaire. Esta indicação de leitura conservou sua atualidade não só até a Comuna, mas também após duas guerras mundiais, após Auschwitz e Hiroshima[12].

E foi justamente após as duas grandes guerras, após Auschwitz e Hiroshima, que Drummond escreveu seu soneto. Poder-se-ia pensar, na esteira de Oehler, que a violência encenada nos versos fosse mesmo uma resposta a uma realidade marcada pela banalização do mal, pela rotinização da violência. Entretanto, sem descartar totalmente essa possibilidade, é possível ver ainda nessa violência simbólica a resposta a uma realidade mais específica, que constitui o horizonte desta abordagem, pautada pelo radicalismo partidário que acabou por manchar o ideal que se acreditava defender, ao lançar mão de estratégias também violentas para se impor, como a difamação e a perseguição daqueles que se recusavam a rezar pela cartilha jdanovista, conforme vimos. Contra essa mesma realidade e os leitores (vulgares) que o condenaram à condição de solidão e isolamento, dividido entre o lamento e a ameaça do esteticismo alienante e tedioso, conforme vimos com "Remissão" e "A Tela Contemplada", é que o poeta responde sob a forma de uma violência simbólica, consubstanciada no hermetismo injurioso de "Oficina Irritada". Se o hermetismo já constitui por si só uma forma de hostilidade para com o leitor, Drummond só trata aqui de torná-la ainda mais patente, carregando nas tintas da perversidade. Longe de fazer da poesia um veículo de expressão do lamento de sua condição ou de explosão derramada do (res)sentimento inamistoso que, todavia, a anima, Drummond submete a "irritação" a uma disciplina rigorosa, elevando-a a princípio de construção literária – e junto com ela, o que se eleva a tal princípio, através do desejo perverso de fazer sofrer, é

12. *Idem*, pp. 298-299.

Drummond: Da Rosa do Povo à Rosa das Trevas

a verdade schopenhaueriana da dor como fundamento do existente, a que aludem os versos finais de "Relógio do Rosário", tendo nisso o *enigma* do título revelado em toda sua *claridade*, conforme veremos.

Assim, do impulso amistoso da "Canção Amiga", ainda animada pelo ideal social dos anos 40, chegamos exatamente ao extremo oposto de uma arte poética fundada na animosidade, no sadismo, na recusa inamistosa a toda e qualquer espécie de comunicação (e comunhão) com o leitor. Uma arte que, por isso mesmo, já prevê, no seu próprio fazer, o *esquecimento* a que – de acordo com "Legado" – foram relegados o poeta e sua poesia:

> *Ninguém o lembrará*: tiro no muro,
> cão mijando no caos, enquanto Arcturo,
> claro enigma, se deixa surpreender.

Da Rosa das Trevas à Luz do Rosário

4

ENTRE O *DESENGAÑO* E UMA UTOPIA DESENCARNADA

ENGAÑOS E DESENGAÑOS

A visão sombria e pessimista, que se anuncia desde a abertura do livro e que vimos acompanhando até aqui, levará Drummond ao encontro da velha tópica barroca do *desengaño*, tematizada em mais de um momento e sobre a qual já se pronunciaram alguns intérpretes do poeta. Tendo, já, despontado nos versos de "Legado", comentado mais atrás, sua expressão mais acabada está, todavia, na justamente intitulada "Cantiga de Enganar".

Nela, a frustração da utopia social de *A Rosa do Povo*, que sabemos estar na base da atitude desenganada de *Claro Enigma*, comparece nos primeiros versos sob a forma do ferimento causado pelos espinhos das *roseiras* que brotaram do *pé-de-sono* plantado pelo eu lírico. Seja pelo tom, seja pelas imagens empregadas, os versos evocam, descontado o amargor, o universo das cantigas de roda – "O cravo brigou com a rosa..." –, o que justifica a alusão contida no título, bem como o convite à diversão:

Eu plantei um pé-de-sono,
brotaram vinte roseiras.
Se me cortei nelas todas
e se todas se tingiram
de um vago sangue jorrado
ao capricho dos espinhos,
não foi culpa de ninguém.

Se o eu lírico não reconhece um culpado é porque atribui seu sofrimento a um mundo incapaz de discernir "a face serena" da "face torturada", como dirá em outros versos do poema. Um mundo que é concebido como o bíblico "vale das sombras" – de acordo com o salmo 23 de Davi – e de onde não emerge sequer a menor "partícula sonora" de vida, de amor, de lamento, de nascimento, de sofrimento ou de morte:

Tal como a sombra no vale,
a vida baixa... e se sobe
algum som deste declive,
não é grito de pastor
convocando seu rebanho.
Não é flauta, não é canto
de amoroso desencanto.
Não é suspiro de grilo,
voz noturna de nascentes
não é mãe chamando filho,
não é silvo de serpentes
esquecidas de morder
como abstratas ao luar.
Não é choro de criança
para um homem se formar.
Tampouco a respiração
de soldados e de enfermos,
de meninos internados
ou de freiras em clausura.
Não são grupos submergidos
nas geleiras do entressono
e que deixem desprender-se,
menos que simples palavra,
menos que folha de outono,
a partícula sonora
que a vida contém, e a morte

Drummond: Da Rosa do Povo à Rosa das Trevas

contém, o mero registro
de energia concentrada.
Não é nem isto, nem nada.

Eliminado todo e qualquer som mais comovido, resta apenas o silên-
cio que mergulha na completa escuridão:

O mundo e suas canções
de timbre mais comovido
estão calados, e a fala
que de uma para outra sala
ouvimos em certo instante
é silêncio que faz eco
e que volta a ser silêncio
no negrume circundante.

Contra esse mundo de silêncio e escuridão, Drummond lança ainda a
acusação da falta de sentido ("O mundo não tem sentido"); da vacuidade
("Meu bem, o mundo é fechado, / se não for antes vazio.") e da incerteza
("O mundo é talvez: e é só. / Talvez nem seja talvez."), de onde a atitude
correlata de Orfeu, "a vagar taciturno e entre o talvez e o si", conforme
vimos em "Legado". De onde, também, o paradoxo da afirmação e da
negação constante que perpassa (não só) este poema.

Disso tudo resulta a completa desvalorização do mundo, que compa-
rece desde a primeira linha, sendo reiterada ao longo dos versos com
poucas variações:

O mundo não vale o mundo,
                        meu bem.
          [...]
O mundo,
          meu bem,
               não vale
a pena, e a face serena
vale a face torturada.
          [...]
O mundo valer não vale.
          [...]
O mundo não vale a pena [...]

Da Rosa das Trevas à Luz do Rosário

É desse desmerecimento que o eu compõe a canção com que rompe o silêncio geral em que se encontra imerso o mundo. Diante dessa constatação desenganada, o eu lírico paradoxalmente propõe, sob a forma de convite amoroso dirigido à pessoa amada, a entrega absoluta ao faz-de-conta:

> Meu bem, façamos de conta
> de sofrer e de olvidar,
> de lembrar e de fruir,
> de escolher nossas lembranças
> e revertê-las, acaso
> se lembrem de mais em nós.
> Façamos, meu bem, de conta
> – mas a conta não existe –
> que é tudo como se fosse,
> ou que, se fora, não era.
> Meu bem, usemos palavras.
> Façamos mundos: idéias.
> Deixemos o mundo aos outros,
> já que o querem gastar.
> Meu bem, sejamos fortíssimos
> – mas a força não existe –
> e na mais pura mentira
> do mundo que se desmente,
> recortemos nossa imagem,
> mais ilusória que tudo,
> pois haverá mais falso
> que imaginar-se alguém vivo,
> como se um sonho pudesse
> dar-nos o gosto do sonho?
> Mas o sonho não existe.
> Meu bem, assim acordados,
> assim lúcidos, severos,
> ou assim abandonados,
> deixando-nos à deriva
> levar na palma do tempo
> – mas o tempo não existe –,
> sejamos como se fôramos
> num mundo que fosse: o Mundo.

Drummond: Da Rosa do Povo à Rosa das Trevas

Onde talvez se esperasse a renúncia do eu desenganado, a entrega ao faz-de-conta parece assinalar, ao contrário, a *pactuação* com um mundo de ilusões e falsidades, o que lembra de perto a "retificação" de Maravall à doutrina barroca do *desengaño*:

> Se a idéia de que o mundo é teatro, sonho, ficção – no que diz respeito a uma essência transcendente –, o desengano que nos leva a apreender tal verdade não opera tampouco postulando uma renúncia ou exigindo-a de quem a reconhece. Se todos sonhamos a realidade, quer dizer que devemos adequar a essa condição do real nosso modo de comportamento [...] Somos obrigados, pois, a aceitar que a constante referência ao desengano não produziu atitudes de renúncia, mas ao contrário: uma disposição comum para buscar o bem próprio à custa do alheio, que pertence, sem dúvida, às básicas condições vitais do ser humano, mas que, agora, se alça a princípio inspirador, formulado como tal pela doutrina dos moralistas barrocos. Isto nos faz ver que o desengano não significa afastamento [...], mas adequação a um mundo que é transitório, aparente – e nesse sentido se pode dizer que está feito do tecido das ilusões –, mas não por isso deixar de exercer pressão sobre o sujeito, condicionando seu comportamento, que deve ajustar-se, para alcançar seus objetivos, à instável e protéica presença daquele[1].

Se essa adequação ou ajustamento egoísta às pressões de um mundo ilusório e enganoso está de acordo com o caráter eminentemente *conservador* do universo barroco, no caso de Drummond ela representaria um verdadeiro *retrocesso* conformista na trajetória de sua poesia. Todavia, não devemos nos apressar em concluir pela pactuação conformista. Num mundo de enganos e desenganos, que a cantiga de Drummond busca retratar, a entrega ao faz-de-conta pode ser, ela própria, enganosa. Se não, vejamos.

A entrega ao faz-de-conta ocorre através de evasão, seja pela memória, cuja fruição é controlada e depurada de todo sofrimento ("Meu bem, façamos de conta. De sofrer e de olvidar, de fruir nossas lembranças e revertê-las acaso se lembrem demais em nós"); seja pela imaginação ou criação de um mundo outro, feito de idéias e palavras, o que remete, de pronto, ao domínio da criação literária ("Meu bem, usemos palavras. Façamos mundo: idéias. Deixemos o mundo aos outros, já que o querem gastar."). Afora isso, o eu desenganado tende a propor o nivelamento que

---

1. José Antonio Maravall, *A Cultura do Barroco*, São Paulo, Edusp, 1997, pp. 322-323.

Da Rosa das Trevas à Luz do Rosário

não distingue mais o que *é* do que *parece ser* ("...que é tudo como se fosse e que, se fora, não era"). Mas é na proposta final endereçada a seu "bem" que o eu desenganado parece fugir de vez da pactuação conformista com o mundo ilusório:

> sejamos como se fôramos
> num mundo que fosse: o Mundo.

Como se vê, a proposta envolve uma conduta em *conformidade* não com um mundo real e ilusório, mas com um Mundo ideal, orientado para e pela *verdade* – por isso grafado com maiúscula. É certo que essa conduta é ainda uma forma de faz-de-conta, de representação proposta pelo eu, como bem indicam o "como se" e o verbo num modo hipotético (fôramos, fosse). Mas, ainda que assim o seja, a conduta se pauta por uma suposta verdade que, representada no palco do mundo, tende a desmascará-lo, de-nunciando o que nele é falsidade, mentira, ilusão. Longe, portanto, de uma pactuação desenganada, o que temos é efetivamente uma atitude de resistên-cia – ou mesmo de crítica – à entrega conformada aos *engaños* do mundo.

Do Sonho ao Despertar

Diante do total desengano, seria por demais contraditório sequer supor a persistência de algum vestígio de utopia acalentada por alguém que, mergulhado na escuridão do pessimismo, com a *dissolução* do dia e das perspectivas, nega-se a deixar como *legado* um "canto radioso, / uma voz matinal palpitando na bruma / e que arranque de alguém seu mais secreto espinho". No entanto, de acordo com Merquior, "[v]ários textos em prosa e verso" de Drummond, no período,

[...] nos provam que ele não se afastou absolutamente de sua sensibilidade no tocante aos problemas sociais. Poemas como "Contemplação no Banco" ou "Sonho de um So-nho" chegam a atestar a sobrevivência de uma dimensão utópica no seu pensamento – ainda que se trate de uma utopia ideologicamente desencarnada[2].

2. Merquior, *Verso Universo em Drummond, op. cit.*, p. 193.

Drummond: Da Rosa do Povo à Rosa das Trevas

A meu ver, se essa afirmação pode ser sustentada, com os devidos reparos, no caso do primeiro poema, não acredito que ela possa ser estendida ao segundo. Uma análise pouco mais detida de ambos os poemas é suficiente para constatar o que digo. Vejamos, inicialmente, "Sonho de um Sonho".

No poema, a superposição dos sonhos envolve, ao todo, três, que são, entretanto, apenas *elos* de uma *infindável cadeia de mitos organizados em torno de um pobre eu*:

> Sonhei que estava sonhando
> e que no meu sonho havia
> um outro sonho esculpido.
> Os três sonhos superpostos
> dir-se-iam apenas elos
> de uma infindável cadeia
> de mitos organizados
> em derredor de um pobre eu.
> Eu que, mal de mim!, sonhava.

Há, portanto, uma equivalência entre *sonho* e *mito* que trataremos de dilucidar adiante. Por ora, interessa atentar ao modo como o eu lastima sua condição de sonhador, antecipando, assim, a frustração final deste último ao descobrir que tudo não passou de sonhos, e que sonhos – diria Quevedo – "sonhos são". Mais uma vez, evidencia-se aqui o desdobramento do sujeito lírico: o eu que fala no presente do desengano e o sonhador retratado no passado da ilusão. Na verdade, embora imerso no mundo onírico, o sonhador parecia, ainda, ter certo grau de consciência de que estava sonhando. A própria técnica antiilusionista do sonho dentro do sonho lhe garantia isso. E, se ainda assim se entrega ao sonho, era porque, de fato, acreditava nele.

Esse grau de consciência é evidenciado na segunda estrofe do poema, quando o eu afirma que retinha uma "zona lúcida" em seu sonho:

> Sonhava que no meu sonho
> retinha uma *zona lúcida*
> para concretar o fluido
> como abstrair o maciço.

Da Rosa das Trevas à Luz do Rosário

Sonhava que estava alerta,
e mais do que alerta, lúcido,
e receptivo, e magnético,
e em torno a mim se dispunham
possibilidades claras,
e, plástico, o ouro do tempo
vinha cingir-me e dourar-me
para todo o sempre, para
um sempre que ambicionava
mas de todo o ser temia...
Ai de mim! Que mal sonhava.

Trata-se, como se vê, de um sonho *regido*, que garante ao lúcido sonhador, dada sua condição ou posição paradoxal entre sonho e vigília, certa reversibilidade entre o concreto e o abstrato, o maciço e o fluido, que pode ser entendida do seguinte modo: ao mesmo tempo que abstrai da realidade concreta, ele dá concretitude à fluidez do sonho.

À *lucidez* da zona retida em sonho – tomando a palavra no duplo sentido do termo, como o que revela acuidade, clareza e penetração de inteligência, e como o que é luzente, brilhante e resplandecente – associam-se, dentro do mesmo campo semântico, as imagens com que se define não só a condição do sonhador, mas também de tudo o que o circunda. *Alerta, lúcido, receptivo* e *magnético* é o sonhador e *claras* são as possibilidades dispostas (tal como os mitos, na primeira estrofe) ao seu redor. Ele é também cingido e *dourado* pelo *ouro* do tempo, para todo um sempre que é, a uma só vez, ambicionado e temido.

As imagens *luminosas* derivadas da zona *lúcida* retida pelo sonhador projetam-se nas três estrofes seguintes, "como raios desfechados para longe". Evocando a *luminosidade natural* do sol, tais imagens associam-se ainda às metáforas de *plantio, cultivo, germinação* e *florescimento* de um *sonho* que, muito significativamente, é acalentado não só pelo poeta, mas *socializado* por muitos:

Sonhei que os entes cativos
dessa livre disciplina
plenamente floresciam
permutando no universo

Drummond: Da Rosa do Povo à Rosa das Trevas

uma dileta substância
e um desejo apaziguado
de ser um com ser milhares,
pois o centro era eu de tudo,
como era cada um dos raios
desfechados para longe,
alcançando além da terra
ignota região lunar,
na perturbadora rota
que antigos não palmilharam
mas ficou traçado em branco
nos mais velhos portulanos
e no pó dos marinheiros
afogados em mar alto.

Sonhei que meu sonho vinha
como a realidade mesma.
Sonhei que o sonho se forma
não do que desejaríamos
ou de quanto silenciamos
em meio a ervas crescidas,
mas que vigia e fulge
em cada ardente palavra
proferida sem malícia,
aberta como uma flor: radiosamente.

Sonhei que o sonho existia
não dentro, fora de nós,
e era tocá-lo e colhê-lo,
e sem demora sorvê-lo,
gastá-lo sem vão receio
de que um dia se gastara.
Sonhei certo espelho límpido
com a propriedade mágica
de refletir o melhor,
sem azedume ou frieza
por tudo que fosse obscuro,
mas antes o iluminando,
mansamente o convertendo
em fonte mesma de luz.
Obscuridade! Cansaço!
Oclusão das formas meigas!

Da Rosa das Trevas à Luz do Rosário

> Ó terra sobre diamantes!
> Já vos libertais, sementes,
> germinando à superfície
> deste solo resgatado!

Nos termos em que o sonho é caracterizado nas estrofes acima, o leitor não deve ter dificuldade em reconhecer a referência direta à *utopia socialista* acalentada em *A Rosa do Povo*, configurada também através de imagens similares de claridade e luz solar[3]. Prendem-se ainda ao mesmo ideal, as imagens de pureza, limpidez, doçura e ardor; de comunhão, fraternidade e calor; as metáforas de germinação, do solo resgatado e, especialmente, da *flor* radiosamente entreaberta; além do fato do sonho ser formado não dos desejos ou pulsões recalcadas, mas do que é manifesto e comunicado ao outro espontaneamente; e sobretudo do fato do sonho existir *fora* do sonhador e ser *cultivado por muitos*, todos entes paradoxalmente *cativos* da mesma *livre disciplina*.

Do *sonhar* luminoso, entretanto, o poema transita, na seqüência, para o *ver* e, por fim, o *sentir*, justificando o lamento que perpassa os versos ("ai de mim!"). É o momento do *despertar*:

> Sonhava, ai de mim, sonhando
> que não sonhara... Mas via
> na treva em frente a meu sonho,
> nas paredes degradadas,
> na fumaça, na impostura,
> no riso mau, na inclemência,
> na fúria contra os tranqüilos,
> na estreita clausura física,
> no desamor à verdade,
> na ausência de todo amor,
> eu via, ai de mim, sentia
> que o sonho era sonho, e falso.

Note-se que agora as imagens não remetem mais ao cenário natural, mas ao que parece ser o espaço urbano, dada a referência à "fumaça" e,

---

3. Para um exame das imagens (metáforas, analogias e símbolos) empregadas em *A Rosa do Povo*, a fim de figurar o ideal socialista, ver Iumna Simon, *op. cit.*, pp. 124 e ss.

Drummond: Da Rosa do Povo à Rosa das Trevas

mesmo, às "paredes degradadas". Além disso, a menção à "impostura", "o riso mau", a "inclemência", a "fúria contra os tranqüilos", a "estreita clausura física" e o "desamor à verdade" ligados a esse espaço, faz pensar na clássica oposição entre o *campo* e a *cidade*: enquanto o primeiro é o domínio utópico do ideal, da verdade e da autenticidade, o segundo seria o da falsidade, da mentira etc.[4]

Se assim for, através da cadeia de sonhos descritos, o poema retraça o movimento que vai da utopia social acalentada pelo poeta em *A Rosa do Povo* até o momento da desilusão que impulsiona a lírica de *Claro Enigma*, quando o sonho se desfaz em ilusão, falsidade. (E quanto desse desamor à verdade, dessa fúria contra os tranqüilos Drummond não experimentou na própria pele!) Nesse sentido, fica difícil sustentar a hipótese de Merquior, de sobrevivência de uma dimensão utópica no poema. O "sonho dentro do sonho" remete ao passado, do qual o melancólico não consegue se desvincular. Trata-se do sonho que se frustrou e não do "sonho futuro" de que se alimentam os versos de "Contemplação no Banco", que passo a considerar.

DO ASFALTO À ALAMEDA

> *Mas, porque a utopia, o não-ente,*
> *se encontra para a arte velada*
> *de negro, permanece, em todas*
> *as suas mediações, como lembrança,*
> *a lembrança do possível contra*
> *o real que a reprime, algo como*
> *a compensação imaginária da*
> *catástrofe da história do mundo,*
> *liberdade que, sob a influência*
> *da necessidade, não existiu e acerca*
> *do qual não se sabe se pode existir.*
>
> ADORNO

---

4. Para a evolução do tema, ver o belo estudo de Raymond Williams, *O Campo e a Cidade*, São Paulo, Companhia das Letras, 1989. Veja-se ainda, no domínio estrito da lírica moderna, a reposição do tema examinada por Michael Hamburger, *La Verdad de la Poesía*, México, Fondo de Cultura Económica, 1982.

Da Rosa das Trevas à Luz do Rosário

John Gledson observou que "Contemplação no Banco" é o único poema de *Claro Enigma* em que o poeta "volta à paisagem urbana e movimentada de tantos poemas de *A Rosa do Povo* [...], mostrando que seu idealismo não está inteiramente morto". Prova também com isso que o poeta "não rejeita qualquer assunto *a priori*", como os temas de natureza social, mas "os vê todos a uma nova luz"[5]. Vejamos as primeiras estrofes do poema:

I
O coração pulverizado range
sob o peso nervoso ou retardado ou tímido
que não deixa marca na alameda, mas deixa
essa estampa vaga no ar, e uma angústia em mim,
espiralante.

Tantos pisam este chão que ele talvez
um dia se humanize. E malaxado,
embebido de fluida substância de nossos segredos,
quem sabe a flor que aí se elabora, calcária, sangüínea?

Ah, não viver para contemplá-la! Contudo,
não é longo mentar uma flor, e permitido
correr por cima do estreito rio presente,
construir de bruma nosso arco-íris.

Nossos donos temporais ainda não devassaram
o claro estoque de manhãs
que cada um traz no sangue, no vento.

Passarei a vida entoando uma flor, pois não sei cantar
nem a guerra, nem o amor cruel, nem os ódios organizados,
e olho para os pés dos homens, e cismo.

Escultura de ar, minhas mãos
te modelam nua e abstrata
para o homem que não serei.

---

5. John Gledson, *op. cit.*, pp. 212-213.

Drummond: Da Rosa do Povo à Rosa das Trevas

Ele talvez compreenda com todo o corpo,
para além da região minúscula do espírito,
a razão de ser, o ímpeto, a confusa
distribuição, em mim, de seda e péssimo.

Já pela indicação contida no título, "Contemplação no Banco" parece aproximar-se da tradição da *poesia meditativa*, cujas natureza, história e modalidades foram traçadas por Antonio Candido a propósito de um poema de Mário de Andrade: "Louvação da Tarde", que também representa, na obra do líder modernista, um "momento de refluxo da libertinagem 'de guerra', exterior e pitoresca, mostrando que a mensagem de vanguarda podia entroncar-se na tradição e, assim, encaixar-se na literatura brasileira"[6]. Um aspecto característico desse tipo de poesia, a partir dos pré-românticos, sobretudo ingleses, é o "vínculo entre a reflexão e o lugar", fazendo com que a observação aturada de uma paisagem ou cenário servisse de estímulo para o espertar da mente, o que dava, assim, corpo palpável às generalidades e abstrações de que se alimentavam os poemas de cunho meditativo-filosófico dos neoclássicos[7]. Esse vínculo parece bastante evidente nos versos acima, ao retratarem um eu angustiado que, sentado no banco de uma alameda, com os olhos postos no chão "malaxado", vê brotar daí, por força da observação e da mentação aturada, uma "estampa vaga no ar", que corresponde a um sonho futuro, mais uma vez simbolizado pela *flor*. É nesse sonho que parece residir a contradição referida atrás. Embora o paradoxo seja inerente à concepção do livro – como já anuncia o oxímoro contido no título –, o próprio sujeito lírico não deixará, por isso, de buscar justificá-lo no poema, alegando que "nossos donos temporais não devassaram / o claro estoque de manhãs / que cada um traz no sangue, no vento". Para ele, portanto, há como uma reserva de sonho ou esperança inerente à nossa própria *natureza* (visto estar "no sangue") que parece sobreviver, imaterial e abstrata, sem qualquer enraizamento no real (posto que "no ar"), a despeito do que

6. Antonio Candido, "O Poeta Itinerante", *O Discurso e a Cidade*, São Paulo, Duas Cidades, 1993, p. 258.
7. *Idem*, pp. 260-261.

Da Rosa das Trevas à Luz do Rosário

a razão e a realidade revelem de contrário, adverso e frustrante. Por isso, afirma ele, "[p]assarei a vida entoando uma flor, pois não sei cantar / nem a guerra, nem o amor cruel, nem os ódios organizados, / e olho para os pés dos homens e cismo".

Ora, o que ele diz *não saber cantar* era justamente a matéria de que se alimentava seu grande livro de 45. Matéria consubstanciada, como sabemos, pela realidade da segunda grande guerra, da barbárie nazifascista, da marcha do mundo capitalista, enfim, de que se alimentava o livro de 45 e contra a qual entoava a utopia socialista encarnada pela *rosa do povo*. Se agora ele nega esse *saber*, mas ainda assim continua a entoar a *flor* que, segundo Gledson, "tem o mesmo significado que em *A Rosa do Povo*", o que parece ocorrer é a dissociação entre o sonho utópico encarnado por ela e o empenho combativo, a intervenção poética na realidade presente que ele buscava combater. Dito de outro modo, temos a dissociação entre utopia poética e utopia socialista; entre a *rosa* e o *povo*.

As implicações e conseqüências dessa dissociação podem ser melhor aquilatadas quando se confronta a cena descrita nos versos acima com outra, bastante conhecida do livro de 45, à qual eles parecem implicitamente remeter. Refiro-me às três estrofes finais de "A Flor e a Náusea":

Uma flor nasceu na rua!
Passem de longe, bondes, ônibus, rio de aço do tráfego.
Uma flor ainda desbotada
ilude a polícia, rompe o asfalto.
Façam completo silêncio, paralisem os negócios,
garanto que uma flor nasceu.

Sua cor não se percebe.
Suas pétalas não se abrem.
Seu nome não está nos livros.
É feia. Mas é realmente uma flor.

Sento-me no chão da capital do país às cinco horas da tarde
e lentamente passo a mão nessa forma insegura.
Do lado das montanhas, nuvens maciças avolumam-se.
Pequenos pontos brancos movem-se no ar, galinhas em pânico.
É feia. Mas é uma flor. Furou o asfalto, o tédio, o nojo e o ódio.

Drummond: Da Rosa do Povo à Rosa das Trevas

Enquanto nos versos acima o sujeito lírico busca o centro mesmo da *praça de convites*, o espaço de convívio entre os homens, sentando-se diretamente no chão de asfalto da capital do país, em meio ao "rio de aço do tráfego urbano", muito provavelmente num horário de *rush* (5h00 da tarde, quando o ritmo da sociedade capitalista evidencia-se em toda sua intensidade); em "Contemplação no Banco", ele busca, solitário, um lugar de retiro e resguardo em relação à cidade, em um banco de uma bucólica alameda de chão de terra batida – cena que evoca ainda outra, já referida, da crônica do livro de 1952, "Meditação no Alto da Boa Vista". No primeiro poema, a flor que "furou o asfalto, o tédio, o nojo e o ódio" pode ser feia e desbotada, ter as pétalas fechadas e seu nome não constar dos livros, mas "é *realmente* uma flor", garante o eu lírico, e, enquanto tal, pode ser por ele tocada e acariciada. Não importa se a sua existência é puramente simbólica, encarnando um ideal social (ou socialista) ainda destituído de materialidade. A crença nesse ideal era tamanha a ponto de conferir materialidade ao símbolo, em meio ao centro da capital do país, iludindo a polícia, fazendo suspender o ritmo da sociedade capitalista. Diferentemente, em "Contemplação no Banco", a flor já é, de saída, definida como *puramente mentada*, uma "escultura de ar" esculpida pelas mesmas mãos que outrora acariciavam a flor do asfalto, e agora a "modelam nua e abstrata para o homem que não serei". Só mesmo um homem novo, feito de outro barro, seria capaz de compreender essa "confusa distribuição de seda e péssimo" de um eu lírico que, apesar da visão desencantada, pessimista, é ainda capaz de acalentar um sonho futuro, de entoar uma flor nascida de um chão estéril, de terra batida. Em vez da flor acalentada, é justamente desse novo "homem que não serei", homem paradoxal, dialético, que trata a segunda parte do poema, deslocando-se do espaço efetivo da alameda para o do devaneio:

II
Nalgum lugar faz-se esse homem...
Contra a vontade dos pais ele nasce,
contra a astúcia da medicina ele cresce,
e ama, contra a amargura da política.

Da Rosa das Trevas à Luz do Rosário

Não lhe convém o débil nome de filho,
pois só a nós mesmos podemos gerar,
e esse nega, sorrindo, a escura fonte.

Irmão lhe chamaria, mas irmão
por quê, se a vida nova
se nutre de outros sais, que não sabemos?

Ele é seu próprio irmão, no dia vasto,
na vasta integração das formas puras,
sublime arrolamento de contrários
enlaçados por fim.

Meu retrato futuro, como te amo,
e mineralmente te pressinto, e sinto
quanto estás longe de nosso vão desenho
e de nossas roucas onomatopéias...

Como se vê, a flor mentada pelo poeta já não corresponde, como em *A Rosa do Povo*, a uma nova ordem social e sim a um novo homem que o eu não será, mas que já se faz em "algum lugar" e que – para intensificar ainda mais o paradoxo – guarda com o eu lírico uma relação especular: é seu "retrato futuro".

De acordo com Thierry Paquot, a utopia

[...] só pode existir se o *indivíduo* se torna o sujeito autônomo da história, mesmo quando sua ação visa à salvação do grupo ou da sociedade. Foi depois do Renascimento italiano que o *indivíduo se emancipou da família, da linhagem, e decidiu contestar as inúmeras pressões que lhe tolhem a liberdade, nelas incluindo as da religião* [8].

Ora, a principal característica do ser paradoxal mentado em "Contemplação no Banco" é justamente sua total autonomia, contrariando todas as expectativas e emancipando-se dos vínculos mais elementares que liga um homem aos demais. Ele nasce contra a vontade dos pais e cresce contra a astúcia da medicina – atestando, assim, a impossibilidade da ciência mais avançada que, atendo-se a fatos verificáveis, não pode

8. Thierry Paquot, *A Utopia: Ensaio acerca do Ideal*, Rio de Janeiro, Difel, 1999, p. 16.

Drummond: Da Rosa do Povo à Rosa das Trevas

dar conta de explicar uma existência dessa ordem. Negando a "escura fonte", ele gesta-se a si mesmo – tal como o filho que se faz a si mesmo de "Ser", poema que antecede "Contemplação no Banco" –, inaugurando uma nova estirpe que se alimenta de outros sais. Por isso a impossibilidade de prendê-lo a qualquer laço de parentesco (filho, irmão): "Ele é seu próprio irmão no dia vasto".

Podemos, talvez, entender esse ser futuro mais como um *retrato em negativo* do eu lírico, encarnando o que neste último é ausência, limitação ou carência absoluta. Assim como em "Ser", o filho que o eu não fez "faz-se a si mesmo", esse homem futuro realiza no plano da imaginação ou do devaneio o desejo que não se materializou ou se frustrou na realidade. (Não custa aqui lembrar, mais uma vez, a função compensatória atribuída por Freud aos devaneios, dos quais nasce a criação literária.) Veja-se, nesse sentido, o contraste entre a condição desse ser futuro e a do eu lírico: enquanto o primeiro ama contra a amargura da política, o segundo ainda ressente-se desta dolorosamente. Enquanto o primeiro emancipa-se completamente dos nexos mais elementares, como os vínculos familiares, o segundo experimenta a relação com os antepassados como um vínculo inalienável, agindo em cadeia.

Ao leitor pode causar espécie falar, sem mais, de utopia a respeito de uma projeção imaginária que parece ser a própria negação do conceito nos termos em que foi compreendido, desde a Amarouta de Morus até os *phalanstères* de Fourier, como um modelo ideal de sociedade futura. Como falar, assim, de utopia a propósito de uma idealização que se resume a um só ser, ainda por cima caracterizado pela total emancipação dos laços comunais, afigurando-se muito mais como um ideal individualista?

Não se pode, entretanto, esquecer a ampliação semântica do conceito operada neste século por autores como Karl Mannheim – que concebe as utopias "como idéias e doutrinas 'transcendentais', exprimindo uma força 'subversiva' e tendo um efeito de transformação com respeito à ordem histórico-social existente" – e Ernst Bloch, em cujo pensamento filosófico a *utopia concreta* é um conceito central[9]. Bloch, inclusive, che-

---

9. As considerações a respeito do conceito de utopia, centrando o foco em Bloch, foram co-

Da Rosa das Trevas à Luz do Rosário

ga a promover uma revisão rigorosa dos modelos utópicos desde Platão (cujo *topos ouranos* era tomado como uma categoria de espaço indicando "o lugar celeste onde moram as idéias") até o *Brave New World* de Huxley, para justificar melhor o emprego *positivo* que faz do conceito. Com isso, contrariou a própria tradição marxista a que se filia seu pensamento, na medida em que ela concebia as utopias negativamente – assim como os sonhos e as projeções imaginárias, rechaçadas por Marx no *Manifesto Comunista* como "sublimação" perigosa da aspiração para uma mudança social. Ora, para Bloch, a utopia é, antes de tudo, um *topos* da consciência antecipadora. É a força ativa do sonho diurno (*Tagtraum*) que, como o noturno, visa o cumprimento imaginário de um desejo, mas que, diferentemente dele, é voltado para o futuro, não para o passado. Um "futuro autêntico", sonhado e prefigurado por "imagens de desejo" que remetam, de fato, ao *novum*, ao "ainda não ser", manifesto, psiquicamente, na "ainda não-consciência" – espécie de "inconsciente do que está por vir", segundo Jameson[10].

Nos termos de Bloch, pode-se compreender melhor o caráter utópico do "retrato futuro" de "Contemplação no Banco", ele também produto do sonho diurno voltado para um futuro autêntico. A dimensão do *novum* desse "ainda-não-ser" evidencia-se pela impossibilidade da palavra de nomeá-lo. Tal incapacidade decorre das próprias limitações da linguagem que, frente ao avanço desse ser futuro, ainda parece se encontrar num estágio bastante *primário*, se considerarmos aqui as velhas teorias miméticas, que viam na *onomatopéia* a origem de toda e qualquer língua[11]. No caso do poema, pode-se dizer que a linguagem encontra-se num estágio ainda mais primitivo, anterior mesmo ao inaugural, visto que as

---

lhidas em Arno Münster, *Ernst Bloch: Filosofia da Práxis e Utopia Concreta*, São Paulo, Unesp, 1993, pp. 22 e ss.

10. Frederic Jameson, "Ernst Bloch e o Futuro", *Marxismo e Forma: Teorias Dialéticas da Literatura no Século XX*, São Paulo, Hucitec, 1985, pp. 103 e ss.

11. "A onomatopéia e a interjeição teriam sido, quem sabe, formas puras, primordiais, da representação e da expressão, funções que, no estágio atual das línguas conhecidas, foram assumidas largamente por palavras não onomatopaicas" (Alfredo Bosi, *O Ser e o Tempo da Poesia, op. cit.*, p. 41). Ver, ainda, a respeito, os conhecidos ensaios de Walter Benjamin, "Sobre a Língua em Geral e Sobre a Língua do Homem" e "Sobre a Faculdade Mimética", *Angelus novus: Saggi e frammenti*, Torino, Giulio Einaudi, 1962.

Drummond: Da Rosa do Povo à Rosa das Trevas

onomatopéias são "roucas", portanto incapazes de desempenhar satisfatoriamente sequer a função mimético-sonora básica que as define. Impossibilitado de ser nomeado[12], esse retrato futuro do eu só pode mesmo ser intuído, pressentido *mineralmente* – advérbio que, se por um lado remete ao universo familiar de Drummond, por outro remete a um dos três "reinos" da natureza e justamente o mais distante do humano, da matéria viva. Em ambos os casos, portanto, a intenção é de frisar o quão distante se está ainda desse homem futuro, cuja existência representará, um dia, a superação dos conflitos e antinomias "na vasta integração das formas puras, / sublime arrolamento dos contrários enlaçados por fim".

Mas, enquanto esse dia não chega, enquanto não se dá o enlace dos opostos (a síntese das antíteses), a realidade presente e o sonho futuro só podem ser descritos em termos paradoxais. É o que ocorre na terceira parte do poema, quando se retorna ao cenário da alameda, a fim de constatar, na realidade presente, a *existência feita de ausência* do retrato futuro do eu:

III
Vejo-te nas ervas pisadas.
O jornal, que aí pousa, mente.

Descubro-te ausente nas esquinas
mais povoadas, e vejo-te incorpóreo,
contudo nítido, sobre o mar oceano.

Chamar-te visão seria
malconhecer as visões
de que é cheio o mundo
e vazio.

---

12. Tamanha ênfase dada à impotência da palavra e das formas de expressão existentes em figurar esse ser futuro deve-se ao seu caráter *sublime* (expressamente referido por Drummond) que, segundo a definição hegeliana, caracteriza-se pelo esforço baldado de expressar o infinito, sem contudo encontrar no mundo fenomênico nada que se preste à sua devida representação. Em virtude disso, a idéia, ainda abstrata, infinita, trata a forma inadequada de maneira negativa, elevando-se desmesuradamente acima dela e violentando-a (cf. G. W. Hegel, *Introducción a la Estética*, Barcelona, Península, 1985, pp. 133 e ss.). Ver também o volume da *Estética* dedicado à *Arte Simbólica*, Lisboa, Guimarães, s/d.

Da Rosa das Trevas à Luz do Rosário

Quase posso tocar-te, como as coisas diluculares
que se moldam em nós, e a guarda não captura,
e vingam.

Dissolvendo a cortina de palavras,
tua forma abrange a terra e se desata
à maneira do frio, da chuva, do calor e das lágrimas.

Triste é não ter um verso maior que os literários,
é não compor um verso novo, desorbitado,
para envolver tua efígie lunar, ó quimera
que sobes do chão batido e da relva pobre.

A presença feita de ausência é denunciada nas relvas pisadas da alameda, onde pousa um jornal, como já ocorria na crônica de "Meditação do Alto da Boa Vista". Ao contrário, porém, da crônica, onde as notícias trazem o sujeito refugiado de volta à realidade da cidade, nos versos acima, a realidade impressa no jornal é desmentida certamente porque incapaz de endossar a possibilidade de existência desse ser utópico, que entretanto se confirma aos olhos do sujeito lírico negativamente, porque "ausente nas esquina mais povoadas" e "incorpóreo / contudo nítido, sobre o mar oceano". O eu recusa-lhe o nome de "visão" pois, justifica ainda em termos paradoxais, "seria / malconhecer as visões de que é cheio o mundo / e vazio". Apesar disso, não deixará, logo em seguida, de se dirigir ao seu retrato futuro como uma "quimera". Com isso, busca-se talvez reiterar o quanto a linguagem precária de que dispomos encontra-se aquém do sonho futuro, a ponto de não dispor do termo adequado para nomeá-lo a não ser incorrendo no paradoxo. E assim como lastima a precariedade da língua, o faz também, ao final, em relação à própria poesia, aos "versos literários" incapazes de figurar a "efígie lunar" dessa quimera (noturna como o ser que a concebe), dessa flor mentada que brota do solo estéril do presente.

Se o sonho futuro de "Contemplação no Banco" aparece aqui *desencarnado* – como diz Merquior –; uma *forma abstrata e nua*, impossível de ser *nomeada* e vertida em poesia (embora o eu lírico o faça no instante mesmo em que nega a possibilidade de dizê-lo), é talvez porque Drum-

Drummond: Da Rosa do Povo à Rosa das Trevas

mond não reconhece, no presente, nenhum novo ideal social capaz de nomeá-lo, de *encarná-lo*, de dar-lhe *conteúdo e concretitude* – tal como ocorria com o ideal comunista materializado pela rosa do povo e expresso em "um verso maior que os literários", na medida em que transcendia os limites da poesia para alcançar a prosa e os meios de comunicação de massa. Resta, assim, apenas um sonho abstrato, cultivado em isolamento no refúgio da alameda e não socializado, como antes, em meio à *praça de convites*.

Um sonho futuro que, reduzido a um só ser, parece sinalizar que é necessário *sonhar um novo homem* antes mesmo de pensar uma nova ordem social – tal como ocorria na projeção utópica *avant la lettre* da Ilha dos Amores camoniana[13]. A carência de qualquer perspectiva com relação a um novo ideal social faz Drummond projetar seu sonho para um futuro tão distante a ponto dele próprio (e provavelmente nós) não chegar a vê-lo materializar-se: "Ah, não viver para contemplá-la!" O eu angustiado sonha o amanhã, mas sem perder de vista o quanto ele se mostra distante do presente.

13. Não se pode esquecer que Drummond recorreria a esse mesmo episódio em um dos mais celebrados poemas de *Claro Enigma* ("A Máquina do Mundo"). Uma análise do caráter utópico desse episódio é feito por Vitor Manuel de Aguiar e Silva e retomada por Leodegário A. de Azevedo Filho, *Camões, o Desconcerto do Mundo e a Estética da Utopia*, Rio de Janeiro, Tempo Brasileiro, 1995.

Da Rosa das Trevas à Luz do Rosário

5

ELEMENTOS DE UMA COSMOVISÃO TRÁGICA

Do exposto até aqui, vimos que o sujeito lírico de *Claro Enigma* recusa-se categórica e deliberadamente a agir, seja ao postar-se de "braços cruzados" diante da *dissolução* do dia (e, com ele, de suas esperanças e perspectivas utópicas); seja ao definir sua condição de impasse (simbolizada pela "pedra em meio do caminho") como único *legado* a ser deixado ao país que lhe deu tudo quanto sabe ou sente. Na recusa em deixar qualquer canto lenitivo ao país que o condenou ao esquecimento, alcança o limite da perversão, da violência ("Oficina Irritada"). Se ainda assim chega, em "Contemplação no Banco", a uma aparente contradição ao acalentar um sonho futuro, não deixa por isso de assinalar o quão distante se mostra do presente.

Ora, a conseqüência mais desastrosa para aquele que se recusa a agir é que ele deixa de ser senhor de seu destino. Na medida em que ele se furta a imprimir um rumo à sua existência e à própria história, elas se emancipam de sua vontade e acabam por arrastá-lo a seu bel-prazer. Isso já se evidenciava no poema de abertura do livro através do movimento emancipatório do dia, pois que lhe aprouve findar, sendo portanto dotado de vontade própria, seguindo o curso "natural", alheio à vontade do sujeito, que permanece impassível, de "braços cruzados", sem buscar sequer o auxílio de uma lâmpada. O que os demais poemas e cadernos do livro tratarão de enfatizar é justamente a constatação e a sujeição do eu lírico que se recusa a agir a forças que transcendem sua vontade e o vitimizam. Pode-se resumi-las a quatro conceitos interligados: *natureza*, *mito*, *destino* e *culpa*. São elas que permeiam seja a experiência amorosa, seja a relação com o semelhante, com o passado familiar e com a própria História, conforme veremos nos próximos capítulos.

Tais elementos configuram o que se poderia denominar de uma *cosmovisão trágica* presente em *Claro Enigma* – que contribui, também, para a definição do classicismo de Drummond. A esse respeito, vale lembrar que Mário de Andrade já havia assinalado o caráter trágico da poesia de Drummond. Em carta de 15.10.44, endereçada ao amigo itabirano, diz ele:

> Estou acabando de ler o estudo magistral do Lauro Escorel sobre você, fiquei com inveja. *Mas nem ele acentuou o caráter trágico da poesia de você (alguém já acentuou? mande contar, e se não, cale o bico)*, nem parou a tempo[1].

O pedido de silêncio justificava-se pelo fato de que tencionava escrever um novo estudo sobre a poesia de Drummond, no qual certamente abordaria esse aspecto da obra, mas que não chegou a ser escrito, nem Mário teve, infelizmente, a chance de ver sua intuição plenamente confirmada no livro de 1951, onde esse caráter chegará a assumir a estrutura clássica da tragédia em um dos mais grandiosos poemas de Drummond, conforme veremos.

Mário de Andrade não chega a dizer no que consiste, a seu ver, esse caráter trágico. Entretanto, em um ensaio dedicado, pouco antes, às *Três Tragédias à Sombra da Cruz*, de Otávio de Faria, ele definiria o trágico através da "antinomia entre o limitado humano e o ilimitado da fatalidade", do *Fatum*[2]. Não sei se é nesse sentido que ele pensava o caráter trági-

1. *A Lição do Amigo, op. cit.*, p. 222.
2. Mário de Andrade, "Do Trágico", *O Empalhador de Passarinho*, São Paulo, Martins; Brasília, INL, 1972, p. 111.

Drummond: Da Rosa do Povo à Rosa das Trevas

co da lírica drummondiana, mas é em termos mais ou menos próximos que o pensamos aqui, no caso de *Claro Enigma*. Melhor dizendo, a partir da tensão instituída entre a fatalidade, o destino, a necessidade (*anánkē*) imposta de fora, e a *de-cisão* pessoal no *agir*. Inscrita na transição entre a antiga escravidão mítica, na qual o homem se mostra preso ao cativeiro dos decretos divinos, e a liberdade racional, em que ele se dá suas próprias regras, a tragédia focaliza o problema do alcance e dos limites da *ação* e da *decisão* do sujeito, como notam Vernant e Vidal-Naquet:

> A tragédia, nota Aristóteles, é a imitação de uma ação, *mímēsis práxeōs*. Representa personagens em ação, *práttontes*. E a palavra drama provém do dórico *drân*, correspondente ao ático *práttein*, agir. De fato, ao contrário da epopéia e da poesia lírica, onde não se desenha a categoria da ação, já que aí o homem nunca é encarado como agente, a tragédia apresenta indivíduos em situação de agir; coloca-os na encruzilhada de uma opção com que estão integralmente comprometidos; mostra-os, no limiar de uma decisão, interrogando-se sobre o melhor partido a tomar. "Πυλάδη τί δράσω, Pílades, que fazer?" exclama Orestes nas *Coéforas* e Pelasgo no início de *As Suplicantes* verifica: "Não sei que fazer; a angústia toma conta do meu coração; devo ou não agir?" O rei, entretanto, acrescenta imediatamente uma fórmula que, ligada à precedente, sublinha a polaridade da ação trágica: "Agir ou não agir, τε καὶ τύχην ἕλεὼ, e tentar o destino?"[3]

Ora, a mesma indagação perplexa ("Que fazer?") ecoa, conforme vimos, desde o final de "Pequeno Mistério Policial" – marco divisório na guinada operada na lírica drummondiana –, configurando, em *Claro Enigma*, a já examinada situação de impasse (trágica por excelência[4]) vivenciada pela subjetividade acuada, tendo, de um lado, a ameaça do dogmatismo partidário e, de outro, o risco do esteticismo alienante. Condenado, por isso, ao imobilismo, à inação, o eu lírico deixa de ser senhor de seu próprio destino, que o encara como um estranho[5] e o arrasta inexoravelmente a um fim alheio à sua vontade.

---

3. Jean-Pierre Vernant e Pierre Vidal-Naquet, "Tensões e Ambigüidades na Tragédia Grega", *Mito e Tragédia na Grécia Antiga*, São Paulo, Duas Cidades, 1977, pp. 27-28.
4. Sobre a situação de impasse configurada no trágico em geral, ver, de Raymond Williams, "Tragic Deadlock and Stalemate: Chekhov, Pirandello, Ionesco, Beckett", *The Modern Tragedy*, London, The Hogarth Press, 1992, pp. 139-155.
5. Auerbach resume a situação trágica nos seguintes termos: "Um homem e seu destino ficam

Da Rosa das Trevas à Luz do Rosário

O *destino* é uma das forças com que equaciono a cosmovisão trágica presente no livro, tematizado de forma mais ou menos explícita. Explicitamente, ele aparece, por exemplo, ligado à experiência amorosa[6], justamente no poema de abertura da seção dedicada ao tema (*Notícias Amorosas*):

> Que pode uma criatura senão,
> entre criaturas, amar?
> amar e esquecer,
> amar e malamar,
> amar, desamar, amar?
> sempre, e até de olhos vidrados, amar?
>
> Que pode, pergunto, o ser amoroso,
> sozinho, em rotação universal, senão
> rodar também, e amar?
> amar o que o mar traz à praia,
> o que ele sepulta, e o que, na brisa marinha,
> é sal, ou precisão de amor, ou simples ânsia?
>
> Amar solenemente as palmas do deserto,
> o que é entrega ou adoração expectante,
> e amar o inóspito, o áspero,
> um vaso sem flor, um chão de ferro,
> e o peito inerte, e a rua vista em sonho, e uma ave de rapina.
>
> Este o nosso destino: amor sem conta,
> distribuído pelas coisas pérfidas ou nulas,
> doação ilimitada a uma completa ingratidão,

desnudados no momento em que se tornam inteiramente e irrevogavelmente uma coisa só – o momento crítico. [...] Decifrado, e manifesto, seu destino inexorável o encara como um estranho. [...] Ele procura defender-se contra o universal que deve engolfar sua vida individual. Ele se lança numa última luta, desesperada, contra seu próprio *daemon*, que o divide e o consome a ponto de nada restar de sua personalidade, salvo idade, raça, classe e traços mais gerais de seu temperamento". Erich Auerbach, *Ensaio sobre Dante: Poeta do Mundo Secular*, Rio de Janeiro, Topbooks, 1997, pp. 15 e ss.

6. Para a ilustração dos conceitos que definem a cosmovisão trágica presente no livro, valho-me freqüentemente dos poemas ligados à temática amorosa, cuja relevância nessa fase da obra já foi assinalada por mais de um intérprete. Justamente por isso, por já ter sido objeto de investigação de vários intérpretes (Costa Lima, Gledson e, mais recentemente, Mirella Vieira Lima, que se ocupa exclusivamente do amor na lírica de Drummond) é que não reservei um capítulo especial para tratar do tema.

Drummond: Da Rosa do Povo à Rosa das Trevas

e na concha vazia do amor a procura medrosa,
paciente, de mais e mais amor.

Amar a nossa falta mesma de amor, e na secura nossa
amar a água implícita, e o beijo tácito, e a sede infinita.

Na primeira estrofe do poema, a criatura ainda se encontra entre criaturas, elegendo em meio a elas o alvo do seu amor. Na segunda, ocorre uma mudança de estatuto: a *criatura* passa à condição de *ser* amoroso. Ao mesmo tempo, a mudança implica a passagem do convívio entre iguais (criatura entre criaturas) à condição de isolamento e solidão do ser amoroso, que acaba assim por voltar o sentimento compulsivo não mais a seres, mas, na falta destes, às coisas, elementos naturais que sugerem a idéia de desolação e esterilidade (palmas do deserto, vaso sem flor, chão de ferro) e ao próprio vazio. O poema descreve esse mesmo movimento de esterilidade e secura em direção à falta na própria composição das estrofes, que passam de sextetos a quintetos até chegarem ao dístico final.

A indagação que se prolonga pelas duas primeiras estrofes ("que pode...?") já atesta a impotência da criatura diante de um sentimento que a transcende e que a condena a experimentá-lo de forma compulsória[7], independente do objeto amoroso. Melhor, independente ou não da própria existência de um objeto amoroso, pois, na falta deste, o amor se volta à própria falta como alvo, num movimento quase que autofágico. Esse caráter compulsório é que se define como *destino*, porque imposto de fora, alheio à vontade do sujeito e, portanto, vivido como pura danação, uma vivência estéril que nada reverte de positivo, implicando a *naturalização*[8] da experiência amorosa, evidenciada pelos demais poemas da se-

---

7. A ilustração desse caráter compulsivo é dada por outro dos poemas dessa mesma seção ("Canção para Álbum de Moça") através da insistência com que o eu apaixonado dirige seu cumprimento à mulher amada que, todavia, o ignora por completo.
8. Benjamin define a existência submetida ao destino como inscrita no círculo da expiação e da culpa, que encontra sua garantia de transmissão no fato dela ser não moral e sim *natural*, "na qual os homens incorrem não pelas suas decisões e ações, mas sim pela demora e pela inércia" (Walter Benjamin, "Le Affinità Elettive", *Angelus novus, op. cit.*, p. 178. Ver ainda, no mesmo volume, o ensaio intitulado "Destino e Carattere", além dos comentários do filósofo alemão sobre o conceito de destino no estudo citado sobre o drama barroco).

Da Rosa das Trevas à Luz do Rosário

ção – em alguns deles, inclusive, a começar pelo título: "Tarde de Maio"; "Fraga e Sombra" e "Campo de Flores". Assim dirá explicitamente a quarta estrofe: "Este o nosso *destino*: amor sem conta, distribuído por coisas pérfidas e nulas, doação ilimitada a uma completa ingratidão".

Além do destino, há os outros termos que respondem pela cosmovisão trágica dominante no livro e dos quais gostaria de me ocupar um pouco mais, a fim de preparar o terreno para as discussões dos capítulos seguintes. Assim, vejamos, na seqüência, um conceito que, segundo Gledson, "tem história na poesia de Drummond"[9]: o *mito*.

Estabelecendo a diferença entre uma fase e outra, o crítico demonstra, primeiramente, que, em *A Rosa do Povo*, o poeta aparece "como criador e criatura dos seus mitos", os quais, "por mais tenuamente que seja, unem uma experiência descontínua, juntando o homem e a criança, por exemplo, em 'Interpretação de Dezembro' ". Já em *Claro Enigma*, há uma diferença significativa: *o poeta não é mais senhor de seus mitos*, o que bem demonstra a análise de um dos mais belos poemas do livro. Em "Canto Negro", diz Gledson,

[...] *o poeta é vítima dos mitos impostos pelo passado*, terminando na *tentativa vã* de sair deles para um país "antes do mito e do sol" que, tal como o fim de "O Mito", se revela *inumano*. A diferença aqui reside no fato de que, desde o começo, está consciente de tratar não com um mito de sua própria criação, e que portanto *não pode rejeitar* como no caso de Fulana[10].

Não poderia haver uma definição mais precisa sobre o significado do mito em *Claro Enigma*. Se, em "A Tela Contemplada", o poeta ainda aparece como um "criador de mitos", o efeito produzido por eles já é dos mais negativos, porque, conforme vimos, "sufocam". Em outros poemas, porém, confirma-se integralmente a observação de Gledson.

A redescoberta dos temas mitológicos pela literatura moderna, em Joyce, Mann ou Gide, tendeu a um enfoque mais "humanístico", que atende a dois objetivos, segundo Hans Meyerhoff:

9. John Gledson, *op. cit.*, p. 225.
10. *Idem, ibidem* (grifos meus).

Drummond: Da Rosa do Povo à Rosa das Trevas

[...] sugerir, com um ambiente secular, uma perspectiva sem tempo observando a situação humana; e transmitir um sentido de continuidade e identificação com a humanidade em geral. O mito é um "esquema sem tempo", como disse Thomas Mann. É sem tempo naquilo que está sempre presente, um lembrete constante do eterno ressurgir do mesmo[11].

Por conta de sua perspectiva humanística (maior talvez do que a dos escritores por ele mencionados), Meyerhoff desconsidera o que pode haver, nessas reapropriações modernas, de *denúncia e crítica ao caráter inumano* desse esquema sem tempo, condenando os homens à *danação* contínua, eterna e irreversível. Nesse sentido, mais abrangente parece ser a tese de Hans Blumenberg, quando afirma a existência de duas categorias distintas a partir das quais se pode ordenar as mais diversas concepções de mito. São elas as do mito concebido como *poesia* ou como *terror*[12]. Neste último caso, os mitos gregos demonstram que a realidade daqueles que vivem com eles e os inventam é experimentada como impossível de dominar, como um poder que excede e ameaça. Os mitos aterrorizam aquele que não dispõe – ou acredita não poder dispor – ele próprio das condições de sua existência. Essa ameaça, pensada como *fatum* ou encarnada pelas figuras das divindades, permanece impenetrável ao homem; a ambigüidade do oráculo permanece-lhe misteriosa. "Enfim, o lado indeformável da figura do círculo, a crença em uma repetição forçada de todos os eventos fazem parte integrante dessa compreensão mítica do mundo", cujo paradigma grego é Sísifo[13].

Sem dúvida, é dessa perspectiva do *mito como terror* que fala o Drummond de *Claro Enigma* e um ótimo exemplo disso está em "Rapto", que se ocupa do mito clássico de Ganimedes, o mais belo entre os mortais arrebatado por Zeus tomado de desejo que, na forma de águia, levou-o ao Olimpo onde, por fim, serviu de escanção aos deuses[14]. O mito de

---

11. Hans Meyerhoff, *O Tempo na Literatura*, São Paulo, McGraw-Hill do Brasil, 1976, p. 71.
12. Hans Blumenberg, *Terror und Spiel, Poetik und Hermeneutik, apud* Rolf-Peter Janz, "Expérience Mythique et Expérience Historique au XIX\ème Siècle", em Heinz Wismann (org.), *Walter Benjamin et Paris*, Paris, Éditions du Cerf, 1986, pp. 453-454.
13. *Idem*, p. 454.
14. Gledson (*op. cit.*, pp. 233 e ss.) informa que "Ganimedes" era justamente o título original do poema, quando publicado no *Diário Carioca* por Drummond, sob o pseudônimo de Leandro Sabóia.

Da Rosa das Trevas à Luz do Rosário

Ganimedes entrou para a tradição como símbolo do amor homoerótico – tendo sido, com esse significado, uma alusão comum na lírica renascentista[15]. Ora, o que o poema trata de enfatizar é justamente como esse *raptus classicus*, "terrível", *repete-se* (é a palavra-chave no 14º verso, central para o poema[16]) "já nos campos e já pelas noturnas / portas de pérola dúbia das boates". A repetição remete à esfera de danação do mito como terror, que se reatualiza na experiência cotidiana sem qualquer margem de liberdade, mas como sofrimento redobrado, pois, de acordo com os versos, ao "mistério pagão" junge-se o "pecado cristão" que, ao condenar o homossexualismo, "mais o alanceia" e acaba, assim, "dobrando [...] o amargor" dessa "outra forma de amar no acerbo amor", vista e aceita como "desígnio da natureza ambígua e reticente".

Essa concepção de mito como terror, como a esfera demoníaca da limitação e sujeição da liberdade individual, que "Rapto" tão bem ilustra, aproxima-se bastante da formulada por Walter Benjamin em alguns ensaios dos anos 10-20, tanto mais interessante para os nossos propósitos por se tratar de um enfoque que articula o mítico aos demais termos com que defino aqui a cosmovisão trágica presente no livro de 51. Como resume um de seus intérpretes, Winfried Menninghaus, essa primeira concepção benjaminiana

[...] interpreta a implicação mítica num contexto supra-individual de destino, de culpa e de expiação em filosofia da história, a saber, como um contexto social constringente do tipo de uma "segunda natureza" que é necessário quebrar pela intervenção de uma atividade moral como forma de realização da liberdade[17].

15. Ver a respeito o verbete "Love Poetry" de Alex Preminger & T. V. F. Brogan (orgs.), *The New Princeton Encyclopædia of Poetry and Poetics*, Princeton, New Jersey, Princeton University Press, 1993, p. 710.
16. Gledson demonstrou como o poema se organiza a partir do confronto ou comparação entre o mito e a experiência, entre o "rapto clássico" (descrito nos 13 primeiros versos) e a "realidade mais cotidiana do amor homossexual" (nos 12 versos restantes). Segundo o crítico, o "choque entre o clássico e o moderno é perfeitamente intencional – o novo se reconhece no antigo, sendo também diferente. É outra maneira de expressar o mesmo conflito entre a liberdade e a limitação, sem desprezar nenhum dos dois" (*op. cit.*, pp. 233-234). Discordo, entretanto, dessa margem de liberdade na atualização do mito, como se verá a seguir.
17. Winfried Menninghaus, "Science des Seuils. La Théorie du Mythe Chez Walter Benjamin", Heinz Wismann (org.), *op. cit.*, p. 536.

Drummond: Da Rosa do Povo à Rosa das Trevas

É o que ocorre, por exemplo, no belo ensaio sobre *As Afinidades Eletivas* de Goethe. Contrariando toda uma fortuna crítica que tendia a ver o "matrimônio" como tema central do romance, Benjamin afirmará, categoricamente, ser o mito. Melhor dizendo, o conflito fundamental do romance não ocorre entre o matrimônio como valor superior da cultura burguesa e a própria formação burguesa, mas, sim, entre a formação burguesa das personagens e a "natureza mítica". É nesse sentido que Benjamin chama a atenção para a abundância de elementos "naturais" presentes no romance, a começar pelo título que toma de empréstimo um procedimento de atração entre os elementos químicos para justificar o jogo de repulsão e atração entre os pares amorosos focalizados pela obra. Além disso, Benjamin ressalta a presença, no romance, de temas "agrícolas" e dos poderes da natureza encarnados pelo vento; pela terra, que possui uma "força magnética" (levando o filósofo a lembrar de uma passagem da *Doutrina das Cores*, na qual Goethe diz que a natureza em parte alguma "está morta ou calada"); e pela água do lago, que "possui uma quietude magnética que conduz à destruição". O destaque dado a essa abundância de elementos naturais (somada a todo um simbolismo de morte encarnado por objetos premonitórios) visa ressaltar como as personagens, na medida em que vão se entregando ao destino, acabam sendo tragadas pelo abismo que se esconde sob a superfície de "águas calmas", justificando, assim, o porquê do conflito central do romance não ser a questão do matrimônio, mas dessa luta surda travada entre a *Bildung* ilustrada e as "forças míticas" ou "naturais"[18].

Algo próximo a essa incidência de elementos naturais no romance goethiano pode ser encontrado em *Claro Enigma* com igual abundância, sob a forma de imagens, metáforas e símbolos colhidos na esfera da natureza. Não é o caso apenas das figurações celestes mencionadas atrás. É também o de todo o repertório de imagens com que o poeta

---

18. A mesma concepção benjaminiana do mítico, como os laços de culpabilidade do destino, é que serviu também a Adorno para precisar o sentido do classicismo de Goethe em seu drama *Ifigênia* (tal como serve aqui para definir o classicismo de Drummond). Ver Theodor Adorno, "A Propos du Classicisme de Goethe dans *Iphigénie*", *Notes sur la Littérature, op. cit.*, pp. 351 e ss.

Da Rosa das Trevas à Luz do Rosário

descreve a vivência amorosa[19], identificada, por exemplo, ao ciclo das estações, como se vê nos belos versos de "Tarde de Maio", que evoca a lembrança de uma experiência amorosa trágica ligada a um contexto apocalíptico evidenciado pelo "rubor dos incêndios que consumiam a terra", no qual já se reconheceu uma alusão à Segunda Grande Guerra:

> Como esses primitivos que carregam por toda parte o maxilar
> [inferior de seus mortos,
> assim te levo comigo, tarde de maio,
> quando, ao rubor dos incêndios que consumiam a terra,
> outra chama, não-perceptível, e tão mais devastadora,
> surdamente lavrava sob meus traços cômicos,
> e uma a uma, *disjecta membra*, deixava ainda palpitantes
> e condenadas, no solo ardente, porções de minh'alma
> nunca antes nem nunca mais aferidas em sua nobreza
> sem fruto.

Tal experiência amorosa é descrita em associação com o outono, com tudo o que a estação sugere em termos de *declínio* (reiterado ainda mais por se tratar do *findar* de um dia, de uma *tarde* de maio), de *esterilidade* (evidenciado pela "nobreza sem fruto" referida acima, nos versos 5 e 6) de *melancolia* e de *morte*:

> Outono é a estação em que ocorrem tais crimes
> e em maio, tantas vezes, morremos.

E se, de acordo com a lógica das estações, volta-se a renascer com a primavera, esta é "fictícia", pois a renovação não abole as marcas espectrais e fúnebres do sofrimento e da morte outonal:

> Para renascer, eu sei, numa fictícia primavera,
> já então espectrais sob o aveludado da casca,
> trazendo na sombra a aderência das resinas fúnebres

---

19. O que já se evidencia no título de vários dos poemas da seção amorosa: "Tarde de Maio", "Fraga e Sombra" e "Campo de Flores".

Drummond: Da Rosa do Povo à Rosa das Trevas

com que nos ungiram, e nas vestes a poeira do carro
fúnebre, tarde de maio, em que desaparecemos,
sem que ninguém, o amor inclusive, pusesse reparo.

Nessa mesma linha, há o tema da "madureza" presente não só em "A Ingaia Ciência", que já vimos atrás como sendo a justificativa natural para a visão desenganada dominante, mas também associada à experiência amorosa de "Campo de Flores". Além disso, há que considerar ainda a tendência do eu lírico de identificar-se com o "reino animal" ("Os Animais do Presépio"), chegando, no limite, a adotar a perspectiva de um boi assistindo aturdido ao espetáculo agitado e estéril dos homens ("Um Boi Vê os Homens"). Através de todo esse conjunto de metáforas e motivos, Drummond busca evidenciar a proeminência da Natureza, subordinando toda a História e a ação humana ao invariável ciclo biológico do nascimento, vida e morte, como veremos em "A Morte das Casas de Ouro Preto". A essa História naturalizada corresponderá, obviamente, uma outra concepção de tempo pautado pelo *eterno retorno*, cuja expressão máxima talvez esteja nos "mesmos sem roteiros tristes périplos" a que aludem os famosos versos de "A Máquina do Mundo", que convida "os sentidos" e "as intuições" do viajante "a se aplicarem sobre o pasto inédito da natureza mítica das coisas". (A mesma máquina que, se em Camões revela a história dos homens e do universo como espetáculo sublime, em Drummond, aproxima-se mais da perspectiva leopardiana e machadiana de sujeição do mundo a uma *Natureza madrasta*, como já assinalou Bosi[20].)

Chegamos, por último, ao tão decantado *sentimento de culpa*, em torno do qual muitos teóricos fundamentam suas concepções do trágico, como bem observa Benjamin, embora com ressalvas sobre a validade de tal fundamento. O risco maior que paira sobre a abordagem de um tema como a culpa é, sem dúvida, o da abstração. Não avançaríamos muito aqui se reconhecêssemos com Freud, por exemplo, que toda a cultura está assentada sobre uma culpa hereditária, do mesmo modo como seria bo-

---

20. Alfredo Bosi, "'A Máquina do Mundo' entre o Símbolo e a Alegoria", *Céu, Inferno*, São Paulo, Ática, 1988, p. 89.

Da Rosa das Trevas à Luz do Rosário

bagem evocar a justificativa bíblica do pecado original. Assim, para evitar o risco da abstração, é preciso o cuidado de arraigar essa culpa ao solo histórico de onde brota.

No caso de Drummond, tais raízes históricas prendem-se à condição de inserção social da subjetividade lírica por ele forjada (não importando, por ora, discutir até que ponto autobiográfica), na dupla qualidade de filho fazendeiro, formado aos valores irremissíveis do clã mineiro, e de poeta ou intelectual (no sentido amplo do termo), que deles se afasta pela cultura livresca; pelo desejo de inserção e participação no "tempo presente", nesse "formidável período que lhe foi dado viver", como diria o "poeta-público" dos anos 40; pela crítica acerba e o combate, enfim, às estruturas esclerosadas e persistentes da velha ordem oligárquica, mas onde, por contradição, se instala o clã dos Andrade, do qual ele é o rebento pródigo e ao mesmo tempo o herdeiro fiel. Da contrariedade dessa posição – que é, em suma, a do fazendeiro do ar, cujo retrato final será esboçado justamente na fase aqui examinada – decorre, assim, um sentimento de culpa que caminha por uma via de mão dupla: pelo modo como a consciência crítica do intelectual participante condena sua reincidência nos ritos e valores do clã mineiro, com tudo o que ele representa; pelo sentimento de traição dos valores familiares decorrente da própria condição de poeta e do desejo de participação e combate[21].

O conflito de que decorre a culpa tende a recrudescer ainda mais quando se lembram as já consideradas vias de inserção social oferecidas aos intelectuais com a implantação do Estado Novo (1937), através do fenômeno da "cooptação" examinado por Miceli[22]. Da relação entre esse fenômeno e a questão da culpa vivenciada (não só) por Drummond, já havia dado provas, muito antes, Mário de Andrade, na "Elegia de Abril",

---

21. A idéia do intelectual burguês como traidor de sua classe de origem foi uma das palavras de ordem nos anos 30, como bem demonstra Willi Bolle, ao tratar de alguns estudos benjaminianos dessa época, como "O autor como produtor" e "Sobre a atual posição social do escritor francês" que, aliás, termina com esta frase de Aragon: "Os escritores revolucionários de origem burguesa aparecem essencial e decididamente como traidores de sua classe de origem" (Willi Bolle, *Fisiognomia da Metrópole Moderna, op. cit.*, pp. 172-176).

22. *Intelectuais e Classes Dirigentes no Brasil, op. cit.*

Drummond: Da Rosa do Povo à Rosa das Trevas

onde, conforme vimos na primeira parte, admoestava severamente a intelectualidade daqueles anos "em que o Estado se preocupou de exigir do intelectual a sua integração no corpo de regime"[23].

A incorporação às hostes do funcionalismo público, é bem verdade, não implica, por si só, sujeição ou adesão aos objetivos e ideologia professados pelo Estado Novo. A esse propósito, já advertia Antonio Candido no prefácio ao livro de Miceli sobre o risco da identificação apressada entre "servir" e "vender-se ao" Estado, recorrendo justamente ao caso ilustrativo de Drummond, que, na qualidade de membro de destaque do gabinete Capanema, "serviu" ao Estado Novo, sem por isso "alienar a menor parcela de sua dignidade ou autonomia mental"[24]. Isso, decerto, não o eximiu do conflito decorrente dessa posição ambivalente experimentada, com maior ou menor grau de consciência, pelos intelectuais do período. Como bem notou Luciano Martins, tal ambivalência levou-os a uma "quase-esquizofrenia política", assim que se viram sitiados dentro de um Estado cujo autoritarismo condenavam[25]. Drummond, como quero supor aqui, foi um dos que dramatizaram a fundo o conflito resultante dessa cisão quase-esquizofrênica através do embate com uma culpa que o resgata por completo daquela atitude demissionária e conformista denunciada por Mário na lírica e na ficção do período – ou mesmo daquela "estética da acomodação" a que se referiria, anos depois, Roberto Schwarz, em percuciente estudo sobre o romance da urbanização de Cyro dos Anjos: *O Amanuense Belmiro*. O mesmo Cyro dos Anjos que Drum-

---

23. "Elegia de Abril", *op. cit.*, p. 197. Ver comentário no capítulo 2, parte I do presente estudo.

24. Além de Candido, outros como Carlos N. Coutinho e Pecáut (*op. cit.*) criticam a idéia de que a integração do intelectual ao aparelho do Estado implique, por si só, a "supressão da autonomia ideológica" ou a adoção de posições políticas reacionárias. Vale ainda citar aqui, dentre outras reservas, a de J. P. Paes (*op. cit.*), para quem as limitações da abordagem de Miceli se deve à natureza "sociológica" de uma análise "que se interessa quase exclusivamente pela biografia real do escritor, ficando fora do alcance de sua visada o imaginário da literatura propriamente dito", sendo justamente neste "que se traçam os nexos mais sutis, mais ricos de significado (bem mais ricos, em todo caso, do que as fontes autobiográficas privilegiadas no livro de Miceli) da obra de imaginação com a sua circunstância histórica".

25. Luciano Martins, "A Gênese de uma Intelligentsia: Os Intelectuais e a Política no Brasil, 1920-1940", *apud* Randal Johnson, *op. cit.*, p. 172.

Da Rosa das Trevas à Luz do Rosário

mond evocaria em uma de suas dedicatórias em verso de *Claro Enigma* incluída em *Viola de Bolso*:

> O poeta, com seu claro enigma,
> que nada tem de enigma – é claro –
> saúda em Cyro um paradigma
> de escritor diserto e preclaro.

Schwarz demonstra como o registro lírico, alternado à prosa ligeira e risonha de Ciro dos Anjos, traduz a perspectiva intermediária do filho de fazendeiro reduzido à condição de burocrata que – num contexto muito peculiar de transição entre o passado rural e o presente urbano, marcado menos por rupturas e conflitos e mais por prolongamentos do tradicional e o convívio com o moderno, visíveis sob a forma de privilégios e favores e nos inúmeros "inconciliáveis" elencados pelo ensaísta – é, a um só tempo, vítima (pela vida urbana de aperturas econômicas e de medíocre convívio social) e beneficiário (pela sinecura alcançada pela mão do deputado, privilégio pequeno mas evidente), "de modo que a sua gratidão deve ser melancólica, a sua crítica amena e sua posição incerta"[26].

Distante dessa postura conformada, alheia à contemporização, do amanuense, alcançada no romance através do registro lírico, Drummond abre a guarda do lírico para o dramático, a fim de encenar o confronto aberto de posições a que se furta Belmiro. Da estética da acomodação passa-se, assim, a uma *estética da violência* (elemento central da estética drummondiana, conforme vimos com Antonio Candido) para a qual contribuiu, em boa medida, o embate doloroso com um sentimento de culpa, cujas raízes históricas buscou-se assinalar aqui.

Nesse embate com uma culpa internalizada através de um superego dos mais severos, Drummond assumirá a um só tempo o papel de juiz e réu, vítima e carrasco, tal como o "Héautontimorouménos" ("O Carrasco de Si Mesmo") de Baudelaire, que para alguns intérpretes traduz muito da frustração com os sucessos da revolução de 1848. Mas, se para Baude-

---

26. Roberto Schwarz, "Sobre *O Amanuense Belmiro*", *O Pai de Família e Outros Ensaios*, São Paulo, Paz e Terra, 1978.

Drummond: Da Rosa do Povo à Rosa das Trevas

laire a culpa é decorrência da frustração com a revolução, em Drummond ela não decorre apenas da frustração política, visto que ela começa a aflorar na fase de mais intenso engajamento – como veremos a seguir. O que ocorre, na verdade, é uma mudança no modo de lidar com essa culpa. E é essa mudança que me interessa rastrear.

Da Rosa das Trevas à Luz do Rosário

6

DRUMMOND *HÉAUTONTIMOROUMÉNOS*: CULPA SOCIAL

> *Je suis la plaie et le couteau!*
> *Je suis la souflet et la joue!*
> *Je suis les membres et la roue,*
> *Et la victime et le bourreau!*
>
> CHARLES BAUDELAIRE,
> "L'Héautontimorouménos".

Uma vez determinadas as raízes históricas e sociais da culpa, cumpre observar que ela só começa a despontar na lírica drummondiana a partir de 40, através das várias manifestações diretas e indiretas de que tratou Antonio Candido sob o rótulo de "inquietudes". Nem poderia ser de outro modo, pois é só nesse momento, com a transferência definitiva de Drummond para o Rio, o ingresso no funcionalismo público, as exigências de participação e posicionamento político-ideológico do artista e intelectual motivadas pela hora presente e a opção por uma poesia de inspiração social, que se pode dar o confronto aberto das posições contraditórias de que redunda a culpa em questão.

Para acompanhá-la, desde suas primeiras manifestações (só algumas das mais evidentes), começo por lembrar Merquior, quando observa, a propósito do primeiro livro participante de Drummond, que o *sentimento do mundo* é, também, *sentimento de culpa*, respondendo pela autocrítica impiedosa marcante em vários momentos da coletânea de 1940[1]. O endosso dessa afirmação pode ser encontrado no poema de abertura, que dá título à coletânea e trata de precisar, já de saída, a posição e impressão dominante da subjetividade lírica no confronto com o espaço da grande cidade[2], fazendo avultar aí a condição geral de alienação[3]. A própria idéia da alienação, inclusive, também se encontra anunciada no título, se considerarmos que "sentimento" figura no sentido de indicar algo que é intuído ou pressentido, mas não apreendido em profundidade; algo, em suma, sobre o qual não se tem uma consciência totalmente clara. Daí o porquê de todo o poema parecer se construir em torno da idéia do *despertar da consciência*, que não é tematizado abertamente, mas encontra reforço na metáfora do *amanhecer* e, antes, na estranha referência ao momento do eu lírico se *levantar*, contida na terceira estrofe. O *despertar*, obviamente, remete ao momento ainda difuso – como na transição entre o sono e a vigília – da tomada de consciência do eu lírico em relação à nova realidade social com que se defronta. Esse despertar é experienciado como algo tardio e, por isso, com uma boa dose de *remorso*, que é exposta abertamente nos versos. O poeta participante, aliás, não busca ocultar nada àqueles a quem dirige o seu apelo solidário e é assim que trata, logo de saída, de expor suas limitações para a participação na luta social:

> Tenho apenas duas mãos
> e o sentimento do mundo,
> mas estou cheio de escravos,
> minhas lembranças escorrem
> e o corpo transige
> na confluência do amor.

1. José Guilherme Merquior, *op. cit.*, p. 39.
2. Não custa lembrar aqui que *Sentimento do Mundo* é o livro que registra o impacto da transferência definitiva de Drummond para o Rio de Janeiro.
3. Sobre o exame da *alienação* como conceito central que preside o livro de 40, ver John Gledson, *op. cit.*; e J. G. Merquior, *op. cit.*

Drummond: Da Rosa do Povo à Rosa das Trevas

Figurando como símbolo evidente de união e solidariedade, recorrente no restante da obra, as mãos são, juntamente com o sentimento do mundo, tudo de que dispõe o eu lírico para ofertar à guerra efetiva com que se depara. O limitado da oferta, que ele próprio é o primeiro a reconhecer, com um misto de humildade e vergonha, é ainda reforçado pelas lembranças de um passado que o subjugam e pelo modo como se mostra sensível ao apelos dos desejos da carne. Trata-se, portanto, de limitações decorrentes do confronto entre o anseio de participação social e o individualismo excessivo, que ele não busca esconder. O eu lírico parece assim querer demonstrar que ele possui mais uma *disposição* para luta do que uma contribuição efetiva a oferecer.

Ao despertar, segue, na estrofe seguinte, o já referido momento do *levantar-se*. Se o primeiro corresponde ao momento da tomada de consciência e de uma predisposição para a luta, o levantar representaria, ato contínuo, o primeiro movimento no sentido de um *agir* mais efetivo. Note-se entretanto que, além de situada num futuro, não se sabe se próximo ou distante, tal ação já é definida como demasiadamente tardia, posto que o mundo inteiro já se encontrará mergulhado num silêncio de morte:

> Quando me levantar, o céu
> estará morto e saqueado,
> eu mesmo estarei morto,
> morto o meu desejo, morto
> o pântano sem acordes.

O reconhecimento das limitações do eu, sua decisão e ação tardias ajudam a configurar, assim, o quadro de alienação, reforçado pela referência, na terceira estrofe, à sua condição de total despreparo para a luta, a ponto de não saber sequer da existência de uma guerra e, portanto, não dispor do básico para enfrentá-la. É o momento em que ele próprio tematiza abertamente sua alienação, dispersividade e condição de quem se reconhece *aquém* das fronteiras:

> Os camaradas não disseram
> que havia uma guerra
> e era necessário

Da Rosa das Trevas à Luz do Rosário

trazer fogo e alimento.
Sinto-me disperso,
anterior às fronteiras,
humildemente vos peço
que me perdoais.

Temos, assim, através do pedido de *perdão*, a primeira retratação da *culpa* (social) de alguém que por tanto tempo permaneceu alheio a tudo e despertou tarde demais para a luta, o que responde pela condição de isolamento a que se encontra relegado, de acordo com a estrofe final, depois de todas as pessoas que participaram e foram vítimas da luta desaparecerem ao amanhecer. Um amanhecer, paradoxalmente, "mais noite que a noite", com sua idéia de isolamento, separação e divisão:

Quando os corpos passarem,
eu ficarei sozinho
desfiando a recordação
do sineiro, da viúva e do microscopista
que habitavam a barraca
e não foram encontrados
ao amanhecer

esse amanhecer
mais noite que a noite.

A condição de dispersão, de quem se sente "anterior às fronteiras", retratada em "Sentimento do Mundo" encontrará (não por acaso) sua justificativa histórica e social no poema imediatamente seguinte: "Confidência do Itabirano". Nele, a alienação, tomada em sentido amplo – "o alheamento de tudo o que na vida é porosidade e comunicação" –, é vista como decorrência da origem geográfica e social de uma subjetividade lírica cuja trajetória é marcada pela experiência da perda de *status* social –

tive fazenda, tive ouro, tive gado
hoje sou funcionário público

– que, todavia, não abole a lembrança e a força atuante de um passado que o atordoa sob a forma de um retrato –

Drummond: Da Rosa do Povo à Rosa das Trevas

Itabira é apenas um retrato na parede
mas como dói.

– e que determina indelevelmente o seu modo de ser (como bem demonstram as estrofes iniciais do poema).

A perda de *status*, se implica depauperização, não chega a igualar o filho de fazendeiro ao nível daqueles a quem dirige seu apelo solidário, seja o operário, o habitante do morro ou do subúrbio. A distância social persiste e é da consciência de sua insuperabilidade – portanto da impossibilidade de identificação integral – que redunda a culpa social. A grandeza e permanência da poesia social de Drummond – como já se observou na primeira parte do livro – reside justamente no empenho solidário sem contudo ofuscar a consciência dessa distância social em favor da atitude paternalista ou populista. Essa consciência ganhará sua expressão mais característica, em *Sentimento do Mundo*, no poema em prosa dedicado a "O Operário no Mar". Nele, a *distância social* assume especial relevo, sendo materializada *espacialmente* pela demarcação dos *lugares* de onde fala o eu lírico e onde se localiza o operário: o primeiro posto ao abrigo do tempo, confortavelmente instalado num interior de onde observa, através da janela, o segundo, que passa pela rua em direção ao mar, exposto obviamente às intempéries e ameaças do mundo exterior[4].

Primando em demarcar a consciência dessa *distância* que o separa do operário, sem com isso abrir mão de seu empenho solidário, Drummond furta-se da ingenuidade panfletária e populista da literatura de esquerda radical, como já se observou. Pode-se mesmo dizer que o poema em questão constrói-se à custa da *desconstrução* desse discurso panfletário, como se vê já na abertura, onde o eu se ocupa de desvencilhar o operário do empecilho das vestes com que o recobriu a literatura e o discurso políticos:

---

4. A "dialética do exterior e do interior" – para empregar com outra intenção uma expressão cara a Bachelard – é, aliás, uma constante no livro de 40, como forma de demarcação da distância social – basta pensar em "Privilégio do Mar". A importância conferida ao espaço nessa fase da obra é examinada em outra perspectiva por John Gledson, *op. cit.*

Da Rosa das Trevas à Luz do Rosário

Na rua vai um operário. Como vai firme! Não tem blusa. No conto, no drama, no discurso político, a dor do operário está na sua blusa azul, de pano grosso, nas mãos grossas, nos pés enormes, nos desconfortos enormes. Esse é um homem comum, apenas mais escuro que os outros, e com uma significação estranha no corpo, que carrega desígnios e secretos.

O desnudamento, como se vê, é tomado no sentido literal e figurado: ao mesmo tempo que despe o operário da blusa de pano azul e grosseiro, liberta-o do peso da convenção e do apelo populista que reside exatamente nas vestes. Ao que tudo indica, Drummond tem em mira aqui menos o discurso populista oficial (getulista) do que propriamente os discursos de oposição ou de esquerda veiculados pela literatura mais engajada – não é à toa que ele fala em conto e drama. E do mesmo modo com que o despe das vestes populistas, o poeta devolve a figura do operário às proporções naturais, retirando a ênfase na deformação dos membros que, em geral, estão associados à idéia de trabalho. Ainda aqui, é certo, Drummond parece ter em mente certa tendência apelativa da literatura e da arte de cunho mais participante. Basta lembrar que, pela época, um aspecto significativo da pintura social de um Portinari – a quem, entretanto, o poeta dedica um dos poemas de *Sentimento do Mundo* – estava na *deformação expressionista* da "mão como símbolo da força do trabalhador" e do "pé solidamente plantado no chão, marcando a ligação visceral do trabalhador com o solo"[5], como se pode notar em telas como *Café*. Além disso, é na figura do *negro* que se encarnará a representação mais acabada do trabalhor e, nesse ponto, é certo, Drummond não chega a se afastar de todo, pois define seu operário como um homem comum, apenas "mais escuro que os outros"[6].

5. O exame dessas representações e deformações expressionistas do trabalhador, à luz da teoria marxista da alienação, é feito por Annateresa Fabris, *Portinari, Pintor Social*, São Paulo, Perspectiva/Edusp, 1990, p. 95.
6. Sobre a identificação do negro com o proletário na pintura social de Portinari, Fabris apresenta a seguinte justificativa: "O preto é o elemento que melhor se presta à identificação com o proletário, pois, além de ser marginalizado socialmente, é o que passou pelo estado escravagista de forma direta. A escravidão direta do negro é uma forma de denunciar a escravidão disfarçada do trabalhador, alienado dos meios de produção e dos frutos de seu trabalho. Escolhendo o negro como símbolo ideológico, Portinari põe a nu a

Drummond: Da Rosa do Povo à Rosa das Trevas

Note-se ainda, no fragmento acima, que o desnudamento do operário das vestes da convenção populista não basta para *desvelá-lo* completamente aos olhos do seu observador, visto trazer "uma significação estranha no corpo, que carrega desígnios e segredos". Ele permanece, assim, um *enigma* para o eu lírico, talvez justamente porque este o vê de *longe*, de uma *perspectiva distanciada*, o que vale dizer, de um outro *lugar* social. E assim como a figura do operário permanece um segredo para o sujeito lírico, este desconhece também o lugar para onde aquele se dirige:

> Para onde vai ele, pisando assim tão firme? Não sei. A fábrica ficou lá atrás. Adiante é só o campo, com algumas árvores, o grande anúncio de gasolina americana e os fios, os fios, os fios. O operário não lhe sobra tempo de perceber que eles levam e trazem mensagens, que contam da Rússia, do Araguaia, dos Estados Unidos. Não ouve, na Câmara dos Deputados, o líder oposicionista vociferando. Caminha no campo e apenas repara que ali corre água, que mais adiante faz calor. Para onde vai o operário? Teria vergonha de chamá-lo meu irmão. Ele sabe que não é, nunca foi meu irmão, que não nos entenderemos nunca. E me despreza... Ou talvez seja eu próprio que me despreze a seus olhos. Tenho vergonha e vontade de encará-lo: uma fascinação quase me obriga a pular a janela, a cair em frente dele, sustar-lhe a marcha, pelo menos implorar-lhe que suste a marcha.

O operário se afasta do local de trabalho (fábrica) para um ambiente natural (campo), o que, num outro nível, acompanha o movimento descrito pelo poema ao devolver o operário às condições e proporções *naturais* dos demais homens. No campo, é visível a desproporção entre o "grande" anúncio de gasolina americana e a quantidade excessiva de "fios, fios, fios", que passam a integrar *naturalmente* a paisagem a ponto de dominá-la mais do que as próprias árvores que se escasseiam (são só "algumas"). O operário que para aí se dirige permanece alheio tanto ao domínio massivo do capital internacional, quanto às notícias e ideologias veiculadas por toda essa rede de comunicação, do mesmo modo como

aliança capital/trabalho, propugnada pelo populismo, ao demonstrar a contradição entre o caráter social do trabalho e propriedade privada dos meios de produção. O trabalhador, como o escravo, trabalha porque é obrigado a fazê-lo, premido pela sobrevivência e não para satisfazer uma necessidade intrínseca, para moldar o mundo criativamente" (*idem*, p. 126).

Da Rosa das Trevas à Luz do Rosário

ignora a discussão política do líder oposicionista na Câmara de Deputados – limitando-se à constatação ingênua de que "ali corre água, que mais adiante faz calor". Assim, embora Drummond confira uma atitude decidida ao seu operário (visto o modo como ele *pisa firme* enquanto caminha para o campo), não deixa de reconhecer a alienação em que ele se encontra imerso. Talvez por isso indague mais de uma vez: "para onde vai ele, pisando assim tão firme"... "Para onde vai o operário?" Indagação que parece referir-se aqui menos a um lugar geográfico específico e mais ao *destino social* do operário como classe, tendo em vista sua condição alienada.

É nesse momento em que indaga pelo destino do operário que sente o impulso de se irmanar a este, de saltar pela janela e deter-lhe o passo, mas reconhece de imediato a distância, pontuada de desconfiança, que os separa. É a *culpa* de classe que aflora aqui sob a forma de *vergonha* e de um suposto *desprezo* que o eu reconhece partir talvez mais dele próprio, "aos olhos do operário", do que efetivamente da parte deste. Que esse desprezo seja uma projeção sua, na verdade um *autodesprezo* motivado pela *culpa*, parece comprová-lo o fato de que o operário, longe de qualquer gesto inamistoso ou hostil, dirige-lhe, ao contrário, um "sorriso úmido", no momento em que segue milagrosamente caminhando (qual santo, embora destituído de qualquer santidade) no mar (símbolo de instabilidade, relativa, talvez, ao destino incerto do operário) "que se acovardou e o deixou passar". Será esse sorriso, aliás, o "único e precário agente de ligação" entre ambos com a chegada da noite, vista pelo seu potencial de isolamento e separação – como é freqüente em toda a poesia dessa fase, segundo assinalou Gledson. Atravessando todos os obstáculos que os separa (formações salinas, fortalezas da costa, medusas), esse sorriso, diz o eu lírico, por fim, "vem beijar-me o rosto, trazer-me uma esperança de compreensão. Sim, quem sabe um dia o compreenderei?" É possível que esse sorriso seja ainda a projeção de um sentimento, de um desejo do eu, que se manifesta, quem sabe, oniricamente. E, de fato, a partir do momento em que o operário ingressa no mar, o poema em prosa adquire uma feição fantástica, surreal, pelos prodígios que descreve. Mas, ainda que assim seja, esse sorriso de esperança e compreensão assinala que Drummond não desacreditava de todo na possibilidade futura de suplantar a distância que o separa do operário.

A crença irá se intensificar no livro seguinte, *José* (1944), em um dos poemas em que a culpa social ou de classe ganhará uma de suas expressões mais características, com a "autocastração punitiva"[7] de "Mão Suja":

Minha mão está suja.
Preciso cortá-la.
Não adianta lavar.
A água está podre.
Nem ensaboar.
O sabão é ruim.
A mão está suja,
suja há muitos anos.

Note-se que essa "mão-consciência", como diria Antonio Candido, está "suja há muitos anos", o que vale dizer que a *culpa* (=*sujeira*) é um sentimento antigo, adensado com o tempo a ponto de se tornar irremovível ("não adianta lavar"), visto que chegou a contaminar até mesmo aquilo que, a princípio, deveria servir para removê-la (a "água está podre" e o "sabão é ruim"). Sabendo, assim, há muito de seu sentimento, a primeira atitude do eu foi a de ocultar essa culpa:

A princípio oculta
no bolso da calça,
quem o saberia?
Gente me chamava
na ponta do gesto.
Eu seguia, duro.
A mão escondida
no corpo espalhava
seu escuro rastro.
E vi que era igual
usá-la ou guardá-la.
O nojo era um só.

---

7. Cf. Antonio Candido. "Inquietudes na Poesia de Drummond", *op. cit.*

Da Rosa das Trevas à Luz do Rosário

Ai, quantas noites
no fundo da casa
lavei essa mão,
poli-a, escovei-a.
Cristal ou diamante,
por maior contraste,
quisera torná-la,
ou mesmo, por fim,
uma simples mão branca,
mão limpa de homem,
que se pode pegar
e levar à boca
ou prender à nossa
num desses momentos
em que dois se confessam
sem dizer palavra...
A mão incurável
abre dedos sujos.

Mas, como se vê, a solução resultou inútil e – a despeito de todo empenho obsessivo em lavar, polir e escovar a mão às escondidas, a fim de torná-la digna de ser ofertada a outrem, num gesto amoroso – a sujeira ("incurável", como uma doença) tendeu a se alastrar ainda mais, espalhando seu rastro escuro pelo corpo. A vergonha que dela decorre acaba por constranger a espontaneidade dos gestos mais naturais, pois o corpo todo se retesa no intuito de ocultá-la.

Na seqüência dos versos, o eu tratará de explicitar ainda mais o significado *metafórico* dessa sujeira, ao contrapô-la a uma sujeira *literal*:

E era um sujo vil,
não sujo de terra,
sujo de carvão,
casca de ferida,
suor na camisa
de quem trabalhou.
Era um triste sujo
feito de doença
e de mortal desgosto
na pele enfarada.
Não era sujo preto

Drummond: Da Rosa do Povo à Rosa das Trevas

– o preto tão puro
numa coisa branca.
Era sujo pardo,
pardo, tardo, cardo.

Tomada em sentido literal, a sujeira não é algo de que se envergonhar. Ao contrário, o "sujo de terra, / sujo de carvão, / casca de ferida, / suor na camisa" é antes dignificante, porque signo "de quem trabalhou". Em contraponto, a sujeira irremovível do eu lírico evidencia-se em seu sentido moral, porque "vil", "triste", feita "de doença e de mortal desgosto na pele enfarada". Se essa sujeira moral, encarnando a culpa, é antiga, é porque se prende à sua condição social de origem. Se buscou, a princípio, ocultá-la e, em seguida, lavá-la às escondidas, é porque ele se furtou durante um bom tempo a encarar de frente o conflito decorrente de sua posição social, embora já demonstrasse ter consciência dele. Com sua tomada de posição nos anos 40, há de se haver explicitamente com esse conflito, com a sujeira inerente à própria pele, que, impossível de ser removida (porque ligada a sua origem social), levará à solução drástica e sacrificial descrita nos derradeiros versos do poema:

Inútil reter
a ignóbil mão suja
posta sobre a mesa.
Depressa, cortá-la,
fazê-la em pedaços
e jogá-la ao mar!
Com o tempo, a esperança
e seus maquinismos,
outra mão virá
pura – transparente –
colar-se a meu braço.

Diante da impossibilidade de livrar-se da sujeira da mão, já agora *exposta* sobre a mesa (do mesmo modo como o eu *expõe* publicamente sua culpa através dos versos que essa mesma mão escreve), o melhor é cortá-la depressa e lançá-la ao mar, na *esperança* de que, *com o tempo*, venha colar-se ao corpo uma nova mão, mais *limpa* e digna de ser ofertada

Da Rosa das Trevas à Luz do Rosário

ao outro num gesto solidário. Ora, o que garante essa *esperança* (e seus *maquinismos*) é o ideal social acalentado nos anos 40, que ameniza e justifica o sacrifício impingido com a autocastração punitiva da *main sale*.

A mesma força apaziguadora da culpa através da castração punitiva encontrar-se-ia no "Movimento de Espada" do irmão vingador a lhe decepar o braço, que jaz por fim molhado em rubro, num dos poemas de *A Rosa do Povo*:

Estamos quites, irmão vingador.
Desceu a espada
e cortou o braço.
Cá está ele, molhado em rubro.
Dói o ombro, mas sobre o ombro
tua justiça resplandece.

Já podes sorrir, tua boca
moldar-se em beijo de amor.
Beijo-te, irmão, minha dívida
está paga.
Fizemos as contas, estamos alegres.
Tua lâmina corta, mas é doce,
a carne sente, mas limpa-se.
O sol eterno brilha de novo
e seca a ferida.

Mutilado, mas quanto movimento
em mim procura ordem.
O que perdi se multiplica
e uma pobreza feita de pérolas
salva o tempo, resgata a noite.
Irmão, saber que és irmão,
na carne como nos domingos.

Rolaremos juntos pelo mar...
Agasalhado em tua vingança,
puro e imparcial como um cadáver que o ar embalsamasse,
serei carga jogada às ondas,
mas as ondas, também elas, secam,
e o sol brilha sempre.

Drummond: Da Rosa do Povo à Rosa das Trevas

Sobre minha mesa, sobre minha cova, como brilha o sol!
Obrigado, irmão, pelo sol que me deste,
na aparência roubando-o.
Já não posso classificar os bens preciosos.
Tudo é precioso...

        e tranqüilo
como olhos guardados nas pálpebras.

Na segunda dissertação sobre a *Genealogia da Moral*, Nietzsche trata de observar "que o grande conceito moral de 'culpa' teve origem no conceito muito material de 'dívida'"[8] – lembrando-se aqui que, em alemão, a palavra é a mesma (*Schuld*). Observa ainda, com relação à idéia de castigo, que a *equivalência* – vigente durante o mais largo período da existência humana – entre *dano* e *dor* (sendo esta impingida ao causador daquele, como forma de compensação) encontra seu fundamento "na relação contratual entre credor e devedor, que é tão velha quanto a existência de 'pessoas jurídicas', e que por sua vez remete às formas básicas de compra, venda, troca e tráfico"[9]. Tais observações encontram plena vigência nos versos acima, dado o modo como Drummond, primeiramente, enfatiza a relação de culpa com o irmão vingador em termos de dívida. Ou melhor, em termos de *cumprimento da dívida* ("estamos quites"; "minha dívida está paga"; "fizemos as contas"), visto que o castigo já foi impingido e justamente através do sofrimento causado pela decepação do braço. Mas a perda se faz ganho, como revelam vários versos que assinalam a idéia de compensação:

Dói o ombro, mas sobre o ombro
tua justiça resplandece.

A lâmina corta, mas é doce,
a carne sente, mas limpa-se.

O que perdi se multiplica
e uma pobreza feita de pérolas

8. Friedrich Nietzsche, "Segunda Dissertação: 'Culpa', 'Má Consciência' e Coisas Afins", *Genealogia da Moral*, São Paulo, Brasiliense, 1988, p. 64.
9. *Idem*, p. 65.

Da Rosa das Trevas à Luz do Rosário

salva o tempo, resgata a noite.
Obrigado, irmão, pelo sol que me deste,
na aparência roubando-o.

Por força da mutilação justiceira, a desconfiança que impedia "O Operário no Mar" de ver e ser visto pelo poeta como um "irmão" é agora suplantada: o poeta pode, assim, referir-se reiteradas vezes ao *outro, vingador*, na qualidade de *irmão*. A boca do "Operário no Mar", que ao final do poema esboçava um leve sorriso de esperança, pode agora abrir-se em riso largo e até moldar um beijo de amor. O próprio mar, que era, no poema em prosa, o domínio instável em que se instalava, isoladamente, o operário, enquanto o poeta permanecia em terra firme, é agora o domínio onde se dá o congraçamento do eu e de seu "irmão vingador", rolando, ambos, em suas águas. A mutilação justiceira garante, assim, a *amenização* do sentimento de culpa, evidenciada ainda mais pelo "tranqüilo", que ganha, inclusive, posição de destaque no final do poema, isolado num só verso, com a analogia estabelecida com os olhos guardados nas pálpebras, indicando sono ou morte:

Tudo é precioso...
> e *tranqüilo*
como olhos guardados nas pálpebras.

Ora é justamente esse poder de amenização ou apaziguamento da culpa que se perde na passagem para Claro Enigma. O poema que melhor sinaliza essa mudança é, sem dúvida, "Confissão":

Não amei bastante meu semelhante,
não catei o verme nem curei a sarna.
Só proferi algumas palavras,
melodiosas, tarde, ao voltar da festa.

Dei sem dar e beijei sem beijo.
(Cego é talvez quem esconde os olhos
embaixo do catre.) E na meia-luz
tesouros fanam-se, os mais excelentes.

Drummond: Da Rosa do Povo à Rosa das Trevas

Do que restou, como compor um homem
e tudo que ele implica de suave,
de concordâncias vegetais, murmúrios
de riso, entrega, amor e piedade?

Não amei bastante sequer a mim mesmo,
contudo próximo. Não amei ninguém.
Salvo aquele pássaro – vinha azul e doido –
que se esfacelou na asa do avião.

Como se vê, o *penitente* começa por confessar sua infração ao segundo grande mandamento sagrado, de acordo com Matheus 22:39 ("Amarás o teu próximo como a ti mesmo"), ao que segue, e se relaciona, sua omissão diante do mais prosaico sofrimento alheio: "não catei o verme nem curei a sarna". O sentimento de culpa que motiva a confissão decorre justamente do contraste entre a eficácia e o benefício imediatos de gestos solidários como esses a que se furta o eu lírico e o que ele praticou de efetivo:

Só proferi algumas palavras,
melodiosas, tarde, ao sair da festa.

A "festa", com tudo o que sugere em termos de alegria e diversão, visa assinalar a condição de descompromisso e alheamento em que vivia o eu lírico em relação ao sofrimento do próximo. É só "ao voltar da festa" que ele chegará a "proferir" – lembrando que o verbo significa tanto *dizer em voz alta* quanto *publicar* – "algumas palavras", referência segura à própria poesia, tanto mais por serem qualificadas como "melodiosas" (termo que não esconde, por outro lado, certa conotação pejorativa ligada ao desmerecimento da arte lírica). Não se sabe ao certo se elas tratam do sofrimento mencionado nos versos anteriores, como se o eu lírico, ao sair da festa, abandonasse esse estado de alheamento em que se encontrava e tomasse consciência dessa realidade, buscando assim se pronunciar a respeito. Seja como for, a intenção é muito mais a de frisar a impotência das "palavras melodiosas" diante de sofrimento alheio, tratem elas ou não dessa realidade. Além do que, note-se que elas parecem ser pronunciadas *fora de hora*, dada a ambiguidade do advérbio "tarde"

Da Rosa das Trevas à Luz do Rosário

isolado entre vírgulas, que tanto pode indicar o avançado da hora em que o eu sai da festa, quanto a demora ou atraso de seu pronunciamento, reforçando ainda mais a inutilidade das mesmas. A interposição de vírgulas, isolando tanto "tarde" quanto "melodiosas", na medida em que *retarda* o andamento do verso, parece mesmo querer reiterar ainda mais essa idéia de *demora*, *atraso*. Ora, uma constante da lírica social de Drummond é o sentimento de quem chegou *fora de hora* ou *tarde demais*, como se viu a propósito de "Sentimento do Mundo", o que torna a hipótese acima ainda mais viável.

Obviamente, Drummond sabe que a poesia nunca poderá interceder de forma direta na realidade. Se ele busca contrastá-la aqui com ações efetivas é justamente para assinalar a consciência do "caráter de culpabilidade" irreparavelmente ligado a toda atividade artística, nos termos em que a define Adorno, "como luxo e privilégio de classe". Para o filósofo alemão, caberia às obras individuais, no processo artístico,

[...] engajar essa sensação universal de culpa, enfrentá-la com acuidade dilaceradora, trazê-la à consciência na forma de uma contradição insolúvel. As obras individuais de arte não podem jamais resolver essa contradição; mas podem recobrir-se de uma certa autenticidade incluindo-a como conteúdo e matéria-prima, como aquilo que a obra de arte individual precisa estar sempre enfrentando de novo, em toda sua virulência. Nesse sentido, a culpa da qual todas as obras de arte estão impregnadas será uma das mediações por meio das quais a obra que de outro modo seria monádica se relaciona de maneira profunda e interna com a ordem social que de outro modo seria externa [...][10].

Drummond atinou profundamente com a verdade dessas palavras, pois, como temos acompanhado aqui, desde a fase social de sua poesia, pelo menos, a culpa torna-se matéria recorrente como força propulsora das inquietudes denunciadas por Candido. Força da qual só acompanhamos as manifestações mais evidentes, desconsiderando a sua presença mais sorrateira em outros momentos. Tal como na estética adorniana, segundo Jameson, a culpa é também um "baixo contínuo que ressoa in-

---

10. Cf. F. Jameson, *O Marxismo Tardio: Adorno, ou a Persistência da Dialética*, São Paulo, Unesp/Boitempo, 1997, p. 173 (ver todo cap. 2, "A Culpa da Arte", da Parte II).

Drummond: Da Rosa do Povo à Rosa das Trevas

cessantemente" na obra de Drummond, "mesmo onde suas vibrações tornaram-se uma virtual segunda natureza de nossos sentidos, de modo que, vez por outra, não mais o ouvimos conscientemente"[11]. Ela é também, de acordo com a concepção adorniana, uma forma de mediação por meio da qual a obra internaliza o conflito decorrente da posição social do artista, cuja particularidade, no caso do nosso *fazendeiro do ar,* ficou assinalada atrás, ao tratarmos das raízes históricas da culpa.

Se, na fase social de sua lírica, a culpa, embora exposta em toda sua virulência e dilaceramento, ainda podia contar com algum conforto advindo do próprio engajamento, conforme vimos através da autocastração redentora de "Mão Suja" e "Movimento de Espada", na fase de "Confissão", obviamente em decorrência da frustração do empenho participante, o que se perde é justamente esse poder de redenção pela poesia. Mais do que nunca, a culpa aflora aqui como uma contradição insolúvel, ligada ao desmerecimento da própria poesia. Embora Drummond tivesse sempre nutrido uma grande desconfiança com relação ao alcance de participação social da palavra poética – inclusive na fase de engajamento, como temos repetido diversas vezes –, esse total desmerecimento para com a poesia só se justifica num momento de frustração absoluta para com o empenho participante.

Mas o desmerecimento não se limita apenas à poesia, ou, melhor, às "palavras melodiosas" proferidas pelo eu ao sair da festa. Ele se estende a todo e qualquer gesto que dele parta em direção ao outro. É o que se vê na 2ª estrofe, que denuncia o vazio de intenções ou a falta de convicção nos gestos de entrega e afeto do eu dirigidos ao outro: "dei sem dar e beijei sem beijo". O paradoxo diz assim do gesto que é pura aparência, convenção em que o eu não se coloca ou se doa por inteiro.

O penitente, como se vê, não busca poupar-se um mínimo que seja. Se "cego é talvez quem esconde os olhos embaixo do catre" (espécie de variante do famoso dito "o pior cego é aquele que não quer ver"), deixando assim os mais excelentes tesouros fanarem-se à meia-luz, o eu lírico, ao contrário, não hesita em *se ver* e se mostrar, impiedosamen-

---

11. *Idem, ibidem.*

Da Rosa das Trevas à Luz do Rosário

te, carregando nas tintas de sua mesquinhez. Ao menos pode preservar outras coisas caras, como a dignidade em assumir e expor seus erros com tanta coragem. Nisso faz justiça ao significado maior de toda confissão, segundo Paul de Man:

> Confessar é superar a culpa e a vergonha em nome da verdade: é um uso epistemológico da linguagem, no qual os valores éticos de bem e mal são sobrepujados por valores de verdade e falsidade, uma das implicações sendo a de que vícios como a concupiscência, a inveja, a cobiça e outros são vícios principalmente porque nos obrigam a mentir. Afirmando as coisas como elas são, a economia do equilíbrio ético é restaurada e a redenção pode-se iniciar na atmosfera desanuviada de uma verdade que não hesita em revelar o crime em todo o seu horror[12].

É ainda o mesmo crítico quem, entretanto, adverte sobre um risco que pode pôr a perder todo ato (ou texto) confessional, que é a pretensão ou o intuito de *des-culpar* o confessor:

> A única coisa que temos de temer na desculpa é que ela de fato irá des-culpar o confessor, tornando assim a confissão (e o texto confessional) redundante no momento em que se origina. *Qui s'accuse s'excuse*; essa frase soa bastante convincente e conveniente, mas, em termos de uma verdade absoluta, arruína a seriedade de qualquer discurso confessional, tornando-o autodestrutivo. Uma vez que a confissão não é uma reparação no terreno da justiça prática, mas existe apenas como um enunciado verbal, como então podemos saber se estamos de fato lidando com uma confissão *verdadeira*, já que o reconhecimento da culpa implica a sua eliminação, em nome do mesmo princípio transcendental de verdade que autorizou a certeza da culpa em primeiro lugar?[13]

Ao contrário da confissão de um Rousseau, por exemplo, que serve de base para a teorização de de Man, a de Drummond não parece fornecer o menor indício de uma pretensa desculpa. Quer muito mais acusar-se sem, com isso, escusar-se de nada. Se, em "Sentimento do Mundo", o aflorar da culpa leva, de imediato, ao pedido humilde de perdão pela alienação e o despreparo do eu lírico; se em "O Operário no Mar" há o sorriso deste, lançado à distância, como uma esperança de compreensão futura; se a

---

12. Paul de Man, "Desculpas (*Confissões*)", *Alegorias da Leitura: Linguagem Figurativa em Rousseau, Nietzsche, Rilke e Proust*, Rio de Janeiro, Imago, 1996, p. 312.
13. *Idem*, p. 313.

Drummond: Da Rosa do Povo à Rosa das Trevas

mesma esperança reafirma-se através da autocastração redentora de "Mão Suja"; e se, em "Movimento de Espada", a mutilação justiceira chega a alcançar o perdão que permite o congraçamento com o irmão vingador; em "Confissão", nenhuma possibilidade de escusa segue à contrição.

Confessar-se abertamente nesses termos já é uma forma de punição, para a qual, entretanto, não há perdão. E se assim ocorre, é porque o *desamor* não se refere apenas ao outro mas, antes de tudo, a si próprio. O confidente levou ao limite a desobediência ao mandamento em questão, ao afirmar, na derradeira estrofe: "Não amei sequer a mim mesmo, contudo próximo. Não amei ninguém". As implicações desses versos podem ser encontradas em um poeta bem caro ao Drummond dos anos 50: Valéry, que, em um dos aforismos de *Choses Tues* (*Tel Quel I*), lança esta tirada *mortal* (fazendo jus ao título), que muito se aplica a "Confissão": "Pois se o eu resulta odioso, amar ao próximo *como a si mesmo* converte-se em uma ironia atroz"[14].

Incapaz de amar o "próximo", só uma coisa escapou de seu total desamor: o "pássaro azul e doido", flagrado em pleno vôo, como símbolo do ideal "distante". Ideal de liberdade (como o acalentado outrora, nos idos de 40), que entretanto se choca e se esfalece contra a realidade (realidade da técnica, encarnada pelo pássaro mecânico), encerrando, assim, a confissão em clave de amarga, de atroz ironia.

14. Paul Valéry, "Cosas Calladas", *Tel Quel 1: Cosas Calladas. Moralidades. Literatura. Cuaderno B 1910*, trad. Nicanor Ancochea, Barcelona, Editorial Labor, 1977, p. 33.

Da Rosa das Trevas à Luz do Rosário

7

NO TRIBUNAL DO CLÃ MINEIRO: CULPA FAMILIAR

Da culpa social passo à familiar, que já despontava na lírica dos anos 40 de forma mais ou menos explícita, como, por exemplo, em "um certo remorso de Goiás" a assolar o eu lírico no espaço claustrofóbico do "Edifício Esplendor", fazendo evocar, por contraste, a amplidão dos cômodos da casa paterna. Ou ainda, no hamletiano "Viagem na Família", onde a culpa parece responder pelo silêncio ressentido do fantasma paterno diante dos insistentes apelos e indagações do filho que, ao fim e ao cabo, sente-se, entretanto, perdoado por ele. Essa possibilidade de perdão seria impensável em *Claro Enigma*, onde a culpa familiar recrudesce a ponto de se afigurar, tal como a social, irremissível.

À culpa experimentada como produto do afastamento ou da negação dos desígnios e valores do clã mineiro soma-se agora a consciência de que é ilusória toda tentativa de se desvencilhar deles, visto agirem em cadeia, naturalizados em tara congênita. Não é apenas a idéia de que os antepassados, embora mortos, vivem em nós, independente de nossa vontade, como atestam os versos de abertura da seção dedicada ao tema ("Lábios Cerrados"), mas também a de que nossas ações e nosso destino são traçados por eles, mesmo quando nos acreditamos o mais afastados deles. Os versos que melhor traduzem esse sentimento em *Claro Enigma* são os do excepcional "Os Bens e o Sangue", definido, certa vez, por Lúcio Cardoso como o maior poema já lido em sua vida "desse raro exemplar de falta de calor humano que se chama Carlos Drummond de Andrade"[1].

O poema – que já traz no título um índice significativo de naturalização associado à ação do passado familiar: o *sangue* – é uma espécie de condensação das tendências trágicas disseminadas na obra de Drummond. É onde elas se mostram em toda sua evidência. Daí a importância que assume no conjunto. Sant'Anna já o havia nomeado como o "Auto do *Gauche*", atentando assim para suas virtualidades dramáticas, mas foi Marlene de Castro Correia quem examinou detidamente os vínculos existentes entre o poema e a estilização do gênero trágico. Diante dessa análise, pouco haveria a acrescentar a respeito de tais vínculos, como chave de interpretação do poema. Há, todavia, um aspecto não abordado que eu gostaria de enfatizar, ao lado de outro, relativo ao contexto histórico-social a que se reportam os versos, para depois articulá-los, ao final da análise.

O primeiro aspecto prende-se à *origem* mesma da tragédia, sendo, deliberadamente ou não, como que *reatualizado* nos versos de Drummond. Refiro-me ao vínculo original existente entre a *tragédia* e o *direito* ou os *autos processuais*, definido por Vernant e Vidal-Naquet nos seguintes termos:

> A verdadeira matéria da tragédia é pensamento social próprio da cidade, especialmente o pensamento jurídico em pleno trabalho de elaboração. A presença de um vocabulário técnico de direito nas obras dos trágicos sublinha as afinidades entre os temas prediletos da tragédia e certos casos sujeitos à competência dos tribunais, tribunais esses cuja instituição é bastante recente para que seja ainda profundamente sentida a novidade dos valores que comandaram sua fundação e regulam seu funcionamento. Os poetas trágicos utilizam esse vocabulário do direito jogando deliberadamente com suas incertezas, com suas flutuações, com sua falta de acabamento [...] O que a tragédia mostra é uma *díkē* em luta contra uma outra *díkē*, um direito que não está fixado, que se desloca e se transforma em seu contrário. A tragédia, bem entendido, é algo muito diferente de um debate jurídico. Toma como objeto o homem que em si próprio vive esse

---

1. É o próprio Drummond quem registra esse comentário de Lúcio Cardoso em seu diário íntimo (*O Observador no Escritório, op. cit.*, p. 140).

Drummond: Da Rosa do Povo à Rosa das Trevas

debate, que é coagido a fazer uma escolha definitiva, a orientar sua ação num universo de valores ambíguos onde jamais algo é estável e unívoco[2].

No estudo sobre o drama barroco, Benjamin também se ocupa dessa vinculação original, observando que as leis e o processo judicial surgiram na Hélade com o intuito de extirpar a vingança de sangue e a justiça pelas próprias mãos. Mas, uma vez extirpadas, o processo não se fez, de imediato, uma forma de recorrer à decisão judicial e sim um "procedimento de reconciliação", cujo objetivo maior era levar o ofendido à renúncia da vingança. Para isso, a prova e o veredito assumiram grande importância, de modo a "provocar impacto também junto aos perdedores". Isso fazia do direito antigo (notadamente o penal) um

[...] diálogo entre réus e acusadores, que tem seu coro, em parte no júri [...], em parte pela mobilização dos companheiros do réu, que imploram misericórdia, e em parte, finalmente, pela assembléia popular, dotada de funções judiciais[3].

No direito ateniense, o importante passa a ser "o transe dionisíaco, o fato de que a palavra ébria e extática podia romper o perímetro regular do *agon*, de que da força persuasiva do discurso vivo podia irromper uma justiça mais alta que a confrontação dos clãs opostos, lutando com armas ou com fórmulas verbais estereotipadas". E nisso reside a principal afinidade, segundo o filósofo, entre o processo judicial e a tragédia ateniense:

A liberdade põe em questão o julgamento pelas armas, através do *logos*. Esta é a afinidade profunda entre o processo judicial e a tragédia ateniense. A palavra do herói, quando ela rompe, ocasionalmente, a armadura do Ego, converte-se em grito de indignação. A tragédia assimila a imagem do processo judicial; também nela ocorre um julgamento visando a conciliação. Daí por que em Sófocles e Eurípides os heróis "não falam ... mas meramente debatem", daí por que "na dramaturgia antiga não há cenas de amor". Mas se no espírito do poeta o mito é o julgamento, sua obra é ao mesmo tempo uma reprodução e uma revisão do processo. E esse processo desenvolveu-se, na íntegra, na dimensão do anfiteatro. A comunidade comparece a essa retomada do processo como instância que controla e que julga. Por seu lado, ela procura decidir sobre o compromisso alcançado entre as partes, em cuja interpretação o poeta renova a memória das ações

2. Jean-Pierre Vernant e Pierre Vidal-Naquet, *op. cit.*, p. 13. Ver ainda as considerações dos autores sobre *As Suplicantes* e *Antígona*.
3. Walter Benjamin, *A Origem do Drama Barroco, op. cit.*, pp. 138-139.

Da Rosa das Trevas à Luz do Rosário

heróicas. Mas no final da tragédia ouve-se sempre um *non liquet*. A solução, sem dúvida, é sempre uma redenção, mas sempre precária, problemática, limitada[4].

Fazendo ecoar esse vínculo original assinalado por Vernant e Vidal-Naquet, e por Benjamin, "Os Bens e o Sangue", sem deixar de ser uma tragédia em versos, é também um *julgamento* promovido no *tribunal interior* da consciência culpada de nosso *fazendeiro do ar*, que se *debate* entre os valores, as exigências e a *díkē* do clã mineiro em que nasceu e foi criado, e o sentimento de traição dos mesmos, seja pela inaptidão para o trato com o gado, "para as cavalhadas e os trabalhos brutais com a faca, o formão e o couro..."; seja pela opção por uma atividade poética e por uma consciência social e política que não só o afastava dos valores ancestrais, mas também os tomava como alvo de crítica, conforme vimos ao tratar da dupla motivação da culpa. Já não se trata mais, portanto, de uma decisão a ser tomada, mas das conseqüências de uma decisão que já ocorreu no tempo e retratada em fase anterior da obra. Nesse julgamento, assistimos também, como no direito antigo, a um diálogo entre os acusadores (encarnados pelos antepassados do eu lírico) e parte do *coro* representado pelo companheiros do réu, que igualmente imploram misericórdia. É o que se verifica na parte V do poema, quando se dirigem ao "major" Andrade, os compadres, possíveis agregados e, sobretudo, escravos com os quais se identifica o herói em outra passagem do poema ("...minha alma é dos pretos...")[5]. Eles vêm para pedir e interceder pelo menino contra as tentativas de pai de torná-lo, à força, um fazendeiro ("– Não torça tanto o pepino, major"). É bem verdade que ao pedido segue a previsão do futuro funesto do menino e, por fim, uma contraditória "praga" lançada para o "bem" dele – que pode, entretanto, ser vista como uma resposta do patriarca aos apelos dos demais[6]:

4. *Idem, ibidem.*
5. Essa identificação com os negros seria a matéria do poema que imediatamente antecede "Os Bens e o Sangue". Trata-se do excepcional "Canto Negro", mais detidamente analisado por John Gledson (*op. cit.*).
6. Quem assinala a contradição dessa praga lançada sobre o menino justamente por aqueles que o defendem é Marlene de Castro Correia, "Tragédia e Ironia em 'Os Bens e o Sangue'", *Littera*, Rio de Janeiro, set.-dez. 1972. Mas veja-se que os compadres e escravos falam em uníssono, na segunda estrofe, empregando a primeira pessoa do plural, ao passo

Drummond: Da Rosa do Povo à Rosa das Trevas

V

– Não judie com o menino,
compadre.
– Não torça o pepino,
major.
– Assim vai crescer mofino,
sinhô!

– Pedimos pelo menino porque pedir é nosso destino.
Pedimos pelo menino porque vamos acalentá-lo.
Pedimos pelo menino porque já se ouve planger o sino
do tombo que ele levar quando monte a cavalo.

– Vai cair do cavalo
de cabeça no valo.
Vai ter catapora
amarelão e gálico
vai errar o caminho
vai quebrar o pescoço
vai deitar-se no espinho
fazer tanta besteira
e dar tanto desgosto
que nem a vida inteira
dava para contar.
E vai muito chorar.
(A praga que te rogo
para teu bem será.)

O segundo aspecto do poema a ser tratado mais detidamente diz respeito, como observei atrás, ao contexto histórico-social específico a que remetem os versos desde a abertura do poema. Antes, importa lembrar aqui, para os nossos propósitos, uma nota aposta ao poema, por Drummond, quando publicado pela primeira vez na *Revista Anhembi*. Ela esclarece a gênese e as fontes de inspiração dos versos:

Embora persuadido de que não cabe explicação para um poema, além da que ele mesmo traz consigo, o autor julga conveniente informar quanto à gênese desta com-

que a praga é lançada por alguém que fala na primeira do singular, podendo bem ser a resposta do pai a tais apelos.

Da Rosa das Trevas à Luz do Rosário

posição. Resultou ela da leitura de um maço de documentos de compra e venda de datas de ouro no Nordeste de Minas Gerais, operações essas realizadas em meados do século XIX. Simultaneamente, certo número de proprietários, integrantes da mesma família, resolveu dispor de tais bens, havidos por meio de herança ou de casamento. Até então, permaneciam sob domínio do mesmo grupo familial os terrenos auríferos descobertos em 1781, na serra de Itabira, pelo capitão João Francisco de Andrade, que os transmitira a um seu sobrinho e sócio, o major Laje. Diz Eschwege que as lavras de João Francisco, em 1814, produziam mais de três mil oitavas de ouro. A exploração declinou com o tempo, e por volta de 1850 vemos os donos se desfazerem de jazidas e benfeitorias. Não se procure em dicionário o significado de lajos e andridos, palavras existentes no contexto, e que são meras variações de nomes de família da região. O nome Belisa, dado aos animais, consta de inventário da época[7].

Muito embora Drummond argumente a favor da total autonomia do poema em relação aos dados de circunstância, o fato é que acabou por julgar conveniente fornecer os esclarecimentos relativos à gênese dos versos, respaldando-se inclusive em informações colhidas na historiografia oficial, que apresentam razões concretas para a negociação das lavras promovida pelos antepassados do poeta. Mesmo no poema, conforme veremos, tais razões chegam a comparecer de modo até bastante evidente. Há, na verdade, um paralelo estabelecido nos seus versos entre o declínio da família e o da terra ou província denunciado já na primeira parte do poema, que parodia com humor e poesia a linguagem e o estilo dos documentos de transação comercial do século passado, revestindo-os entretanto de um tom fatalista. São como a sentença lavrada de um julgamento que só se desenrolará ao longo dos versos restantes:

> Às duas horas da tarde deste nove de agosto de 1847
> nesta fazenda do Tanque e em outras dez casas de rei, *q* não de valete
> em Itabira Ferros Ganhães Cocais Joanésia Capão
> diante do estrume em *q* se movem nossos escravos e da viração
> perfumada dos cafezais *q* trança na palma dos coqueiros
> fiéis servidores de nossa paisagem e de nossos fins primeiros,
> deliberamos vender, como de fato vendemos, cedendo posse jus e domínio
> e abrangendo desde os engenhos de secar areia até o ouro mais fino,
> nossas lavras mto. nossas por herança de nossos pais e sogros bem-amados
> *q* dormem a paz de Deus entre santas e santos martirizados.

7. *Apud* Joaquim-Francisco Coêlho, *Terra e Família na Poesia de Carlos Drummond de Andrade, op. cit.,* p. 172.

Drummond: Da Rosa do Povo à Rosa das Trevas

Por isso neste papel azul Bath escrevemos com a nossa melhor letra
estes nomes *q* em qualquer tempo desafiarão tramóia trapaça treta:

      ESMERIL   PISSARÃO

      CANDONGA   CONCEIÇÃO

E tudo damos por vendido ao compadre e nosso amigo e snr. Raimundo Procópio
e a d. Maria Narcisa sua mulher, e o *q* não for vendido, por alborque
de nossa mão passará, e trocaremos lavras por matas,
lavras por títulos, lavras por mulas, lavras por mulatas e arriatas,
q trocar é nosso fraco e lucrar é nosso forte. Mas fique esclarecido:
somos levados menos por gosto do sempre negócio *q* no sentido
de nossa remota descendência ainda mal debuxada no longe dos serros.
De nossa mente lavamos o ouro como de nossa alma um dia os erros
se lavarão na pia da penitência. E filhos netos bisnetos
tataranetos despojados dos bens mais sólidos e rutilantes portanto os

                                           [mais completos

irão tomando a pouco e pouco desapego de toda fortuna
e concentrando seu fervor numa riqueza só, abstrata e una.

      LAVRA DA PACIÊNCIA

      LAVRINHA DE CUBAS

      ITABIRUÇU

Contrariando, assim, sua índole mercantilista ("q trocar é nosso fraco e lucrar é nosso forte"), os fantasmas lajos e andridos tratam logo de deixar "esclarecido" que, na negociação das lavras, são "levados menos por gosto do sempre negócio q no sentido de nossa remota descendência ainda mal debuxada no longe dos serros". Ou seja, contra as razões objetivas apresentadas por Eschewege (o declínio da exploração, que levaria os proprietários a se desfazerem das lavras, em meados do século passado), os antepassados argumentam que o principal motivo para a negociação é o "desejo de despojar seus descendentes dos bens mais sólidos e rutilantes, portanto os mais completos", para "concentrar seu fervor numa riqueza só, abstrata e una". Riqueza essa que, para alguns intérpretes, refere-se ao "sangue", enquanto outros associam-na à "poesia", mas que, pela seqüência dos versos, parece dizer respeito, muito mais, à "lavra da paciência", isto é, ao esforço dos descendentes (e especialmente do eu lírico) em conformar-se com a espoliação a que foram condenados. Tal espoliação, atende, é óbvio, a uma intenção declaradamente punitiva, que tem por alvo, sobretudo, o futuro *fazendeiro do ar*:

Da Rosa das Trevas à Luz do Rosário

II

Mais do que tudo deserdamos
deste nosso oblíquo modo
um menino inda não nado
(e melhor não fora nado)
que de nada lhe daremos
sua parte de nonada
e que nada, porém nada
o há de ter desenganado

E nossa rica fazenda
já presto se desfazendo
vai-se em sal cristalizando
na porta de sua casa
ou até na ponta da asa
de seu nariz fino e frágil,
de sua alma fina frágil,
de sua certeza frágil
frágil frágil frágil frágil

mas que por frágil é ágil,
e na sua mala-sorte
se rirá ele da morte.

Note-se, entretanto, que, muito embora alegue razões de outra ordem para a espoliação, o poema não deixa de fornecer fortes indícios que remetem ao contexto e às razões objetivas apresentadas pelo historiador. O seis primeiros versos são, nesse sentido, bastante significativos, até pela função sintática que desempenham, como oração adverbial *causal* da oração principal, que afirma a deliberação da venda das terras. Neles, temos não só a menção à data e ao local precisos, como também aos escravos que se movem no estrume e à viração perfumada dos cafezais trançada "nas palmas dos coqueiros fiéis servidores de nossa paisagem e de nossos fins primeiros". Tais indícios apontam indubitavelmente para as conseqüências da decadência da zona de mineração onde se localizam as terras negociadas, depois de exauridas as reservas e jazidas de ouro – ao qual, como se sabe, estava ligada não só a fundação da capitania de Minas Gerais, que logo passaria a abrigar a sede do Governo Colonial, mas

Drummond: Da Rosa do Povo à Rosa das Trevas

também o seu período de maior fastígio, em meados do XVIII. Uma vez "desfeito o sonho do ouro, cai a economia mineira em grande prestação, reduzindo-se a atividade econômica a lavouras de subsistência, predominantemente", o que ocorrerá "na entrada do século XIX"[8]. Visto que as lavouras de subsistência e a pecuária "exigiam escassa parcela de mão-de-obra", a "força de trabalho liberada pelas lavras em decadência irá conquistar e povoar o vale do Paraíba, da Zona da Mata do Sul, atingindo o norte e o oeste de São Paulo, encetando um bandeirismo às avessas"[9]. Nesse sentido é que podemos talvez compreender, no poema, a condição dos escravos revirando no estrume, mão-de-obra ociosa entregue à própria sorte. Diante do visível esgotamento da atividade mineradora, o cultivo do café vai constituir a resposta da atividade mineira, que terá, entre 1820 e 1835, o período de grande prosperidade na área do novo produto ao qual se refere a "viração perfumada dos cafezais".

Evidenciando ainda mais o paralelo histórico entre o declínio familiar e o da província, veja-se o momento final da derrocada econômica retratada na parte VI, cujo título evoca os agourentos urubus, que são também aves que se alimentam de restos, tal como a companhia inglesa se nutre das *sobras* da mineração (ferro), uma vez esgotado o ouro:

VI
Os urubus no telhado:

E virá a companhia inglesa e por sua vez comprará tudo
E por sua vez perderá tudo e tudo volverá a nada
e secado o ouro escorrerá o ferro, e secos morros de ferro
taparão o vale sinistro onde não mais haverá privilégios,
e se irão os últimos escravos, e virão os primeiros camaradas;
e a besta Belisa renderá os arrogantes corcéis da monarquia,
e a vaca Belisa dará leite no curral vazio para o menino doentio,
e o menino crescerá sombrio, e os antepassados no cemitério
se rirão se rirão porque os mortos não choram.

8. Fábio Lucas, "Síntese da História Econômica de Minas", *Mineiranças*, Belo Horizonte, Oficina de Livros, 1991, p. 21.
9. *Idem*, p. 22.

Da Rosa das Trevas à Luz do Rosário

Em termos políticos, os versos aludem à transição da monarquia à república, enquanto, em termos econômicos, à passagem da "idade do ouro" para a "idade do ferro" até o esgotamento final das reservas minerais, sobretudo pela exploração das companhias estrangeiras que aqui se instalaram[10]. Os dois versos finais, entretanto, retornam às motivações subjetivas da espoliação, como se nesse momento de derrocada final fosse a consumação da maldição lançada pelos antepassados mortos, que se riem no cemitério. São elas, no fim, que acabam sempre por prevalecer.

Obviamente, as razões históricas, objetivas seriam suficientes para eximir nosso fazendeiro do ar da culpa pela decadência familiar, na medida em que a deslocam para toda uma conjuntura econômica que transcende e escapa à jurisdição particular do indivíduo. Ou seja, a decadência familiar independe da inaptidão do filho "para as cavalhadas e os trabalhos brutais / com a faca, o formão e o couro "(VIII) e para "lavrar o campo", levando-o, assim, a tirar "sustento / de algum mel nojento" (IV). O fato é que, apesar da consciência histórica revelada nos versos, as razões objetivas acabam secundadas por outras, de ordem irracional e transcendente, nutridas pelo sentimento de culpa em relação aos antepassados, revertido pelo eu lírico em julgamento e condenação daqueles contra si, respondendo pela expiação na forma de depauperamento e modo de ser conflituoso e desajustado, *gauche. Nesse jogo entre razões objetivas e outras de fundo subjetivas, irracionais, revela-se a duplicidade típica da identidade cindida do fazendeiro do ar que, apesar da lucidez, não consegue se desvencilhar do vínculo doloroso, conflituoso e culposo com o passado.*

Nesse processo movido contra si próprio, o *heautontimoroumenos* chega ao limite da perversidade, na medida em que atribui o próprio ímpeto de se afastar e negar os valores do clã – através da condição de poeta e intelectual e da consciência social e política que os condena – a um desígnio de seus antepassados, como se vê na parte III ("Num magoado alvoroço / o queremos marcado / a nos negar; depois de sua negação nos buscará.") e na parte final (VIII) através da resposta desses ao apelo de proteção e clemência do herói amaldiçoado:

10. Para um histórico da exploração de ferro na região mineira, ver Fábio Lucas, "O Ferro na História do Brasil e de Minas Gerais", *Mineiranças, op. cit.*, pp. 48 e ss.

Drummond: Da Rosa do Povo à Rosa das Trevas

VIII

– Ó meu, ó nosso filho de cem anos depois,
que não sabes viver e nem conheces os bois
pelos seus nomes tradicionais... nem suas cores
marcadas em padrões eternos desde o Egito.

Ó filho pobre, e descorçoado, e finito
ó inapto para as cavalhadas e os trabalhos brutais
com a faca, o formão, o couro... Ó tal como quiséramos
para tristeza nossa e consumação das eras,
para o fim de tudo que foi grande! Ó desejado,
ó poeta de uma poesia que se furta e se expande
à maneira de um lago de pez e resíduos letais...
És nosso fim natural e somos teu adubo,
tua explicação é tua mais singela virtude...
Pois carecia que um de nós nos recusasse
para melhor servir-nos. Face a face
te contemplamos, e é teu esse primeiro
e úmido beijo em nossa boca de barro e de sarro.

Na medida em que tudo foi tal como quiseram os antepassados; em que a recusa acabou sendo um modo de melhor servi-los, desmerece e anula-se por completo toda e qualquer tentativa de afirmação de independência, de autonomia e de poder de decisão do fazendeiro do ar em relação ao clã e seus valores, mesmo quando se acreditava o mais afastado deles, ao conceber a utopia de uma nova ordem social que era justamente a oposição e a negação da encarnada por eles. Ora, é só no momento em que fracassa a utopia dessa nova ordem social, que se pode compreender o desmerecimento e a nulidade de toda tentativa de afirmação de independência do eu drummondiano! Daí o sentimento de retrocesso e sujeição ao passado (não mera identificação, conforme vimos com Silviano Santiago[11]), vivenciada como fatalidade, naturalizada em destino, maldição, tara congênita.

A reafirmação final dos desígnios dos antepassados contra a suposta autonomia, independência ou negação dos mesmos por seu descendente *gauche* é também mais um traço de afinidade com a tragédia, que se

11. S. Santiago, "O Poeta como Intelectual", *op. cit.* (vide revisão da fortuna crítica).

Da Rosa das Trevas à Luz do Rosário

define justamente pelo jogo entre liberdade e compulsão, entre a decisão pessoal no *agir* e a necessidade (*anánkē*) imposta de fora, pelos deuses. Críticos da tragédia, como B. Snell, deram maior ênfase à "decisão do sujeito, com seus correlatos mais ou menos explícitos de autonomia, de responsabilidade, de liberdade", levando, assim,

> [...] a obscurecer o papel, decisivo entretanto, das forças supra-humanas que agem no drama e que lhe dão sua dimensão propriamente trágica. Essas potências religiosas não estão presentes apenas no exterior do sujeito; elas intervêm no íntimo de sua decisão para coagi-lo até na sua pretensa "escolha" [...] Afinal, o que engendra a decisão é sempre uma *anánkē* imposta pelos deuses, "a necessidade", que, em um momento do drama, fazendo pressão sobre um só lado, põe fim à situação inicial de equilíbrio, como já antes a fizera nascer. O homem trágico já não tem que "escolher" entre duas possibilidades; ele verifica que só uma via se abre diante dele. O comprometimento traduz não a livre escolha do sujeito, mas o reconhecimento dessa necessidade de ordem religiosa à qual a personagem não pode subtrair-se e que faz dela um ser "forçado" interiormente, *biastheís*, no próprio seio de sua "decisão". Portanto, se é que há vontade, ela não seria uma vontade autônoma no sentido kantiano ou mesmo simplesmente tomista do termo, mas uma vontade amarrada pelo temor que o divino inspira, se não constrangida por potências sagradas que assediam o homem no seu próprio íntimo[12].

Sem desconsiderar o quanto a decisão é "necessária", forçada pela *anānke*, A. Lesky tende, apesar disso, a preservar certa margem de livre escolha (sem a qual não poderia haver responsabilidade pelos atos) por parte do herói trágico que, "por um movimento próprio de seu caráter", apropria-se dessa necessidade, tornando-a sua "a ponto de querer, até desejar apaixonadamente aquilo que, num outro sentido, é constrangido a fazer"[13]. Na mesma linha, para o jovem Lukács da "Metafísica da Tragédia" – e, na esteira dele, para Benjamin –, o que caracteriza o decurso da ação trágica é justamente o modo como o herói toma consciência e internaliza a culpa que, "segundo os antigos estatutos, é imposta aos homens de fora", portanto independendo de suas ações ou vontade. Isso é que o torna propriamente herói e o faz sobressair-se aos demais homens:

12. J.-P. Vernant & P. Vidal-Naquet, "Esboços da Vontade na Tragédia Grega", *op. cit.*, p. 37.
13. *Idem, ibidem*. Vernant e Vidal-Naquet retomam a tese da "dupla motivação" de Lesky, mas sem concordar integralmente com ela. Partilham as ressalvas feitas a ela por A. Rivier, fundadas numa concepção particular de *vontade* entre os gregos, que não se confunde com a acepção moderna.

Drummond: Da Rosa do Povo à Rosa das Trevas

assumindo a culpa que lhe é imputada, ele rompe o destino mítico, como se fosse de fato sua vontade, e com isso a maldição de que é vítima acaba por se extinguir. Ele deixa, assim, de se sujeitar, passiva e inconscientemente como os demais homens, ao que lhe é imposto de fora, como produto de uma Necessidade divina, para afirmar orgulhosamente a culpa como decorrência de um ato humano – e como diria Hegel, "ser culpado é a honra do grande caráter"[14].

Se em "Os Bens e o Sangue" o destino mítico do poeta *gauche* encara-o como um estranho, desvelando-se como uma maldição imposta pelos seus antepassados (em vez dos deuses), sua extinção, através da admissão explícita da culpa, só virá ocorrer em outro poema dramático incluído na coletânea seguinte, cujo título cunha em traço preciso o retrato acabado da subjetividade lírica forjada por Drummond ao longo da obra: *Fazendeiro do Ar* (1954). Nela, inclui-se "Morte de Neco Andrade", uma "pequena tragédia agrária" ocorrida na família do poeta, que, como notou Joaquim-Francisco Coêlho, "de certo modo mantém com a tragédia clássica algumas analogias dignas de reparo"[15], e na qual se dá, a meu ver, *o acerto de contas definitivo do fazendeiro do ar com o legado da culpa.*

O poema em prosa evoca a lembrança do assassinato do primo fazendeiro, no mesmo instante em que o nosso fazendeiro do ar tinha pela frente a tarefa de "representar no teatrinho de amadores, e essa responsabilidade comprimia tudo". Em virtude disso, não pôde "sentir muito" a morte do primeiro. Ao longo dos versos, os dois fatos acabam por se interpenetrar fantasticamente na lembrança, com o cadáver do primo atravessando o palco e a montaria ameaçando pisar o "mau amador" que "vive roído de dúvidas" e que se vê, assim, impossibilitado de desempenhar o papel. Diante dessa lembrança alucinada, ele indaga se não "seria remorso por me consagrar ao espetáculo quando já o sabia morto", mas acaba negando a hipótese, alegando "que o espetáculo é grande, e seduzia para além da ordem moral". Além do que, diz ele, "nossos ramos de família nem se

---

14. G. Lukács, "Métaphysique de la Tragédie", *L'Âme et les Formes, op. cit.* Ver ainda os comentários de Benjamin (que cita Hegel) a respeito da tragédia e da tese de Lukács, o capítulo 2 do estudo sobre o drama barroco.
15. Joaquim-Francisco Coêlho, *op. cit.*, p. 195.

Da Rosa das Trevas à Luz do Rosário

davam". O fato é que, apesar de descartar essa (e outras) hipótese(s), o eu acaba por concluir o poema com uma confissão de culpa integral:

E TUDO se desvenda: sou responsável pela morte de Neco e pelo crime de Augusto, pelo cavalo que foge e pelo coro de viúvas pranteando. Não posso representar mais; por todo o sempre e antes do nunca sou responsável, responsável, responsável, responsável. Como as pedras são responsáveis, e os anjos, principalmente os anjos, são responsáveis.

O poema não diz mas permite inferir que a razão da culpa reside no contraste entre o destino dos dois rebentos dos Andrade: apesar do fim trágico, Neco morreu como fazendeiro, seguiu à risca o ofício que lhe fora destinado pela tradição familiar, ao passo que o primo – *fazendeiro do ar* – acabou por negá-lo, desempenhando um papel que não era o seu de origem (por isso "mau amador") e que era condenável aos olhos do clã.

Mais do que a razão, entretanto, interessa aqui observar que, curiosamente, após essa enfática admissão de culpa, ela parece se extinguir, respondendo pela relação menos conflituosa e mais distanciada com o passado familiar, que praticamente deixa de ser tematizado no livro subseqüente (*A Vida Passada a Limpo*), para reaparecer depois, noutro registro, liberto e gaio, em *Lição de Coisas* e, mais ainda, nos livros memorialísticos da série *Boitempo*. Neles, como notou Antonio Candido, o "sentimento de culpa" cede a vez ao "sentimento do mundo como espetáculo"[16], enquanto o *héautontimorouménos* assume o papel do *espectador distanciado*.

16. Nota Antonio Candido, a respeito de *Boitempo*, que o "intuito autobiográfico não ocorre sob o aspecto de auto-análise, dúvida, inquietude, sentimento de culpa, ou seja, as vestimentas com que aparece na maioria da lírica de Drummond; mas com aquele sentimento do mundo como espetáculo, que se configura nalguns poemas de *Lição de Coisas*. A impressão é de que o poeta incluiu deliberadamente a si mesmo na trama do mundo como parte do espetáculo, vendo-se de fora para dentro. Dir-se-ia então que a tonalidade dos últimos livros é fruto de uma abdicação do individualismo extremado, em favor de uma objetividade que encara serenamente o eu como peça do mundo. Por isso, embora guardem o sabor do pitoresco provinciano e remoto, *Boitempo* e, depois, *Menino Antigo* denotam um movimento de transcender o fato particular, na medida em que o Narrador poético opera um duplo afastamento do seu eu presente: primeiro, como adulto que focaliza o passado da sua vida, da sua família, da sua cidade, da sua cultura, vendo-os como se fossem objetos de certo modo remotos, fora dele; segundo, como adulto que vê esse passado e essa vida, não como expressão de si, mas daquilo que formava a constelação do mundo, de que ele era parte" (Antonio Candido, "Poesia e Ficção na Autobiografia", *A Educação pela Noite e Outros Ensaios*, São Paulo, Ática, 1987, p. 56).

Drummond: Da Rosa do Povo à Rosa das Trevas

8

Culpa, História e Natureza

O sentimento de culpa, e portanto de dívida, tão marcante na lírica de Drummond, não se restringe, em *Claro Enigma*, à relação social e à relação com o passado familiar, examinadas há pouco, mas tende a presidir a sua própria concepção da História.

Ao tratar do conceito de mito, vimos com Menninghaus como a primeira concepção benjaminiana interpreta a implicação mítica num contexto supra-individual de destino, natureza, culpa e expiação em filosofia da história. Ora, essa articulação parece também presidir a concepção pessimista de história presente em *Claro Enigma*, sem qualquer perspectiva de intervenção de alguma atividade moral como forma de realização da liberdade. É o que se nota a partir da análise de dois dos poemas da série "Selo de Minas".

"Toda História é Remorso"

V – Museu da Inconfidência

São palavras no chão
e memória nos autos.

As casas inda restam,
os amores, mais não.

E restam poucas roupas,
sobrepeliz de pároco,
a vara de um juiz,
anjos, púrpuras, ecos.

Macia flor de olvido,
sem aroma governas
o tempo ingovernável.
Muros pranteiam. Só.

Toda história é remorso.

O poema faz parte de um série de cinco intitulada "Estampas de Vila Rica", fruto de uma viagem feita pelo poeta a Ouro Preto e Mariana, da qual deixaria registro em bela crônica de *Passeios na Ilha*. Gledson definiu-as nos seguintes termos:

[...] são evocações ou estampas desconexas das duas cidades. Em "Mercês de Cima" [...] sobretudo, sentimos que Drummond está voltando para um gênero modernista, o poema "cartão-postal" à maneira de Oswald. Nos outros poemas a impressão dominante é da distância do passado, na recusa da "alma" religiosa debaixo dos enfeites barrocos da igreja de São Francisco de Assis, ou, num tom mais comovido, no seu intuito de que o que está vivo na cidade é o seu passado morto, como vemos em "Carmo" [...] e "Museu da Inconfidência" [...]. É esta distância, enfatizada pela posição de turista que Oswald conscientemente assumiu – e exemplificada aqui no humorístico "Hotel Toffolo" [...] –, que mais tarde, e com muito êxito, se transfere, para Itabira[1].

O comentário requer certo reparo, no tocante à identificação com o gênero modernista, do qual Drummond já se mostrara muito mais próximo em *Alguma Poesia*, nos poemas de "Lanterna Mágica", inclusive no que diz respeito ao alvo visado pela *kodak* oswaldiana – e que em nada se confunde com a ótica superficial e distanciada do turista[2]: a retratação

1. *Op. cit.*, p. 221.
2. A esse respeito, observou Haroldo de Campos, ao contrastar as "fotografias verbais pau-brasileiras" de Blaise Cendrars e as de Oswald: enquanto o primeiro adota a ótica do ex-

Drummond: Da Rosa do Povo à Rosa das Trevas

crítica de nossas contradições moderno-primitivas[3]. Basta pensar no modo como Drummond focaliza essa contradição em "Sabará" (de costas para modernidade representada pelo trem). Já nas "Estampas de Vila Rica" o enfoque parece ser outro. A esse propósito, já notara Joaquim-Francisco Coêlho como, ao contrário dos poemas da série "Lanterna Mágica", elas "já se libertaram do elemento anedótico, e se ainda recorrem ao detalhe descritivo, dele se valem para, num plano algo simbólico, emitir um juízo crítico sobre o sentido da vida e sobretudo da morte, a exemplo da primeira estampa, 'Carmo'"[4].

No caso de "Museu da Inconfidência", essa diferença pode ser melhor apreciada quando confrontado com outro poema, no gênero cartão-postal, que trata de matéria similar. Veja-se, assim, o oswaldiano "casa de tiradentes":

> A Inconfidência
> No Brasil do ouro
> A história morta
> Sem sentido
> Vazia como a casa imensa
> Maravilhas coloniais nos tetos
> A igreja abandonada
> E o sol sobre muros de laranja
> Na paz do capim

Na análise desse e de outros poemas da série "Roteiro de Minas" (*Pau-Brasil*), Luiz Costa Lima destacou a constante "oposição entre a estaticidade no plano humano e a plenitude reservada à natureza. Tal antítese funciona em contexto temporal preciso: o posterior ao Brasil do

cursionista, atendo-se ao exótico, à cor local; o segundo vai muito além da "faiscante inspeção de superfície", para flagrar as contradições de nossa realidade. Ver Haroldo de Campos, "Uma Poética da Radicalidade", em Oswald de Andrade, *Pau-Brasil*, São Paulo, Globo/Secretaria de Estado da Cultura, 1990, p. 34.

3. Sobre a "justaposição de elementos próprios ao Brasil-Colônia e ao Brasil burguês como a matéria-prima – "desconjuntada por natureza" – de que se alimenta a obra oswaldiana, ver Roberto Schwarz, "A Carroça, o Bonde e o Poeta Modernista", *Que Horas São?*, São Paulo, Companhia das Letras, 1987, p. 12.

4. Joaquim-Francisco Coêlho, *Terra e Família na Poesia de Carlos Drummond de Andrade*, Belém, Universidade Federal do Pará, 1973, p. 158.

Da Rosa das Trevas à Luz do Rosário

ouro, seja o da decadência imediata, seja a mantida depois". No caso particular de "casa de tiradentes", o crítico começa por destacar o silêncio que envolve o "quieto idílio" retratado nos versos e que, sendo o estado natural dos objetos minerais, torna-se sinal de privação quando presente nas coisas humanas.

As coisas não são feitas para ser contempladas, nem almejam rivalizar com as linhas verticais da natureza. A Inconfidência não se tramara para ser vociferada nas comemorações cívicas. Sobre os minerais e as casas se abate porém a mesma quietude. Estranha quietude que as desequilibra. Se as coisas da natureza são plenas em si mesmas, as construções humanas foram feitas para ser ocupadas. Submetê-las ao mesmo denominador determinará a neutralização de um dos dois termos. É por isso que dizemos seu equilíbrio comprometido pela quietude que em comum as envolve. Em vez da interação, a opacidade. A plenitude do sol deposto sobre "muros de laranja", banhando a "paz do capim", cede a vez à clave da amarga ironia.

Por fim, conclui Costa Lima, generalizando para os demais poemas da série:

O depuramento verbal de Oswald insiste na visão por dentro, na nota de surdo drama que consome o interior mineiro. A visão por dentro elimina o regozijo estetizante[5].

Essa *visão por dentro* é que resgata a poesia oswaldiana da ótica distanciada e superficial do turista – como a de Blaise Cendrars, por exemplo – à qual muitos intérpretes, inclusive Gledson, no trecho acima, tende a associá-la indiscriminadamente.

O nivelamento entre natureza e história, com visível prejuízo desta última, retratado por Oswald nos poemas de *Roteiro de Minas* será também destacado por Drummond, mas em outro poema da seção *Selo de Minas*, do qual me ocuparei na próxima análise. Por ora, importa assinalar a diferença mais significativa existente entre o intuito maior que move um e outro poeta nos poemas em confronto. Ocupando-se de uma matéria afim à de Drummond – que também insiste na "visão por dentro", eliminando o "regozijo estetizante" –, a poesia de Oswald, muito embora não

---

5. Luiz Costa Lima, "Oswald, Poeta", *Pensando nos Trópicos*, Rio de Janeiro, Rocco, 1991, p. 210.

Drummond: Da Rosa do Povo à Rosa das Trevas

se limite à ótica superficial e turista de um Cendrars, não tem a pretensão de transcender a realidade histórica específica de que se ocupa. Ou seja, ainda que trate de um momento de decadência do ciclo do ouro, posteriormente mantido, a reflexão poética não pretende ir além do quadro estrito das Minas históricas. Em Drummond, ao contrário, o episódio da história mineira ou nacional celebrado pelo museu serve de símbolo a uma reflexão maior sobre a própria História, como se vê no monóstico final.

Ao contrário também da oposição entre natureza e história, que acabam por se nivelar no poema de Oswald, o de Drummond fundamenta-se em outra oposição: *história X esquecimento*. Trata-se de uma oposição cara ao Drummond de *Claro Enigma*, retomada e explorada nos poemas que tratam do passado familiar, como se vê logo na abertura da seção *LÁBIOS CERRADOS*: se "Convívio" atesta a persistência irrevogável dos mortos na memória, vivendo numa espécie de "eternidade negativa", "Permanência" afirma a força do esquecimento, que é ainda, e paradoxalmente, uma espécie de memória. Vejamos como essa oposição se dá no "Museu da Inconfidência", a contar dos versos iniciais.

Se as "palavras no chão" indicam a dispersividade do que foi dito – muito possivelmente as palavras de liberdade acalentadas por aqueles a quem é dedicado o museu –, a "memória nos autos" diz do que se reteve do passado histórico. Em se tratando de Inconfidência Mineira, faz lembrar de pronto os *Autos de Devassa*, minucioso inventário dos bens seqüestrados pelas autoridades coloniais após a denúncia traiçoeira da sedição e que, segundo Frieiro, são "fonte quase única de informações sobre a maioria dos inconfidentes"[6]. Se assim for, a memória contida nos autos (embora seja tudo que restou) pouco diz da vida daqueles a quem pertenciam os bens inventariados. A referência mais direta aos proprietários resume-se em geral a uma sucinta biografia (data e local de origem e de residência, filiação etc.), sem que nada revele da substância humana e das vivências mais pessoais e caras dos biografados. Além disso, é uma memória já marcada pela intervenção oficial que os condenou e os espoliou dos bens mais concretos, quando não da própria vida. Trata-se, por-

6. Eduardo Frieiro, *O Diabo na Livraria do Cônego*, Belo Horizonte, Itatiaia, 1957, p. 16.

Da Rosa das Trevas à Luz do Rosário

tanto, de uma memória marcada não só pela carência, mas também pelo crime e pela barbárie oficiais. Afora os *Autos da Devassa*, vale observar que os outros autos relativos à sedição tratam dos processos e dos interrogatórios inquisitoriais a que foram submetidos os inconfidentes – tal como o de Cláudio Manuel da Costa, ainda hoje preservado – e, enquanto tal, trazem também a marca da violência oficial.

Do mesmo modo como a "memória nos autos" pouco revela das vivências dos inconfidentes, também as "casas [que] ainda restam" nada preservam dos "amores" de seus habitantes. O próprio museu, por sua vez, é composto apenas das "poucas roupas" que restaram. O "Só" isolado no final da terceira estrofe sintetiza esse estado geral de carência e depauperamento. A descrição do acervo caminha do mais concreto ao abstrato, do material ao imaterial: da "sobrepeliz de pároco" e da "vara de um juiz" (símbolo fálico da autoridade oficial), passando pelas figuras etéreas dos "anjos", seguidas pelos matizes púrpuras, até alcançar os "ecos" que é a expressão reiterada do próprio silêncio e do vazio. Contrariando, assim, a destinação de todo museu, que é a preservação da memória artística e/ou histórica nacional contra a ação destruidora do tempo, o da Inconfidência, pelo menos nos termos em que é descrito por Drummond, vem marcado pela dispersão, pela carência, pelo depauperamento, em suma, pelo esquecimento, expressamente referido nos versos da estrofe seguinte:

> Macia flor do olvido,
> sem aroma governas
> o tempo ingovernável.

Única força capaz de dominar imperceptivelmente (porque "sem aroma") o que é de natureza indomável (o tempo), o esquecimento guarda um atributo positivo: é uma macia flor, muito provavelmente pelo prazer que proporciona seu poder de suavizar ou abrandar o incômodo de uma lembrança dolorosa. Mas contra seu poder lenitivo, há os "muros [que] pranteiam", relembrando a dor e o sofrimento que não se deixam abrandar. Ora, o que justifica a persistência dessa lembrança dolorosa é uma culpa nutrida no tempo e inscrita no cerne da própria história, sob a forma de um remorso, ao qual se refere o monóstico final:

Drummond: Da Rosa do Povo à Rosa das Trevas

Toda história é remorso.

Obviamente, a culpa remoída ao longo do tempo diz respeito à barbárie impetrada contra a vida e os ideais libertários (cuja natureza é ainda hoje matéria de discussões entre historiadores) dos inconfidentes. A própria criação do museu – além da mitificação a que eles foram submetidos – representaria, nesse sentido, uma tentativa de aplacar o remordimento histórico, como se a glória póstuma fosse uma forma de reparação da violência oficial. Na primeira versão do poema, inclusive, havia uma variante para o último verso, na qual o poeta ironizava essa pretensão de reparar as injustiças do passado através de uma glória obtida à custa de tão pouco:

Vê como a glória é simples[7].

É possível ainda supor que o pranto dos muros do museu e a tentativa de reparação histórica visassem não só a violência contra os inconfidentes, mas também a que cerca a própria história do edifício que abriga o museu e que, por ironia, é encimado pela estátuas da Justiça e demais virtudes cardeais (Prudência, Fortaleza e Temperança). Drummond dá provas de tê-la em mente na crônica de *Passeios da Ilha* que retrata sua viagem a Ouro Preto. Ao se defrontar com o museu, em frente à estátua de Tiradentes, reporta-se a tal violência histórica:

No centro da praça, a estátua enfrenta o palácio absolutista, feito de sangue e lágrimas de escravos, e onde funciona o mais lindo museu que meus olhos já viram.

O caráter absolutista do palácio diz do autoritarismo, desmandos, injustiças e barbárie presentes desde o início da construção do edifício em 1784, sob o governo de Luís da Cunha Meneses (o Fanfarrão Minésio

---

7. A variante do último verso consta dos originais em posse de Fernando Py. A mudança, aliás, demonstra bem o quanto o Drummond de 50 se afasta do registro irônico, anedótico, circunstancial do *gênero cartão-postal* praticado em 30, em favor de uma reflexão mais alta, de cunho filosófico e totalizante da História.

Da Rosa das Trevas à Luz do Rosário

V

                Museu da Inconfidência

São palavras no chão
e memória nos autos.
As casas inda restam,
os amores, mais não.

E restam poucas roupas,
sobrepeliz de pároco,
a vara de um juiz,
anjos, púrpuras, ecos.

Macia flor de olvido,
sem aroma governas
o tempo ingovernável.
Muros pranteiam. Só.

Vê como a glória é simples.

PÁGINA DOS ORIGINAIS DE CLARO ENIGMA, EM POSSE DE FERNANDO PY.

das *Cartas Chilenas*), e que, após várias interrupções, seria ultimado em 1846, conforme se lê na inscrição sobreposta ao chafariz que orna a frente da escadaria de acesso[8]. Passou, assim, a abrigar a Câmara e demais serviços municipais no seu andar nobre, onde estiveram detidos Teófilo Otoni e outros chefes da revolução de 1842, enquanto no andar inferior achavam-se as masmorras, escuras e frias, onde ficavam os condenados à pena de galés. Por volta de 1860, a Câmara Municipal foi transferida do edifício, enquanto a cadeia, transformada em Penitenciária em 1907, foi retirada em 1937. No ano seguinte, o governo federal decretou a construção de um museu em Ouro Preto destinado a

[...] colecionar as coisas de várias naturezas relacionadas com os fatos históricos da Inconfidência Mineira e com seus protagonistas e, bem assim, as obras de arte ou de valor histórico que constituam documentos expressivos da formação de Minas Gerais[9].

O estado de Minas doara, dias antes, o edifício do antigo Paço Municipal para a sede do Museu da Inconfidência, inaugurado em 11 de agosto de 1944, data do segundo centenário do nascimento de Tomás Antônio Gonzaga. O mesmo poeta que, importa lembrar, acompanhou de perto a edificação do majestoso prédio em tão "humilde povoado, aonde os grandes moram em casa de pau a pique". Em duas das suas *Cartas Chilenas*, o nosso Critilo trataria de denunciar com indignação e horror esse "soberbo edifício levantado / sobre os ossos de inocentes, construído / com lágrimas de pobres", apenas para atender aos desmandos e caprichos do Cunha Meneses, ambicionando perpetuar seu nome na história através de tão portentosa obra. Contra tal pretensão é que Critilo lançará ao Fanfarrão Minésio o desafio de ver o que resiste mais à ação do tempo – se a glória do nome associado à construção de tão portentoso edifício, com suas "sábias inscrições" e "grandes bustos"; ou se a denúncia dos crimes perpetrados pela sede de nomeada:

8. Valho-me aqui do relato sucinto sobre a história do edifício que acolhe o Museu, feita por Manuel Bandeira em seu *Guia de Ouro Preto,* Rio de Janeiro, Ediouro, s/d., pp. 132-136.
9. Trecho do Decreto-lei n. 965, de 20.12.1938, citado por Manuel Bandeira, *idem*, p. 133.

Da Rosa das Trevas à Luz do Rosário

Ora, pois, louco Chefe, vai seguindo
A tua pretensão: trabalha, e força
Por fazer imortal a tua fama;
Levanta um edifício em tudo grande;
Um soberbo edifício, que desperte
A dura emulação na própria Roma.
Em cima das janelas, e das portas
Põe sábias inscrições, põe grandes bustos;
Que eu lhes porei por baixo, os tristes nomes
Dos pobres inocentes, que gemeram
Ao peso dos grilhões; porei os ossos
Daqueles que os seus dias acabaram
Sem Cristo, e sem remédios no trabalho.
E nós, indigno Chefe, e nós veremos,
A quais destes padrões não gasta o tempo.

Reportando-se também às *Cartas Chilenas*, no histórico do edifício, Bandeira observou em seu *Guia de Ouro Preto* que a criação do museu redimia o antigo prédio "do labéu inicial para lembrar a todo o tempo o sacrifício dos precursores da independência nacional, a tragédia de Tiradentes e as demais circunstâncias do fato exemplar"[10] – incluindo aqui, decerto, as centenas de vidas anônimas sacrificadas por capricho e desmando do governador. Aos olhos de Drummond, entretanto, longe de redimir, o museu atesta a persistência de uma dor e um sofrimento que não se deixa aplacar, apesar das homenagens e mitificações oficiais, pois os muros ainda pranteiam.

O museu da inconfidência desempenha, na verdade, um função *exemplar* de uma verdade maior que – como já observei ao confrontar o poema com o de Oswald de Andrade – transcende o quadro estrito do evento celebrado: o remorso não é apenas o que cerca a história da inconfidência, mas, sim, de *toda* a história. Mais do que o caráter exemplar, poder-se-ia, mesmo, falar de uma *alegoria* da História a propósito do poema, na qual o particular significa o universal[11]. Alegoria de tudo o que na história é malogro, dor e sofrimento, que não se deixa redimir à custa de celebra-

---

10. *Idem*, p. 134.
11. C. Rubens Rodrigues Torres Filho, "O Simbólico em Schelling", *Ensaios de Filosofia Ilustrada*, São Paulo, Brasiliense, 1987, p. 131.

Drummond: Da Rosa do Povo à Rosa das Trevas

ções, glórias e mitificações póstumas – as quais visam, muito mais, aplacar o sentimento de dívida do presente para com o passado. Drummond não está longe aqui da verdade das palavras pessimistas de Horkheimer, quando afirma que à "injustiça passada não se pode remediar. Não há compensação para os sofrimentos suportados pelas gerações passadas"[12]. O mais é amargar o remorso inscrito no cerne da própria História.

Do Pó ao Pó: A História como Natureza

> *A palavra história está gravada, com os caracteres da transitoriedade, no rosto da natureza.*
>
> Walter Benjamin,
> *A Origem do Drama Barroco Alemão.*

A história como natureza é compreendida aqui no sentido que lhe dá Walter Benjamin no estudo sobre o drama barroco (*Trauerspiel*). O objeto deste é a própria vida histórica tal como concebida à época, ou seja, por oposição à visão medieval que a compreendia, de acordo com a escatologia cristã, como um processo inscrito na história da salvação, cujo *telos* era a dissolução da cidade terrestre na cidade de Deus[13]. Influenciado pela Contra-Reforma, o Barroco, embora retomasse a postura medieval de fuga do mundo e o *topos* da desvalorização da vida mundana (*contemptus mundi*), acabou, paradoxalmente, por promover "a secularização da história no estado de Criação"[14], destituindo-a, assim, de qualquer sentido transcendente. Esvaziada de sua intencionalidade messiânica, a história torna-se uma sucessão de catástrofes, que culmina com a derradeira delas. Eis, assim, a *história natural* definida por Benjamin como um curso cego, sem qualquer perspectiva de redenção e cuja categoria-chave é o *destino*, ao qual o homem se sujeita na condição de criatura. Como "força elementar da natureza no processo histórico", o destino anula qualquer

---

12. Horkheimer, "Zum Rationalismusstreit in der gegenwärtigen Philosophie", *apud* Olgária Matos, *Os Arcanos do Inteiramente Outro, op. cit.*, p. 255.
13. Walter Benjamin, *Origem do Drama Barroco Alemão, op. cit.*, pp. 86 e ss.
14. *Idem*, p. 115

Da Rosa das Trevas à Luz do Rosário

possibilidade humana de intervenção e mudança no curso desse processo, favorecendo, assim, a manutenção do estado absolutista que constituía o teor histórico específico do drama barroco (votado, antes de tudo, à apologia dos soberanos) e que se assentava nessa mesma concepção de história natural, para justificar sua permanência no poder.

A concepção de *história natural* ou *história destino*, delineada por Benjamin no contexto específico do barroco alemão, tende todavia a romper o quadro estrito da época para alcançar a modernidade. É o que têm demonstrado alguns de seus intérpretes ao estabelecerem a articulação entre o "tempo retratado" e o "tempo do retratista", por meio da *alegoria* – que o filósofo alemão teria não só revalorizado e investigado acuradamente, mas empregado como principal recurso de construção do livro sobre o *Trauerspiel*. Melhor dizendo, entre o substrato histórico das representações barrocas da monarquia absolutista alemã e o do autoritarismo guilhermino dentro do espírito restaurador da República de Weimar no entreguerras[15]. Nesse sentido é que podemos validar a vigência de concepções similares de história no contexto da modernidade – e o próprio Benjamin trataria de fazê-lo em outro ensaio[16]. Compreende-se, assim, a vigência de uma concepção crítica similar de história naturalizada subjacente a *Claro Enigma*, que encontra seu momento de expressão plena em "Morte das Casas de Ouro Preto".

No relato da viagem a Ouro Preto, incluído em *Passeios na Ilha*, vemos o viajante deter-se, em dado momento, diante das ruínas do Morro da Queimada, onde, diz ele:

A imaginação histórica reconstituirá, por certo, [...] o cenário onde se localizou um fato econômico, seguido de uma tragédia política. Mas esta será apenas ponto de partida para a imaginação literária, de pungente meditação sobre a poesia das ruínas. Descanse o leitor: não a faremos. Passei apenas alguns momentos por esses ermos frios, de uma tristeza severa. Aqui as ruínas dominam as formas compostas do que lá embai-

15. Ver, a respeito, Willi Bolle, "A Modernidade como *Trauerspiel*. Historiografia Alegórica em Origem do Drama Barroco Alemão", *Fisiognomia da Metrópole Moderna, op. cit.*, pp. 105-137.
16. Para a vigência de concepção similar no quadro da modernidade, veja-se ainda o estudo de Davi Arrigucci sobre idêntica relação entre história e natureza no belíssimo poema de Murilo Mendes, "As Ruínas de Selinunte", ao qual me reportarei mais adiante.

Drummond: Da Rosa do Povo à Rosa das Trevas

xo, no seu encanto sinuoso, é a cidade. Galgam a escarpa, vão infatigavelmente à procura do céu, e adquirem uma espécie de monumentalidade negra, comburida, que nos oprime. Não têm a doçura um pouco vaporosa das ruínas românticas, de que o começo do século XIX impregnou a visão de velhos jardins, com suas colunas a beira-lago. São ásperas, cruéis, e se não vêm seguramente daquele dia de julho de 1720, em que a soldadesca do Conde de Assumar ateou fogo no arraial de Ouro Podre, pois Diogo de Vasconcelos alude a um arraial ali construído posteriormente e que por sua vez se converteu nesses escombros, não são por isso menos acerbas. Alguma coisa selvagem, própria da natureza, se incorporou aos pedaço de paredes, muros e corredores de pedra, remanescentes de técnicas primitivas de mineração, e que se estendem por um espaço não suspeitado a primeira vista. Sucessivas plataformas e dobras de morro ostentam restos de construções, aparentemente sem outro qualquer vestígio de presença humana. Em vão o olhar procura descobrir um desses humildes objetos que assinalam a vida de todos os dias, mediadores entre o homem e a natureza. Aqui havia casas, mundéus, ferramentas e vidas. Não há mais nada senão pedras negras, vegetação rala, musgo, flores insistentes que rompem de qualquer jeito.

Não seria demais afirmar que a poesia de meditação pungente sobre ruínas a que se furtou Drummond na crônica – em proveito do relato histórico – veio a se realizar nos versos de "Morte das Casas de Ouro", sem se restringir, entretanto, às ruínas do Morro da Queimada. Em vez disso, estende-se a toda a cidade histórica mineira, ainda hoje preservada, mas sujeitada, no poema, a uma destruição imaginária – embora justificada, à época da composição dos versos, pelas constantes chuvas que ameaçam derruir o patrimônio arquitetônico, levando muitos dos modernistas a se pronunciar a respeito[17], clamando por providências.

É no poema que se vê realizar plenamente o que, na crônica, desponta de passagem: o senso de transitoriedade e perecibilidade da criação humana e civilizadora quando contrastada ao poder da natureza, ao qual acaba por se sujeitar. Segundo Subirats, é esse senso que se desvela por trás do aparente impulso nostálgico e regressivo que alimentava o motivo romântico da ruína:

> O motivo romântico da ruína contém [...] outros significados irredutíveis à dimensão de uma aspiração regressiva [...] os edifícios ruídos são o signo inequívoco do tri-

---

17. Devo a informação (além da lembrança de uma crônica de Vinícius de Moraes relativa ao fato) a Augusto Massi, que desenvolve tese de doutorado sobre a representação de Ouro Preto como *topos* recorrente no Modernismo.

Da Rosa das Trevas à Luz do Rosário

unfo da natureza sobre o poder civilizador e, portanto, sobre o poder da razão histórica moderna. Com esse tema, a sensibilidade romântica celebra a vingança assumida pela natureza contra a servidão a que é submetida pelo *logos* transcendental, destruindo justamente sua representação arquitetônica. O prazer causado pela ruína na fantasia romântica apresenta esse momento liberador de uma natureza que já não se deixa reduzir socialmente ao papel de *natura naturata*, porque não se deixa reduzir ao poder do conceito[18].

Já no título, o poema evidencia a *naturalização* associada à idéia de morte. Como tudo o que vive morre, tão logo cumprido seu ciclo biológico, assim também as casas de Ouro Preto:

> Morrem, severas. É tempo
> de fatigar-se a matéria
> por muito servir ao homem,
> e de o barro dissolver-se.

A obediência a essa lei natural assume o caráter de sujeição (das casas, como de toda *criatura*) a um destino irrevogável, evidenciado ainda mais pelo tom sentencioso próprio ao discurso bíblico, claramente reapropriado nos seguintes versos, que evocam o castigo final com que Deus selou o ciclo de expiações de Adão (e toda sua descendência), uma vez expulso do paraíso – "do pó viestes e ao pó retornarás" (*Gênesis*, 3:19):

> O chão começa a chamar
> as formas estruturadas
> faz tanto tempo. Convoca-as
> a serem terra outra vez.
> Que se incorporem as árvores
> hoje vigas! Volte o pó
> a ser pó outra vez!

A consumação da morte se processa aqui através de um agente natural: a *chuva*, que é evocada pelo seu poder corrosivo – associado à ação do tempo –, evidenciado no momento em que ela cai sobre a "rótula" das

18. Eduardo Subirats, "Paisagens da Solidão", *Paisagens da Solidão: Ensaios sobre Filosofia e Cultura*, São Paulo, Duas Cidades, 1986, pp. 53 e ss.

Drummond: Da Rosa do Povo à Rosa das Trevas

casas, bordando-a com a ferrugem dos anos que consumará seu desgaste pleno, tal "como a renda consumida de um vestido funerário". As rajadas consecutivas dessa chuva mortal, sua ação sincopada, já o notou Joaquim-Francisco Coêlho, são como que mimetizadas pelo ritmo setissilábico dos versos e pela reiteração frásica[19].

Enquanto agente *natural*, a chuva revela o poder devastador da natureza atuando não só sobre a matéria, mas até sobre o tempo e a história, como se verifica nos seguintes versos:

> Sobre o tempo, sobre a taipa
> a chuva escorre.
> [...]
> Só a chuva monorrítmica
> sobre a noite, sobre a história.

Evidencia-se, assim, o caráter transitório e perecível da própria história – e, portanto, da ação humana que a constrói – quando confrontado com a força da natureza. Transitoriedade que é reiterada, por contraste, nos momentos em que o eu lírico afirma a impressão de permanência que lhe causavam as casas *plantadas* no cimo – mais um índice de naturalização que, além disso, sugere a idéia de sublimidade do objeto digno de culto e veneração, dada a posição elevada no *outeiro*:

> Assim plantadas no outeiro,
> menos rudes que orgulhosas
> na sua pobreza branca,
> azul e rosa e zarcão,
> ai pareciam eternas!
> Não eram. E cai a chuva
> sobre rótula e portão.

19. Exemplos de reiteração frásica encontram-se nas estrofes 1, 2 e 12 ("Sobre o tempo, sobre a taipa... Sobre a noite, sobre a história... Sobre a ponte, sobre a pedra..."). O mesmo processo observa-se em "que viram morrer os homens / que viram fugir o ouro / que viram finar-se o reino", ainda da estrofe 1, e nas seriações "Como chove, como pinga", "Como bate, como fere", "Como punge, como lanha"; "Minhas casas fustigadas, / minhas paredes zurzidas, / minhas esteiras de forro, / Meus cachorros de beiral, / meus paços de telha vã", das estrofes 6 e 7, além de "em que se amou e pariu, / em que se guardou moeda", da estrofe 8 (Cf. Joaquim-Francisco Coêlho, *op. cit.*, p. 165).

Da Rosa das Trevas à Luz do Rosário

A oposição, tão cara ao universo barroco, entre transitoriedade e eternidade, entre caducidade e perpetuidade, ganha a sua dimensão dramática obviamente por se tratar aqui de Ouro Preto, que não só se mostra plenamente integrada nesse universo, mas que é também um dos lugares onde o senso de permanência da história evidencia-se com mais força entre nós. Mantendo-se, se não intacta, ao menos preservada em grande parte até o presente século, a cidade mineira parecia, assim, desafiar a ação do tempo e do esquecimento. No poema, entretanto, a própria cidade – com suas "velhas casas honradas em que se amou e se pariu, em que se guardou moeda e no frio se bebeu"; com suas paredes que viram "morrer os homens", "fugir o ouro" e "findar o reino" –, a própria cidade acaba por sucumbir à ação destrutiva da natureza, condenando ao esquecimento tudo o que nela é memória histórica. Disso decorre a ironia trágica, entre perpetuidade e caducidade, que perpassa, velada, os versos do poema: se nem o próprio "país das remembranças" consegue escapar à ação da natureza e do esquecimento, nada mais na história encontra garantia de permanência.

Veja-se que, ao enfatizar o senso de fugacidade e caducidade do tempo e da história, neste e em outros poemas do livro, Drummond solapa a base de sustentação do conceito de classicismo: o senso de *permanência*, de *duração*, que era o modo pelo qual a arte protestava contra a morte – a "eternidade a curto prazo das obras" como "alegoria de uma eternidade não-aparente"[20]. Com isso, ficam, a meu ver, descartadas interpretações como a de Milliet e Gaspar Simões que, conforme vimos, atribuem a *Claro Enigma* um interesse pelo eterno, pelo permanente, pelo essencial, quando é, na verdade, *a concepção do transitório e do relativo que preside o livro*.

O pessimismo dessa concepção de Drummond sobre as relações entre história e natureza evidencia-se melhor quando confrontada à do amigo Murilo Mendes, num excepcional poema de *Sicilianas* – livro publicado mais ou menos pela mesma época (1955) e dentro do mesmo espírito classicizante de *Claro Enigma*[21]. Trata-se de "As ruínas de

20. Cf. Adorno, *Teoria Estética, op. cit.*, p. 40.
21. O mesmo Murilo Mendes que, vale lembrar, também pela mesma época, e dentro do mesmo espírito classicizante, debruçara-se sobre a antiga cidade mineira, em longos poemas de idêntico talhe meditativo. Drummond, como se vê na crônica sobre Ouro Preto, chega

Drummond: Da Rosa do Povo à Rosa das Trevas

Selinunte", em que também ocorre a fusão de história e natureza dentro de um mesmo devir perene, obediente ao "ritmo cíclico de destruição e regeneração a que está submetida a existência humana", como bem demonstrou Arrigucci[22]. "Severas tombando", as ruínas gregas são primeiramente flagradas no momento de sua queda e fixadas como um instantâneo para a posteridade, como uma lembrança eterna da catástrofe, que evidencia a transitoriedade da História, agora desfeita em natureza, desmanchada em pedras, transformada em paisagem. Mas a esse movimento de queda segue o seu contrário, em que as pedras vão "severas se erguendo" em direção ao céu largo, ao deus em cuja presença se perfaz o ciclo que, das ruínas, remete aos "fundamentos da História", ao "princípio do trabalho civilizatório que dá origem à construção humana, refazendo-se a arquitetura" e restaurando-se, assim, "o teatro onde de novo se encena nosso destino (nossa História) que nos condena, pelo mesmo movimento, à repetição da catástrofe"[23]. Ora, do ciclo biológico a que se sujeitam as casas, no poema de Drummond, *há tão-somente o momento correspondente à queda, em que elas "morrem severas" e se reintegram à natureza, voltando a ser árvore, a ser pó, a ser nada, sem que nenhum mito, nenhum deus cristão venha reerguê-las para a eternidade – mesmo que para reencenar a catástrofe.*

Seguindo ainda na confrontação, note-se que o poema de Murilo Mendes parte de ruínas objetivas, que efetivamente existem, enquanto a destruição completa da cidade ouro-pretana é produto da imaginação – embora, conforme se observou, justificada à época pela ameaça de destruição devido a chuvas intensas.

Ligado a essa, há uma terceira e última diferença significativa: a posição do *sujeito lírico* em face do espetáculo grandioso que se descortina a seus olhos. Em "As Ruínas de Selinunte", à primeira vista ausente do quadro, o sujeito lírico assume apenas o papel de "consciência refletora"

---

a dialogar, de passagem, com alguns versos da *Contemplação de Ouro Preto* do amigo mineiro.

22. Davi Arrigucci Júnior, "A Arquitetura da Memória", *O Cacto e as Ruínas*, São Paulo, Duas Cidades, 1997, p. 103.

23. *Idem*, pp. 114-115.

Da Rosa das Trevas à Luz do Rosário

do destino catastrófico da humanidade inscrito nas ruínas, o que nos permite entrar em contato direto com nosso próprio destino cifrado numa imagem. Todavia, como adverte Arrigucci, não se trata de "mero registro passivo das sensações na consciência", pois há, ao contrário, "uma atitude volitiva" que atua sobre o objeto e que faz parte do processo de sua compreensão, de onde "certa tendência à deformação hiperbólica, expressionista e barroquizante da imagem, contida, no entanto, no molde despojado da arte clássica". Ocorre que, apesar dessa presença ativa, há certa "objetividade quanto à matéria tratada, considerada a certa distância, com relativa autonomia em relação ao sujeito"[24].

Já em "Morte das Casas de Ouro Preto", a objetividade quanto à matéria tratada, que parece dominar em boa parte das estrofes, colocando-nos também diretamente em face do objeto, tende entretanto a ser abalada pela presença do sujeito lírico, que se denuncia de forma cada vez mais incisiva. Primeiro, pelas expressões interjetivas, denunciando o lamento diante da inevitável catástrofe:

> ...ai, pareciam eternas!
> [...]
> Ai, como morrem as casas!
> Como se deixam morrer!

Depois, pelo emprego anafórico do possessivo de 1ª pessoa na 7ª estrofe:

> *Minhas* casa fustigadas,
> *minhas* paredes zurzidas,
> *minhas* esteiras de forro,
> *meus* cachorros de beiral,
> *meus* passos de telha vã
> estão úmidos e humildes.

Por fim, nas três estrofes finais, o foco é deslocado das casas para flagrar diretamente o próprio observador, que concentra seu olhar experimentado sobre a cidade vitimada pela chuva devastadora:

24. *Idem*, pp. 102-104.

Drummond: Da Rosa do Povo à Rosa das Trevas

Sobre a cidade concentro
o olhar experimentado,
esse agudo olhar afiado
de quem é douto no assunto.
(Quantos perdi me ensinaram.)
Vejo a coisa pegajosa,
vai circunvoando na calma.

Não basta ver morte de homem
para conhecê-la bem.
Mil outras brotam em nós,
à nossa roda, no chão.

A redundância na caracterização desse olhar "experimentado", "agudo", "afiado", lançado sobre a cidade, busca evidenciar o quão "douto" no assunto (morte) é o sujeito lírico ("quantos perdi me ensinaram"). Evidencia também que, diferentemente do poema de Murilo Mendes, não há a mínima isenção na perspectiva através da qual assistimos à morte das casas ouro-pretanas e da própria História, sujeita à ação da natureza. Ela é, na verdade, produto de uma consciência votada à perda, a quem "não basta ver morte do homem para conhecê-la bem. Mil outras *brotam* (mais um índice de naturalização) *em nós, à nossa roda, no chão*" – numa seqüência que bem demonstra como a experiência da morte parte do sujeito lírico e se estende à realidade exterior até alcançar a cidade mineira.

Ora, essa consciência votada à perda; esse olhar tão experimentado na morte é próprio do sujeito *melancólico* que se anuncia desde a epígrafe de abertura e se confirma em outros poemas do livro. Ele tende a buscar fora de si a confirmação de seu estado em objetos lutuosos e cenários desoladores (como a caveira e as ruínas tão caras à imaginação melancólica do barroco). O sentimento aguçado da transitoriedade de todas as coisas, logo convertidas em ruínas, pode mesmo ocorrer "antes e independentemente de seu desmoronamento"[25], tal como se vê no poema de Drum-

---

25. É o que observa Olgária Matos a respeito do melancólico: "[...] o olhar entristecido é aquele que não encontra nada de durável, [...] em tudo vê ruínas, antes e independentemente de seu desmoronamento [...]" ("O Sol Triste das Ruínas", *Vestígios: Escritos de Filosofia e Crítica Social*, São Paulo, Palas Athena, 1998, p. 84).

Da Rosa das Trevas à Luz do Rosário

mond, antecipando-se à própria ação destrutiva das chuvas que ameaçavam derruir o patrimônio histórico de Minas. Como Quevedo, todo melancólico poderia afirmar:

...y no hallé en que poner los ojos
que no fuese recuerdo de la muerte.

Ou, antes dele, com o não menos melancólico Da Vinci:

Não nasce em mim nenhum pensamento em que a morte não esteja esculpida.

Ainda a esse respeito, observa Starobinski, a propósito da melancolia baudelairiana de "Le cygne", que as imagens de desconstruções e construções do urbanismo de meados do século passado, "com sua mistura de monumentalidade e de função repressora", não apenas são uma das causas do *spleen* e do sentimento de exílio "retratados nos versos", mas são também "evocadas porque o sentimento melancólico não cessa de olhar um objeto no qual aplicar seu trabalho, fixando o senso da perda sobre toda imagem que aceita devolver-lhe a justificação de seu próprio luto"[26].

Confirmando ainda mais a índole melancólica do observador de "Morte das Casas de Ouro Preto", vale lembrar que, para a filosofia e medicina antigas, a melancolia era vista como uma *doença do olhar*[27] – o que justifica a ênfase no "agudo olhar afiado" referida atrás. Além do que, como demonstra Benjamin, a visão do melancólico é correlata à visão da história como natureza – o que se confirma plenamente no poema de Drummond:

Com admiração [diz o filósofo] o melancólico vê a terra voltar ao puro estado de natureza.

Da mesma estirpe do melancólico, o *Angelus novus* de Klee, tão caro a Benjamin, mergulha

---

26. Jean Starobinski, *La Mélancolie au Miroir*, op. cit., p. 64.
27. Christine Buci-Glucksmann, "L'Oeil de la Pensée: Une Mélancolie Tragique", *Figures de la Mélancolie. L'Écrit du Temps*, 13, Paris, Les Éditions de Minuit, 1987, pp. 23 e ss.

Drummond: Da Rosa do Povo à Rosa das Trevas

[...] tão fundo na substância da história que percebe sua natureza de ruína: sob o olhar alegórico, as fachadas desabam, o *Schœne Schein* da história linear revela sua natureza ilusória, a beleza se evapora, e a morte, finalmente desvendada como verdade da vida, retribui o olhar que lhe dirigem os vivos, atrás das órbitas vazias de uma caveira[28].

E é justamente essa *verdade da vida* que se desvela ao observador no final de "Morte das Casas de Ouro Preto":

> A morte baixou dos ermos,
> gavião molhado. Seu bico
> vai lavrando o paredão
>
> e dissolvendo a cidade.
> Sobre a ponte, sobre a pedra,
> sobre a cambraia de Nize,
> uma colcha de neblina
> (já não é a chuva forte)
> me conta por que mistério
> o amor se banha na morte.

Com idêntico mistério final, vale lembrar, defronta-se também o sujeito lírico no poema "Perguntas", da seção dedicada ao passado familiar ("Lábios Cerrados"), após a série de indagações dirigidas, numa "incerta hora fria", ao fantasma cuja sombra se projeta sobre seu ser inteiro: que força os prendia, "prolongando-a no espaço, uma angústia no tempo"? Qual o segredo desse "convívio sem contato" que o obriga a quedar-se diante do fantasma como diante de um espelho que lhe devolve "uma diversa imagem, mas sempre evocativa do primeiro retrato que compõe de si mesma a alma predestinada a um tipo de aventura terrestre, cotidiana"? Por que insistir "nos frios alcantis de meu serro natal, desde muito derruído, em acordar memórias de vaqueiros e vozes, magras reses, caminhos onde a bosta de vaca é o único ornamento, e o coqueiro-de-espinho desolado se alteia"? Qual a "razão sem razão", enfim, de inclinar-se aflito "sobre restos de restos, de onde nenhum alento vem refrescar a febre

---

28. Sérgio Paulo Rouanet, *Édipo e o Anjo: Itinerários Freudianos de Walter Benjamin*, Rio de Janeiro, Tempo Brasileiro, 1981, pp. 24-25.

Da Rosa das Trevas à Luz do Rosário

deste repensamento; sobre esse chão de ruínas imóveis, militares na sua rigidez que o orvalho matutino já não banha ou conforta"? Diante de tais indagações, próprias ao "ruminar" do melancólico[29], com sua ênfase num cenário de desolação, de restos, de ruínas, responde o fantasma, "no vôo que desfere, silente e melancólico, rumo à eternidade":

Amar, depois perder.

Essa mesma verdade desvela-se ao observador melancólico de "Morte das Casas de Ouro Preto" através de "uma colcha de neblina" – que segue a ação destrutiva da "chuva forte" como uma reminiscência desta e da morte que a tudo nivela (natureza e história) – pousando "sobre a pedra, sobre a ponte / sobre a cambraia de Nize". Estas, por sua vez, são também reminiscências, vestígios, restos da amada e antiga cidade mineira agora reduzida, enfim, a ruínas. Vestígios não só de sua constituição física, arquitetônica (pedra, ponte) como também de sua história, cultura e mitos (através da referência à peça íntima da musa do nosso não menos melancólico árcade *Glauceste Satúrnio*, que aí viveu no período mais próspero e conturbado). Mas, acima de tudo, são lembranças da efemeridade, transitoriedade e insignificância das coisas, seres, memória e história, todos sujeitos ao mesmo destino *natural*. *Memento mori*.

---

29. Sobre o *Gruebeln* ("ruminação", "escavação") como forma de reflexão ou pensamento característico do melancólico (*Gruebelner*), ver os capítulos da *Origem do Drama Barroco Alemão*, em que Benjamin trata da melancolia e do apego às ruínas. Ver ainda Rouanet, *op. cit.*, pp. 38-43.

Drummond: Da Rosa do Povo à Rosa das Trevas

9

OURO SOBRE AZUL: REVELAÇÃO FINAL

"[...] sofro, logo existo."

ARTHUR SCHOPENHAUER

Da meditação sobre ruínas, passo a outro *topos* recorrente na tradição da poesia meditativa, evocado nos derradeiros versos de "Relógio do Rosário", com que Drummond dá fecho ao livro de 1951 (e eu, à presente abordagem): *a meditação à beira do túmulo ou do cemitério.*

Participando da mesma seção (homônima) de "A Máquina do Mundo", "Relógio do Rosário" permaneceu meio à sombra do desvelar sublime da grandiosa incursão dantesco-camoniana, tão mais celebrada pela crítica. No entanto, não lhe fica a dever muito em grandeza ou sublimidade, embora mais discreta, inclusive no diálogo implícito com a tradição, conforme se verá. Além do que, há de considerar a importância tanto maior do poema para a compreensão decisiva do percurso descrito pelo livro, pois parece ser nele – e não no poema que lhe faz *pendant* – que reside o *claro enigma* do título, evidenciado pelo jogo de cores e luzes com que é saudada a verdade final a que se acede o eu lírico.

Vistos em *confronto* – a meu ver, deliberadamente armado por Drummond –, os dois poemas da seção final mantêm uma relação complementar, convergente em determinados pontos, divergente em outros mais significativos. Assim, enquanto em "A Máquina do Mundo", o *insight* ocorre no momento em que o eu lírico defronta-se com ela, em meio a uma estrada pedregosa de Minas, em "Relógio do Rosário", dá-se através da treva que baixa do som em meio à praça: se a estrada indica toda uma trajetória individual anterior ao momento epifânico, marcada pela busca incessante, a praça surge como ponto de parada e – muito embora o eu figure aí isoladamente – como espaço de socialização, lembrando-se aqui o título dado pelo poeta ao conjunto de poemas de inspiração social (*na praça de convites*). Veremos, entretanto, que a socialização em causa processa-se num outro plano em "Relógio do Rosário".

Em "A Máquina do Mundo", o desvelar sublime dá-se sob a forma de um clarão em meio à escuridão exterior e interior ("vinda dos montes e do meu próprio ser desenganado"), entre o "fecho da tarde" – com o declínio do dia em estreita correlação com o da crença na validade do conhecimento que se ofertará, gratuito, ao viandante – e a noite em que "impera a treva mais estrita", indicando a falta de perspectivas do caminhante que refaz o caminho de volta, de "mãos pensas", avaliando o que perderá. Já em "Relógio do Rosário" ocorre o contrário: a sombra que baixa do som do relógio irrompe em meio ao dia claro e, após o eu lírico desvelar essa verdade *sombria*, há o retorno à realidade diurna, acompanhado de todo um jogo de luzes e cores.

Note-se, também, que, em "Relógio de Rosário", é o eu lírico quem decifra a verdade maior, ao contrário do poema anterior, onde ela se oferta gratuita – e, porque gratuita, leva à recusa do caminhante, que por tanto tempo buscou-a em vão. Disso decorre uma diferença central entre os dois poemas: *enquanto "A Máquina do Mundo" encerra um ato de recusa, "Relógio do Rosário" encerra um ato de aceitação, entrega e identificação*. No primeiro, o que o eu – a princípio hesitante[1] –, por fim,

---

1. Essa oscilação do caminhante – "semelhante a essas flores reticentes // em si mesmas abertas e fechadas" – foi aproximada da atitude vacilante a que alude a crônica sobre a classe média, em palestra proferida em 1997 por Paulo Arantes, na FAU-USP, por ocasião dos dez anos da morte do poeta, atribuindo, entretanto, essa aproximação ao Prof. Bento Prado Júnior.

Drummond: Da Rosa do Povo à Rosa das Trevas

recusa é um privilégio concedido a poucos[2], que atende a uma aspiração verdadeiramente *fáustica*, pois se pretende o conhecimento último, *totalizante*: é a "*total* explicação da vida", "*tudo* que define o ser terrestre", a "estranha ordem geométrica de *tudo*" – que o eu recusa, desconfiado, não só por se ofertar gratuitamente, mas por ser imposto de fora, sem qualquer enraizamento no seu universo familiar, na sua vivência particular ou em qualquer vivência particular, dado seu caráter abstratizante, totalizante[3].

Já em "Relógio do Rosário", o que se *aceita* é a *identidade* numa dor universal, que o indistingue e o nivela aos demais homens, bichos e coisas. E justamente por se fundar na identidade é que a verdade desvelada ao eu lírico em "Relógio do Rosário" se traduz mais em termos *simbólicos*, por oposição ao caráter *alegórico* da que é ofertada pela máquina do mundo – fundada na *alteridade*, dada a "*estranha* ordem geométrica" referida há pouco. Ora, o fundamento do *símbolo* é a *convergência*, a *união*, a *identidade*, como a própria etimologia do termo indica: *symbolon*, "junção dos diferentes, costura, amplexo"[4]. E é justamente da identidade e união que trata o poema, através da irmanação da dor individual do eu na dor universal:

> Oh dor individual, afrodisíaco
> selo gravado em plano dionisíaco,

É possível, creio eu, ver na atitude oscilante (no poema, tanto quanto na crônica) e na recusa final a desconfiança diante das explicações totalizantes, em virtude justamente da vivência recente dos regimes totalitários (pensando não só no nazismo, mas também no stalinismo), que vimos estar na origem do pessimismo e do desengano de *Claro Enigma*.

2. Não custa lembrar aqui que, em *Os Lusíadas*, a revelação da máquina é um prêmio concedido a Vasco da Gama, enquanto para Drummond ela se converte numa ironia atroz, porque se lhe apresenta num momento em que já desistiu da busca pelo conhecimento que agora se lhe oferta gratuitamente.

3. Acompanho aqui de perto a bela análise do poema feita por Alfredo Bosi, "'A Máquina do Mundo' entre o Símbolo e a Alegoria", *Céu, Inferno*, São Paulo, Ática, 1988.

4. *Idem*, p. 86. Lembre-se ainda aqui Schelling, que "vai buscar o sentido original da palavra *símbolo* na senha ou marca de reconhecimento (a *tessera* dos romanos), que foi primitivamente aquele objeto partido em dois cuja apresentação e encaixe permite a dois amigos se reconhecerem, no reencontro depois de longa ausência – e assim restitui ao símbolo seu sentido etimológico de 'convergência', 'encontro'" (Rubens Rodrigues Torres Filho, "O Simbólico em Schelling", *Ensaios de Filosofia Ilustrada*, *op. cit.*, p. 130).

Da Rosa das Trevas à Luz do Rosário

a desdobrar-se, tal um fogo incerto,
em qualquer um mostrando o ser deserto,

dor primeira e geral, esparramada,
nutrindo-se do sal do próprio nada,

convertendo-se, turva e minuciosa,
em mil pequena dor, qual mais raivosa
[...]
dor de tudo e de todos, dor sem nome,
ativa mesma se a memória some,

dor do rei e da roca, dor da cousa
indistinta e universa [...]

Dor dos bichos, oclusa nos focinhos,
nas caudas titilantes, nos arminhos,

dor do espaço e do caos e das esferas,
do tempo que há de vir, das velhas eras!

Schopenhauer e Nietzsche são evocados aqui para dar fundamento a essa "dor individual" que, ao "desdobrar-se, tal um fogo incerto, em qualquer um mostrando o ser deserto", afirma-se na sua universalidade. A evocação do primeiro se faz, obviamente, pela visão pessimista da dor inerente a toda e qualquer forma de existência (do rei, da roca, dos bichos...) que, segundo o filósofo alemão, é decorrência de um *querer* ou uma *vontade* – fundamento metafísico de toda e qualquer forma ou manifestação do ser vivente – nunca satisfeita. Schopenhauer dirá:

Os esforços incessantes do homem para repelir [ess]a dor só culminam em fazê-la mudar de rosto. [...] Se consegue repelir a dor sob uma determinada forma, ela retorna sob mil outras figuras, mudando segundo a idade e as circunstâncias: ela se faz desejo carnal, amor passional, ciúme, inveja, ódio, inquietude, ambição, avareza, doença e tantos outros males, tantos outros.

Assim também dirá Drummond nos versos acima, ao se referir a esse caráter mutável, mas permanente da dor, que se converte, "turva e minuciosa, / em mil pequena dor, qual mais raivosa". O próprio modo de se revelar a verdade da dor como fundamento da existência ao eu lírico, ou

Drummond: Da Rosa do Povo à Rosa das Trevas

seja, na forma de uma *sombra* irrompendo em meio ao dia, parece derivar do repertório de imagens com que Schopenhauer nomeia a *vontade* geradora da infelicidade: "luz negra", "núcleo de sombra". Nem mesmo o relógio referido no título do poema parece fugir a esse repertório. Segundo o filósofo, o homem é um relógio que segue frivolamente o curso do tempo: "Uma vez montado, funciona sem saber por quê"[5].

Já a evocação de Nietzsche (cuja dívida para com Schopenhauer é bem sabida) dá-se através do "afrodisíaco selo gravado em plano dionisíaco", que remete de pronto a uma das clássicas polarizações estabelecidas pelo filósofo em *O Nascimento da Tragédia*. Se o dionisíaco representa a celebração dos instintos, do prazer e do êxtase (de onde a associação com o "afrodisíaco", reforçada ainda pela rima) e a dimensão misteriosa do Uno Primordial, a fusão originária num todo indiviso onde impera "a coisa em si de todo fenômeno"; ele também encarna a experiência da dor ou da agonia da individuação, de acordo com a interpretação de Nietzsche – que via a tragédia como representação do mito de Dioniso, escondido por trás das máscaras dos vários heróis trágicos. Aos olhos do filósofo, Dioniso era a encarnação do mito cósmico do Homem Universal, cujo despedaçamento constituiu o primeiro mal, que efetuou a criação do mundo dos seres individuais. Sua ressurreição ou renascimento representaria o fim da individuação e a restauração da unidade original. A doutrina trágica presente nos Mistérios constituiria, segundo Nietzsche, justamente, o conhecimento dessa unidade primordial de tudo que existe; da individuação como primeiro fundamento do mal e da arte como a centelha de esperança de retorno ao todo indivisível[6]. Drummond

---

5. Os comentários e citações de Schopenhauer foram colhidos no estudo de Olgária Matos, *Os Arcanos do Inteiramente Outro, op. cit.*

6. Nas palavras do próprio Nietzsche, "o único dioniso verdadeiramente real aparece em uma pluralidade de figuras, sob a máscara de um herói combatente e como que emaranhado na rede da vontade individual. E assim que o deus, ao aparecer, fala e age, ele se assemelha a um indivíduo que erra, se esforça e sofre: esse, em geral, aparece com essa precisão e nitidez épicas, isso é o efeito de Apolo, esse decifrador de sonhos, que evidencia ao coro seu estado dionisíaco por meio dessa aparição alegórica. Em verdade, porém, esse herói é o Dioniso sofredor dos mistérios, aquele deus que experimenta em si o sofrimento da individuação, do qual mitos maravilhosos contam que, quando rapaz, foi despedaçado pelos titãs e nesse estado é venerado como Zagreu: o que sugere que esse despeda-

Da Rosa das Trevas à Luz do Rosário

certamente tem em mira essa agonia da individuação, esse despedaçamento em seres individuais, o sofrimento que une e separa, pois a dor primeira é definida como individual ao mesmo tempo que desdobra para todos os demais seres e formas existentes.

Mais do que Nietzsche, entretanto, a filosofia da dor de Schopenhauer – cuja presença já foi denunciada em outros momentos da lírica de Drummond[7] –, parece atuar de forma mais decisiva no *pessimismo* de "Relógio do Rosário", quiçá de *Claro Enigma*[8]. Apesar das reservas feitas ao autor de *O Mundo como Vontade e Representação* – o pessimismo como solução abstrata; o quietismo filosófico como afirmação do existente e como recusa do agir –, um filósofo como Horkheimer soube reconhecer a "atualidade" de seu pensamento para a Teoria Crítica. Demonstrou, assim, como a existência da dor previne a filosofia schopenhaueriana de erigir fins práticos, na medida em que "critica as pretensões absolutas dos programas, sem, por seu turno, fazer uma campanha em favor de algum outro". Tomando o partido do temporal contra o eterno totalmente desapiedado, sua "doutrina da vontade cega" acaba por arrebatar "ao mundo a

çamento, em que consiste propriamente a paixão dionisíaca, equivale a uma transformação em ar, água, terra e fogo, e que portanto temos de considerar o estado da individuação como a fonte e o primeiro fundamento de todo sofrimento, como algo repudiável em si mesmo. Do sorriso desse Dioniso nasceram os deuses olímpicos, de suas lágrimas os homens. Nessa existência como deus despedaçado, Dioniso tem a dupla natureza de um demônio horripilante e selvagem e de um soberano brando e benevolente. Mas a esperança dos *epoptes* era um renascimento de dioniso, que agora pressentimos como o fim da individuação: era para esse terceiro Dioniso vindouro que soava o fervoroso canto de júbilo dos eptotes. E somente nessa esperança há um clarão de alegria no semblante do mundo dilacerado, destroçado em indivíduos: assim como o mito o mostra na imagem de Deméter mergulhada em eterno luto, que pela primeira vez se *alegra* ao lhe dizerem que pode dar à luz Dioniso *mais uma vez*. Nas instituições mencionadas temos todos os componentes de uma visão de mundo profunda e pessimista e com eles, ao mesmo tempo, *a doutrina da tragédia que está nos Mistérios*: o conhecimento fundamental da unidade de tudo que existe, a consideração da individuação como o primeiro fundamento do mal, a arte como a alegre esperança de que o exílio da individuação pode ser rompido, como o pressentimento de uma unidade restaurada" (Friedrich Nietzsche, *O Nascimento da Tragédia no Espírito na Música, Obras Incompletas*, trad. Rubens Rodrigues Torres Filho, São Paulo, Abril Cultural, 1983, p. 10).

7. Ver Joaquim-Francisco Coêlho, "O Mal de Domingo: Drummond e Schopenhauer", *Colóquio/Letras*, Lisboa, jan. 1979.

8. Vimos, já, em outro momento, índice dessa presença schopenhaueriana no livro, que se confirma desde o título, com a menção ao enigma, concepção rara ao pensamento do filósofo alemão.

Drummond: Da Rosa do Povo à Rosa das Trevas

mentirosa aparência que lhe havia oferecido a antiga metafísica; por expressar o negativo e guardá-lo no pensamento – em completa oposição ao positivismo –, faz com que, pela primeira vez, fique a descoberto o motivo da solidariedade dos homens e do ser em geral, o desamparo". Partilhando "com a política esclarecida o momento de que carece de ilusões", a filosofia schopenhaueriana afirma que a solidariedade só pode ser conquistada graças à desesperança. A seu ver, os fanatismos e as divisões políticas separam os homens, enquanto o desamparo e o desconsolo os unem. Na medida em que constitui "uma expressão da vontade cega de existir e da necessidade de gozar de bem-estar", o indivíduo sem amparo e consolo diante da História Universal, carente de felicidade, seria o único agente transformador. Nesse sentido, podemos compreender melhor o endosso da tese schopenhaueriana da identidade na dor como fundamento de toda existência em "Relógio do Rosário", *onde ela também se afirma como resposta às pretensões absolutas dos programas, aos fanatismos e divisões políticas, que Drummond conheceu de perto*, no embate com a política stalinista do PCB, que vimos ser, desde o início, uma das principais motivações para o pessimismo dominante nessa fase da obra do poeta[9].

Contra essa visão pessimista da dor como fundamento do existente, Drummond chega a evocar, na seqüência do poema, a tese dantesca do amor como o motor do mundo, que "move o Sol e as outras estrelas". Mas, se o faz, não é para ratificá-la e sim, questioná-la, chegando, por fim, a negá-la:

> Não é pois todo amor alvo divino,
> e mais aguda seta que o destino?

---

9. Seria, também, contra esse tipo de dogmatismo, bem como contra a metafísica e a realidade do mundo administrado no capitalismo tardio – em suma, contra toda espécie de *totalidade* – que a Teoria Crítica encamparia o legado schopenhaueriano do pessimismo, da dor e do sofrimento (cf. Olgária Matos, *Os Arcanos do Inteiramente Outro, op. cit.*, pp. 251 e ss.). Ainda na esteira da Teoria Crítica, não seria demais afirmar (sem, é claro, postular qualquer intenção deliberada por parte do nosso Poeta) que "Relógio do Rosário", juntamente com a *grande recusa* de "A Máquina do Mundo", ao investirem contra a abstração e a totalidade em favor do individual, parecem responder diretamente ao diagnosticado por Adorno e Horkheimer desde 1947, com sua *Dialética do Esclarecimento.*

Da Rosa das Trevas à Luz do Rosário

Não é motor de tudo e nossa única
fonte de luz, na luz de sua túnica?

O amor elide a face... Ele murmura
algo que foge, e é brisa e fala impura.

O amor não nos explica. E nada basta,
nada é de natureza assim tão casta

que não macule ou perca sua essência
ao contato furioso da existência.

Nem existir é mais que um exercício
de pesquisar de vida um vago indício,

a provar a nós mesmos que, vivendo,
estamos para doer, estamos doendo.

O amor seria um caminho possível de superação da dor da indivi-
duação, pois seu fundamento é justamente a reconciliação, a união. Mas,
para Drummond, o amor é algo de irreconhecível (pois "elide a face"),
imperceptível e fugaz (pois "*murmura* algo que é brisa ou fala impura"),
sem força bastante para se afirmar e manter sua *pureza essencial* no "con-
tato furioso da existência". Com isso, mostra-se incapaz de fazer frente e
superar a dor do existir, que se afirma mais uma vez como verdade últi-
ma, revelada em toda sua clareza ao sujeito lírico em meio à dourada
praça do Rosário, fazendo dissipar "no *som* a *sombra*" – repetição de
som que evoca as últimas badaladas do relógio:

Mas na dourada praça do Rosário,
foi-se, no som, a sombra. O columbário

já cinza se concentra, pó de tumbas,
já se permite azul, risco de pombas.

A devida compreensão do poema exige que se considere mais detida-
mente o *espaço* a que remetem os versos finais (e o título), pois é nele que
se encontra *cifrada* a verdade maior a que acede o sujeito lírico. Ou seja,
é a partir da audição das badaladas do relógio do Rosário e da contem-

Drummond: Da Rosa do Povo à Rosa das Trevas

plação da dourada praça onde ele se instala, que o sujeito lírico decifra o "choro pânico do mundo", desvelando a verdade da dor como o fundamento da existência.

Sant'Anna já tentou interpretar a indicação contida no título[10], destacando

[...] a imagem – *cruz-rosário-rosa* com seus múltiplos significados. O imponderável que do místico vai ao místico e reafirma o metafísico. Rosa e Cruz – símbolos congeminados que atraíram tanto Hegel como Leibniz e Descartes e que ao poeta se mostram como imagens recorrentes. Rosário: templo barroco em Minas. Templo e *templum*: cruzamento, intersecção do Eu e o Mundo. No relógio (tempo) abre-se o olho (consciência). Num outro poema, ele mesmo faria tal aproximação: "a hora no relógio da matriz é grave como a consciência" (*O Relógio*).

O crítico, entretanto, tende a desconsiderar, em favor da ponderação metafísica, a referência mais direta, que se vincula ao contexto natal e ao passado familiar do poeta. Se Rosário evoca templo barroco – como muitos que, de fato, existiram em várias cidades mineiras e aos quais se liga muito da história das irmandades dos homens pretos, vistas por Drummond como um dos caminhos por onde estudar a história das lutas sociais no Brasil-Colônia, conforme crônica de *Passeios na Ilha*[11] –, faltou identificar que templo *específico* é esse a que se refere o poema, ou seja, a *Matriz do Rosário de Itabira*, tão cara ao poeta, que a ela se reportaria em mais de um momento de sua obra. Não só na poesia, mas também na prosa, como se vê na crônica escrita em 1970, por ocasião do desmoronamento da querida igreja matriz da infância, que o menino de Itabira acreditava ser eterna, "destinada a comandar a cidade geral, geração após geração. [...] Em essência, a matriz existira sempre, e continuaria a existir num futuro infindável, pois assim devia ser"[12] – diz o cronista, de acordo com a sua impressão de menino, mar-

---

10. Afonso Romano de Sant'Anna, *op. cit.*, p. 242.
11. "Irmandade do Rosário dos Homens Pretos", *Passeios na Ilha*, *op. cit.*
12. Carlos Drummond de Andrade, "A Matriz Desmoronada", *Auto-retrato e Outras Crônicas*, org. Fernando Py, Rio de Janeiro, Record, 1989, p. 169. O mesmo tema do desmoronamento de algo que parecia votado à eternidade, visto na "Morte das Casas de Ouro Preto", reaparece aqui, a propósito da Matriz itabirana.

Da Rosa das Trevas à Luz do Rosário

cada pelo senso de uma perpetuidade natural. A própria simplicidade e pobreza dessa Igreja de meados do século XVIII, por onde não passou nenhum Aleijadinho, um Ataíde ou um Servas, parecia contribuir, aos olhos do cronista, para que a atenção do fiel se concentrasse apenas nesse sentimento de permanência e eternidade:

> Artífices anônimos assim a fizeram para que ninguém se distraísse com sua beleza, e ela imperasse pela força, pela grandeza, pelo sino e pelo relógio. E pelo sentimento de eternidade, que parecia atributo da religião, naquele tempo[13].

Além do sentimento de eternidade, a lembrança do cronista, como se vê, evoca especialmente o "sino que soava longe", como dirá em outro momento, e o relógio da fachada, o mesmo a que alude o poema e sobre o qual há, ainda, esta passagem da crônica:

> [...] o relógio da fachada da igreja [...] dominava todas as horas: no friozinho do amanhecer, na preguiça da tarde, no tecido confuso da noite. Horas especiais saíam dele, nítidas, severas, ordenando o trabalho de cada um. No silêncio absoluto, quando pessoas e animais pareciam mortos, tinha-se consciência da vida, porque o relógio avisava e repetia o aviso[14].

O relógio da matriz que regrava o ritmo da vida na província foi também o primeiro a dar ao menino a consciência definitiva do próprio tempo. Tanto que suas badaladas severas continuariam a repetir-se no longilonge da lembrança do velho memorialista de *Boitempo*, que dedicaria ainda os seguintes versos ao antigo relógio:

> Mas a hora no relógio da Matriz é grave
> como a consciência [...]
>
> Cada hora é fixada no ar, na alma,
> continua soando na surdez.[...]
>
> Som para ser ouvido no longilonge

13. *Idem*, p. 171.
14. *Idem*, p. 170.

Drummond: Da Rosa do Povo à Rosa das Trevas

do tempo da vida.

Imenso
no pulso
este relógio vai comigo[15].

Mas, além do sino (muito provavelmente o mesmo sino Elias do outro poema da série *Boitempo*) e do relógio da fachada, há outra lembrança evocada pelo cronista, que o prende, por laços familiares, à velha matriz de Itabira:

Aquele altar lateral foi o pai do menino que doou; o prestígio familiar paira como incenso, embalsamando a nave. Quando morrermos, iremos direto para o céu, sem contestação. Campas de antepassados, nossos e dos outros principais da cidade, forram o chão da sacristia. Já ninguém mais se enterra ali. Os privilegiados incorporaram-se ao acervo sacro, suas cinzas esvaídas são alfaias invisíveis, mas presentes. Que chão esse, condomínio nosso e de Deus[16].

A tais tumbas e cinzas dos antepassados que forram o chão da sacristia – privilégio das elites locais incorporado ao acervo sacro – referem-se decerto os dísticos finais de "Relógio do Rosário", com a menção ao "columbário", empregado no duplo sentido do termo: como nicho destinado a receber as *urnas funerárias* e como *pombal*. A duplicidade de sentido envolve significados bastante antitéticos, evidenciados ainda mais por força da *única rima imperfeita* presente no poema ("tumbas/pombas"), posta em destaque justamente no dístico final. Talvez mais do que rima imperfeita, fosse o caso de falar, com Hélcio Martins, em *dissolução da rima sintonizada com a dissolução das sombras* no penúltimo dístico:

Como estes dois dísticos afloram do choro e da treva em que estiveram mergulhados os anteriores, ao ir-se a sombra com o mesmo som das horas que a trouxe, emerge também à vista do poeta, para o azul imenso do céu, a forma nítida da torre com seu relógio; o abrir-se desse espaço infinito, reconquistado à sombra para o livre vôo das aves e para o olhar do poeta, está sugerido expressivamente pela dissolução do esque-

15. *Poesia e Prosa, op. cit.*, p. 170.
16. "A Matriz Desmoronada", *op. cit.*, p. 170.

Da Rosa das Trevas à Luz do Rosário

ma rímico do poema no verso final; a palavra *pomba*, gerada etimológica e semanticamente em *columbário* ("pombal"), determina essa dissolução ao mesmo tempo que precipita, símbolo de vida que é, a expressão do antagonismo que há entre ela e a outra, a que a originou (columbário, "cavidade em que se depositam urnas funerárias", isto é, "pó de tumbas" na palavra no poeta). Aí, como em outros tantos lugares de sua obra, Drummond vale-se de vocábulos polissêmicos para expressar certas contradições que dialeticamente percebe na realidade exterior e humana, e no próprio idioma, que magistralmente conhece e domina[17].

A dissonância está, assim, a serviço da verdade maior revelada ao eu ao final do poema, diante da tumba dos antepassados. Antes, porém, de falar dessa verdade, é preciso ainda ressaltar a alusão contida nessa rima aos famosos versos de abertura de "Cimetière Marin" –

> ce toit tranquille, où marchent des *colombes*,
> Entre les pins palpite, entre les *tombes* [...] –,

cuja rima (perfeita, em Valéry) reaparece em outro momento central do poema:

> Le blanc troupeau de mes tranquilles *tombes*,
> Éloignes-en les prudentes *colombes*, [...]

A evocação, pela rima (e talvez pelo *sol*, como símbolo da *consciência*, da *lucidez* em ambos os poemas), de "Cimetière Marin", ajuda a evidenciar a situação que serve de estímulo à reflexão descrita nos versos de "Relógio do Rosário" por ser precisamente a mesma de que parte o poema de Valéry: a meditação diante do cemitério ou túmulo dos antepassados na cidade natal. Como se deve saber, o poema – único em que, segundo o próprio Valéry, "coloquei alguma coisa de minha própria vida" – remete ao cemitério de Sète (cidade natal do poeta, no Midi), que, diz ele, "domine la mer sur laquelle on voit comme des colombes errer, *picorer les barques de pêche*". Valéry tira proveito dessa proximidade entre cemitério e mar para figurar o jogo entre *imobilidade* e *movimento* que está no

---

17. Hélcio Martins, *op. cit.*, pp. 103-104.

Drummond: Da Rosa do Povo à Rosa das Trevas

cerne do poema – jogo que a rima perfeita (*colombes/tombes*) encampada por Drummond em seu poema também parece dar conta de figurar. A essa oposição central alinham-se outras, como tempo e eternidade, instante e duração, vida e morte. Sobre esse jogo de opostos presente no poema, diz Marcel Raymond tratar-se, em suma, de

> [...] uma luta entre a atitude *pura* (absoluta), a da consciência que se entrincheira em seu isolamento, e a atitude oposta ou impura, do espírito que aceita a vida, a mudança, a ação, e que renuncia a seu sonho de integridade perfeita para deixar-se seduzir pelas coisas e encadear-se em suas metamorfoses[18].

Essa aceitação e triunfo final da vida evidencia-se na derradeira estrofe de "Cimetière Marin" pelo famoso "...il faut tenter de vivre!"

Mas se os versos finais de "Relógio do Rosário" evocam, pela rima imperfeita, a mesma situação retratada nos versos de Valéry, é, todavia, para concluir de um modo diverso: se, de acordo com a tese schopenhaueriana, o viver é fundamentado na dor, a morte se afigura como única forma de alçar à paz, de alcançar a libertação, a superação da catástrofe simbolizada, como no mito bíblico de Noé, pela pomba desferindo o vôo sob o céu azul. Verdade que o poeta soube brilhantemente desvelar, com o auxílio da sábia etimologia, na duplicidade semântica de *columbário*.

Por mais contraditório e irônico que possa parecer, embora *sombria*, essa verdade não é, de todo, negativa. Como dirá o próprio Drummond em "Segredos" – crônica de *Passeios na Ilha* que é o equivalente em prosa da verdade da morte (e da vida) revelada pelos poemas de *LÁBIOS CERRADOS*, e, em boa medida, pelos versos de "Relógio do Rosário":

> Contudo, essa inteligência dos mortos, que alcançamos mediante o desgaste de nossa própria vida, e nem de leve se equipara ao conhecimento científico do pesquisa-

---

18. Marcel Raymond, "Paul Valéry ou o Clássico do Simbolismo", *De Baudelaire al Surrealismo*, México, Fondo de Cultura Económica, 1995, pp. 137-138. Como nota ainda Raymond, essa é praticamente a mesma conclusão a que chega outro dos grandes poemas de Valéry: "La Jeune Parque", que também termina com a transição da escuridão da noite à luz, aos primeiros albores do dia. Quem sabe Drummond também tivesse em mente o desfecho desse poema ao compor os versos de "Relógio do Rosário".

Da Rosa das Trevas à Luz do Rosário

dor, pois o transcende – essa inteligência não nos afasta do mundo vivo e dialeticamente agitado, nem é uma luz funerária, que nos dê o ar lívido de mortos antecipados. É também inteligência da vida. Interações secretas e caprichosas, de que não suspeitávamos, enfim se desvendam aos nossos olhos, *e ninguém poderá afirmar que a verificação desse comércio constitua coisa triste em si, ou que o conhecimento em geral seja algo de especificamente doloroso, quando é antes libertador e, como tal, fonte de alegria*[19].

Assim, o eu melancólico que, em virtude mesmo desse estado de luto patológico, tendia a ver em tudo – conforme a análise de "Morte das Casas de Ouro Preto" – *recuerdo de la muerte*, parece nela reconhecer, por fim, um valor compensatório: a superação da dor do existir retratada em "ouro sobre azul", expressão que, curiosamente, designa a ocasião, oportunidade, coisa excelente...[20].

19. *Passeios na Ilha, op. cit.*, p. 1383.
20. Cf. Hélio Lopes, *Letras de Minas e Outros Ensaios*, org. Alfredo Bosi, São Paulo, Edusp, 1997, p. 377.

Drummond: Da Rosa do Povo à Rosa das Trevas

BIBLIOGRAFIA

DO AUTOR

ANTOLOGIA POÉTICA. Rio de Janeiro, Ed. do Autor, 1962.

AUTO-RETRATO E OUTRAS CRÔNICAS. Org. Fernando Py. Rio de Janeiro, Record, 1989.

FAREWELL. Rio de Janeiro, Record, 1996.

NOVA REUNIÃO: 19 LIVROS DE POESIA. Rio de Janeiro, José Olympio, 1987. 2 vols.

POESIA E PROSA. Rio de Janeiro, Aguilar, 1964.

POESIA E PROSA. Rio de Janeiro, Nova Aguilar, 1992.

O OBSERVADOR NO ESCRITÓRIO. Rio de Janeiro, Record, 1985.

PASSEIOS NA ILHA. Rio de Janeiro, Simões, 1952.

TEMPO, VIDA, POESIA. Rio de Janeiro, Record, 1986.

"EU FUI UM HOMEM QUALQUER". Entrevista concedida a Zuenir Ventura. *Veja*. São Paulo, 19 nov. 1980.

"POÉTICA MODERNA". In: SENNA, Homero. *República das Letras: Entrevistas com 20 Grandes Escritores Brasileiros*. Rio de Janeiro, Civilização Brasileira; São José dos Campos, Univap, 1996.

VOLUMES ORGANIZADOS PELO AUTOR

A LIÇÃO DO AMIGO: CARTAS DE MÁRIO DE ANDRADE. Rio de Janeiro, Record, 1987.

BRASIL, TERRA E ALMA – MINAS GERAIS. Rio de Janeiro, Ed. do Autor, 1967.

SOBRE O AUTOR

ANDRADE, Mário de. "A Poesia de 30". *Aspectos da Literatura Brasileira.* São Paulo, Martins, 1960.

ACHCAR, Francisco. *A Rosa do Povo e Claro Enigma: Roteiro de Leitura.* São Paulo, Ática, 1993.

————— . *Lírica e Lugar Comum.* São Paulo, Edusp, 1995.

BRAYNER, Sônia (org.). *Carlos Drummond de Andrade.* Rio de Janeiro, Civilização Brasileira, 1978 (Col. Fortuna Crítica).

CAMPOS, Haroldo de. "Drummond: Mestre de Coisas". *Metalinguagem.* São Paulo, Cultrix, 1976.

————— . *A Máquina do Mundo Repensada.* São Paulo, Ateliê Editorial, 2000.

CANÇADO, José Maria. *Os Sapatos de Orfeu: Biografia de Carlos Drummond de Andrade.* São Paulo, Scritta Editorial, 1993.

CANDIDO, Antonio. "Inquietudes na Poesia de Drummond". *Vários Escritos.* São Paulo, Duas Cidades, 1995.

————— . "Poesia e Ficção na Autobiografia". *A Educação pela Noite e Outros Ensaios.* São Paulo, Ática, 1985.

————— . "Drummond Prosador". *Recortes.* São Paulo, Companhia das Letras, 1993.

CARPEAUX, Otto Maria. "*Claro Enigma*". *Diário de Notícias.* Rio de Janeiro, 2 nov. 1952.

COÊLHO, Joaquim-Francisco. *Terra e Família na Poesia de Carlos Drummond de Andrade.* Belém, Universidade Federal do Pará, 1973.

————— . "Carlos Drummond de Andrade e a Gênese do 'Sonetilho do Falso Fernando Pessoa'". *Revista da Biblioteca Nacional* n. 1, Lisboa, 1982.

————— . *Minerações.* Belém, Universidade Federal do Pará, 1975.

————— . "O Mal de Domingo: Drummond e Schopenhauer". *Colóquio/Letras.* Lisboa, jan. 1979.

CORREIA, Marlene de Castro. "Tragédia e Ironia em 'Os Bens e o Sangue'". *Littera.* Rio de Janeiro, set.-dez. 1972.

GARCIA, Othon Moacyr. *Esfinge Clara: Palavra-Puxa-Palavra em Carlos Drummond de Andrade.* Rio de Janeiro, São José, 1955.

Drummond: Da Rosa do Povo à Rosa das Trevas

GLEDSON, John. *Poesia e Poética em Carlos Drummond de Andrade*. São Paulo, Duas Cidades, 1981.

HOLANDA, Sérgio Buarque de. "Rebelião e Convenção"/"O Mineiro Drummond". *O Espírito e as Letras: Estudos de Crítica Literária*. Org. Antonio Arnoni Prado). São Paulo, Companhia das Letras, 1996, vol. 2.

_____. *Cobra de Vidro*. São Paulo, Perspectiva, Secretaria da Cultura, Ciência e Tecnologia do Estado de São Paulo, 1978.

HOUAISS, Antonio. *Drummond Mais Seis Poetas e um Problema*. Rio de Janeiro, Imago, 1976.

LAFETÁ, João L. "Leitura de 'Campo de Flores'". *Revista do Instituto de Estudos Brasileiros*, n. 11, São Paulo, 1972.

LIMA, Luiz Costa. *Lira e Antilira: Mário, Drummond, Cabral*. Rio de Janeiro, Topbooks, 1995.

LIMA, Mirella V. *Confidência Mineira*. São Paulo, Ática, 1995.

MARTINS, Hélcio. *A Rima na Poesia de CDA*. Rio de Janeiro, José Olympio, 1968.

MERQUIOR, José Guilherme. *Verso Universo em Drummond*. Rio de Janeiro, José Olympio/SECCT, 1975.

_____. *Razão do Poema: Ensaios de Crítica e Estética*. Rio de Janeiro, Topbooks, 1996.

MILLIET, Sérgio. *Diário Crítico*. São Paulo, Martins, 1955.

MORAES, Emanuel de. *Drummond: Rima Itabira Mundo*. Rio de Janeiro, José Olympio, 1972.

PIGNATARI, Décio. *Contracomunicação*. São Paulo, Perspectiva, 1971.

PRADO JUNIOR, Bento. "O Boi e Marciano". *Folha de São Paulo* (Supl. Especial). São Paulo, 31 out. 1982.

SANT'ANNA, Affonso Romano de. *Drummond: O Gauche no Tempo*. Rio de Janeiro, Record, 1992.

SANTIAGO, Silviano. *Carlos Drummond de Andrade*. Petrópolis, Vozes, 1976.

_____. "O Poeta como Intelectual". In: *Seminário: Carlos Drummond de Andrade – 50 Anos de "Alguma Poesia"*. Belo Horizonte, Conselho Estadual de Cultura de Minas Gerais, 1981.

_____. "Camões e Drummond: A Máquina do Mundo". *Hispânia*, vol. XLIX, n. 3, setembro de 1966, pp. 389-394.

SARAIVA, Arnaldo. "Os Poemas em Prosa de Drummond". *Supl. Literário. Minas Gerais*. Belo Horizonte, 17 jan. 1970.

SIMON, Iumna Maria. *Drummond: Uma Poética do Risco*. São Paulo, Ática, 1978.

TELES, Gilberto de Mendonça. *Drummond: A Estilística da Repetição*. Rio de Janeiro, José Olympio, 1976.

Bibliografia

GERAL

ADORNO, Theodor W. "Aquellos Anos Veinte". *Intervenciones*. Caracas, Monte Ávila Ed., 1960.

———. *Notes sur la Littérature*. Trad. Sybille Muller. Paris, Flammarion, 1984.

———. *Teoria Estética*. Trad. Artur Mourão. São Paulo, Martins Fontes, 1988.

———. *Grandes Cientistas Sociais*, n. 54. Trads. Flávio Kothe, Aldo Onesti e Amélia Cohn. São Paulo, Ática, 1988.

ADORNO, T. W. & HORKHEIMER, M. *Dialética do Esclarecimento*. Trad. Guido A. de Almeida. Rio de Janeiro, Zahar, 1985.

ANDRADE, Mário de. *Aspectos da Literatura Brasileira*. São Paulo, Martins, s/d.

———. *Táxi e Crônicas no Diário Nacional*. São Paulo, Duas Cidades/Secretaria da Cultura, Ciência e Tecnologia, 1976.

———. *O Empalhador de Passarinho*. São Paulo, Martins; Brasília, INL, 1972.

———. *O Baile das Quatro Artes*. São Paulo, Martins, 1943.

———. *71 Cartas de...* Coligidas e anotadas por Lígia Fernandes. Rio de Janeiro, São José, s/d.

ANTELO, Raúl. *Literatura em Revista*. São Paulo, Ática, 1984.

ARANTES, Paulo Eduardo. *Ressentimento da Dialética: Dialética e Experiência Intelectual em Hegel (Antigos Estudos sobre o ABC da Miséria Alemã)*. Rio de Janeiro, Paz e Terra, 1996.

ARANTES, Otília B. F. *Mário Pedrosa: Itinerário Crítico*. São Paulo, Scritta Editorial, 1991.

ARRIGUCCI JR., Davi. *Humildade, Paixão e Morte*. São Paulo, Companhia das Letras, 1990.

———. *O Cacto e as Ruínas*. São Paulo, Duas Cidades, 1997.

AUERBACH, Erich. *Ensaio sobre Dante, Poeta do Mundo Secular*. Trad. Raul de Sá Barbosa. Rio de Janeiro, Topbooks, 1997.

AZEVEDO FILHO, Leodegário A. de. *Camões, o Desconcerto do Mundo e a Estética da Utopia*. Rio de Janeiro, Tempo Brasileiro, 1995.

BACHELARD, Gaston. *A Poética do Espaço*. São Paulo, Martins Fontes, 1988.

———. *A Água e os Sonhos*. São Paulo, Martins Fontes, 1988.

———. *O Ar e os Sonhos*. São Paulo, Martins Fontes, 1988.

BAKHTIN, Mikhail. *Questões de Literatura e Estética*. São Paulo, Hucitec; Marília, Unesp, 1990.

BANDEIRA, Manuel. *Guia de Ouro Preto*. Rio de Janeiro, Ediouro, s/d.

BARBOSA, João Alexandre. "A Paixão Crítica". In: MEYER, Augusto. *Textos Críticos*. São Paulo, Perspectiva; Brasília, INL/Pró-Memória, 1986.

Drummond: Da Rosa do Povo à Rosa das Trevas

BAUDELAIRE, Charles. *As Flores do Mal.* Trad. Ivan Junqueira. Rio de Janeiro, Nova Fronteira, 1985.

BENDA, Julien. *La Trahison des Clercs.* Paris, Grasset, 1975.

BENJAMIN, Walter. *Angelus novus: Saggi e frammenti.* Trad. Renato Solmi. Torino, Giulio Einaudi editore, 1962.

_____. *Origem do Drama Barroco Alemão.* Trad. Sérgio Paulo Rouanet. São Paulo, Brasiliense, 1984.

_____. *Documentos de Cultura, Documentos de Barbárie: Ensaios Escolhidos.* Trad. Celeste H. M. Ribeiro de Sousa *et. al.* São Paulo, Cultrix, Edusp, 1986.

_____. *Obras Escolhidas I: Magia e Técnica, Arte e Política.* Trad. Paulo Sérgio Rouanet. São Paulo, Brasiliense, 1985.

_____. *Charles Baudelaire: Um Lírico no Auge do Capitalismo.* São Paulo, Brasiliense, 1989.

_____. *Walter Benjamin. Sociologia: Grandes Cientistas Sociais,* n. 50. Trad. Flávio R. Kothe. São Paulo, Ática, 1985.

_____ *et al. Textos Escolhidos.* Trad. José Lino Grünnewald *et al.* São Paulo, Abril Cultural, 1980 (Col. "Os Pensadores").

BENVENISTE, E. *Problemas de Linguística General.* México, Siglo Veintiuno, 1974.

BLAKE, Nigel & FRASCINA, Francis. "As Práticas Modernas da Arte e da Modernidade". *Modernidade e Modernismo: A Pintura Francesa no Século XIX.* São Paulo, Cosac & Naify, 1998.

BLOOM, Harold. *Abaixo as Verdades Sagradas: Poesia e Crença desde a Bíblia até os Nossos Dias.* São Paulo, Companhia das Letras, 1993.

BOLLE, Willi. *Fisiognomia da Metrópole Moderna: Representação da História em Walter Benjamin.* São Paulo, Edusp/Fapesp, 1994.

BORNHEIM, Gerd A. "Breves Observações sobre o Sentido e a Evolução do Trágico". *O Sentido e a Máscara.* São Paulo, Perspectiva, 1975.

BOSI, Alfredo (org.). *Leitura de Poesia.* São Paulo, Ática, 1996.

_____. *O Ser e o Tempo da Poesia.* São Paulo, Cultrix e Edusp, 1977.

_____. *Céu, Inferno.* São Paulo, Ática, 1988.

BOURDIEU, Pierre. *As Regras da Arte.* São Paulo, Companhia das Letras, 1997.

BROCH, Hermann. *Création Littéraire et Connaissance.* Trad. Albert Kohn. Paris, Gallimard, 1966.

BÜRGER, Peter. "O Declínio da Era Moderna". Trad. Heloísa Jahn. In: *Novos Estudos CEBRAP,* n. 20. São Paulo, mar. 1988, pp. 81-95.

_____. *Teoría de la Vanguardia.* Trad. Jorge García. Barcelona, Península, 1987.

CAMPOS, Haroldo de. "Uma Poética da Radicalidade", In: ANDRADE, Oswald. *Pau-Brasil.* São Paulo, Globo/Secretaria de Estado da Cultura, 1990.

Bibliografia

CANDIDO, Antonio. *Brigada Ligeira e Outros Escritos*. São Paulo, Unesp, 1992.

_____ . *Teresina etc*. Rio de Janeiro, Paz e Terra, 1980.

_____ . *A Educação pela Noite e outros Ensaios*. São Paulo, Ática, 1987.

_____ . *O Discurso e a Cidade*. São Paulo, Duas Cidades, 1993.

_____ . *Recortes*. São Paulo, Companhia das Letras, 1993.

_____ . *Literatura e Sociedade*. São Paulo, Nacional, 1985.

_____ . *Na Sala de Aula: Caderno de Análise Literária*. São Paulo, Ática, 1986.

_____ . *Vários Escritos*. São Paulo, Duas Cidades, 1995.

_____ . Entrevista concedida a José Pedro Renzi. *Praga: Revista de Estudos Marxistas*, n. 1, São Paulo, Boitempo Editorial, set.-dez. 1996, pp. 5-26.

CARONE, Modesto. *A Poética do Silêncio*. São Paulo, Perspectiva, 1979.

CHAMBERS, Ross. *Mélancolie et Opposition. Les Débuts du Modernisme en France*. Paris, Librairie José Corti, 1987.

CHAVES, Ernani P. *Mito e História. Um Estudo da Recepção de Nietzsche em Walter Benjamin*. São Paulo, FFLCH-USP, 1993 (Tese de Doutorado, mimeo).

CHEVALIER, Jean e GHEERBRANT, Alain. *Dicionário de Símbolos*. Rio de Janeiro, José Olympio, 1990.

CORBIN, Alain. *O Território Vazio: A Praia e o Imaginário Ocidental*. São Paulo, Companhia das Letras, 1989.

D'INCAO, Maria Ângela e SCARABÔTOLO, Eloísa F. (orgs.). *Dentro do Texto, Dentro da Vida: Ensaios sobre Antonio Candido*. São Paulo, Companhia das Letras/Instituto Moreira Salles, 1992.

ELIADE, Mircea. *Mito do Eterno Retorno*. Trad. José A. Ceschin. São Paulo, Mercuryo, 1992.

ELIOT, T. S. *Notas para uma Definição de Cultura*. São Paulo, Perspectiva, 1991.

_____ . *Ensaios*. São Paulo, ArtEditora, 1989.

_____ . *Sobre Poesia e Poetas*. São Paulo, Brasiliense, 1985.

ENZENSBERGER, Hans Magnus. "As Aporias da Vanguarda". Trad. Ana Maria Lima Teixeira. *Tempo Brasileiro: Vanguarda e Modernidade*, n. 26-27. Rio de Janeiro, jan.-mar. 1971, pp. 85-112.

_____ . *Com Raiva e Paciência: Ensaios sobre Literatura, Política e Colonialismo*. Rio de Janeiro, Paz e Terra, 1985.

ESCOREL, Lauro. *A Pedra e o Rio: Uma Interpretação da Poesia de João Cabral*. São Paulo, Duas Cidades, 1973.

FABRIS, Annateresa. *Portinari, Pintor Social*. São Paulo, Perspectiva/Edusp, 1990.

FIGURES de la Mélancolie. L'ecrit du temps, n. 13. Paris, Les Éditions de Minuit, Printemps 1987.

FREUD, Sigmund. *Obras Completas*. Madrid, Biblioteca Nueva, 1973, 3 vols.

Drummond: Da Rosa do Povo à Rosa das Trevas

_____ . "Luto e Melancolia". Trad. Marilene Carone. *Novos Estudos Cebrap*, n. 32. São Paulo, mar. 1992.

FRIEIRO, Eduardo. *O Diabo na Livraria do Cônego*. Belo Horizonte, Itatiaia, 1957.

FRYE, Northrop. *Anatomia da Crítica*. Trad. Péricles E. S. Ramos. São Paulo, Cultrix, s/d.

GUERREIRO RAMOS, Alberto. "A Dinâmica da Sociedade Política no Brasil". *Introdução Crítica à Sociologia Brasileira*. Rio de Janeiro, Editorial Andes, 1957.

GUINSBURG, Jacó (org.). *O Romantismo*. São Paulo, Perspectiva, 1978.

HAMBURGER, Michel. *La Verdad de la Poesía: Tensiones en la Poesía Moderna de Baudelaire a los Años Sesenta*. Trad. Miguel Ángel Flores e Mercedes Córdoba Magro. México, Fondo de Cultura Económica, 1982.

HEGEL, G. W. *Introducción a la Estética*. Trad. Ricardo Mazo. Barcelona, Península, 1985.

_____ . *Estética. Arte Simbólica*. Trad. Orlando Vitoriano. Lisboa, Guimarães, s/d.

HOLANDA, Sérgio B. de. *O Espírito e a Letra: Estudos de Crítica Literária*. Org. Antonio Arnoni Prado. São Paulo, Companhia das Letras, 1996, 2 vols.

IVO, Ledo. *Poesia Observada*. São Paulo, Duas Cidades, 1978.

JAKOBSON, Roman. *Lingüística. Poética. Cinema*. Trad. Francisco Achcar. São Paulo, Perspectiva, 1980.

JAMESON, Fredric. *O Inconsciente Político: A Narrativa como Ato Socialmente Simbólico*. Trad. Valter L. Siqueira. São Paulo, Ática, 1992.

_____ . *O Marxismo Tardio: Adorno, ou a Persistência da Dialética*. Trad. Luiz P. Rouanet. São Paulo, Unesp/Boitempo, 1997.

_____ . *Marxismo e Forma: Teorias Dialéticas da Literatura no Século XX*. Trad. Iumna M. Simon e Ismail Xavier. São Paulo, Hucitec, 1985.

JOHNSON, Randal. "A Dinâmica do Campo Literário Brasileiro (1930-1945)". Trad. Antonio Dimas. *Revista USP*, n. 26. São Paulo, jun.-ago. 1995, pp. 164-181.

JOLLES, A. *Formas Simples*. São Paulo, Cultrix, s/d.

KAYSER, Wolfgang. *Análise e Interpretação da Obra Literária*. Coimbra, Arménio Amado Ed., 1958, 2 vols.

KLIBANSKY, Raymond; PANOFSKY, Erwin e SAXL, Fritz. *Saturne et la Mélancolie: Études Historiques et Philosophiques: Nature, Religion, Médicine et Art*. Trad. Fabienne Durand-Bogaert e Louis Évrard. Paris, Gallimard, 1989.

LAFETÁ, João Luiz. *Figuração da Intimidade: Imagens na Poesia de Mário de Andrade*. São Paulo, Martins Fontes, 1986.

_____ . *1930: A Crítica e o Modernismo*. São Paulo, Duas Cidades, 1974.

LAPLANCHE, J. e PONTALIS, J.-B. *Vocabulário de Psicanálise*. São Paulo, Martins Fontes, 1983.

Bibliografia

LIMA, Luiz Costa. *Pensando nos Trópicos*. Rio de Janeiro, Rocco, 1991.

LOPES, Hélio. *Letras de Minas e Outros Ensaios*. Org. Alfredo Bosi. São Paulo, Edusp, 1997.

LÖWY, Michel. *Para uma Sociologia dos Intelectuais Revolucionários: A Evolução Política de Lukács (1909-1929)*. Trad. Heloísa Helena de Mello, Agostinho F. Martins e Gildo Marçal Brandão. São Paulo, LECH, 1979.

LUCAS, Fábio. *Mineiranças*. Belo Horizonte, Oficina de Livros, 1991.

LUKÁCS, Georges. *L'Âme et les Formes*. Trad. Guy Haarscher. Paris, Gallimard, 1974.

MAN, Paul de. *Alegorias da Leitura: Linguagem Figurativa em Rousseau, Nietzsche, Rilke e Proust*. Trad. Lenita R. Esteves. Rio de Janeiro, Imago, 1996.

MARAVALL, José Antonio. *A Cultura do Barroco*. Trad. Silvana Garcia. São Paulo, Edusp, 1997.

MARCUSE, Herbert. *Eros e Civilização: Uma Interpretação Filosófica do Pensamento de Freud*. Trad. Álvaro Cabral. Rio de Janeiro, Zahar, 1978.

MATOS, Olgária C. F. *Os Arcanos do Inteiramente Outro: A Escola de Frankfurt, a Melancolia e a Revolução*. São Paulo, Brasiliense, 1989.

_____. *Vestígios: Escritos de Filosofia e Crítica Social*. São Paulo, Palas Athena, 1998.

MELO NETO, João Cabral de. *Obra Completa*. Rio de Janeiro, Nova Aguilar, 1995.

MENNINGHAUS, Winfried. "Les Sciences des Seuils". In: WISMANN, Heinz (org.). *Walter Benjamin et Paris*. Colóquio Internacional, 27-29 jun., 1983. Paris, Cerf, 1986.

MEYERHOFF, Hans. *O Tempo na Literatura*. Trad. Myriam Campello. São Paulo, McGraw-Hill do Brasil, 1976.

MICELI, Sérgio. *Intelectuais e Classes Dirigentes no Brasil (1920-1945)*. São Paulo, Difel, 1979.

_____. *Poder, Sexo e Letras na República Velha*. São Paulo, Perspectiva, 1977.

MOTA, Carlos Guilherme. *Ideologia da Cultura Brasileira (1933-1974)*. São Paulo, Ática, 1985.

MORAES, Dênis de. *O Imaginário Vigiado: A Imprensa Comunista e o Realismo Socialista no Brasil (1947-1953)*. Rio de Janeiro, José Olympio, 1994.

MORAES, Eduardo Jardim de. *Limites do Moderno: O Pensamento Estético de Mário de Andrade*. Rio de Janeiro, Relume-Dumará, 1999.

MORIER, Henri. *Dictionnaire de Poétique et Rhetorique*. Paris, PUF, 1989.

MÜNSTER, Arno. *Ernst Bloch: Filosofia da Práxis e Utopia Concreta*. São Paulo, Unesp, 1993.

NEEDELL, Jeffrey D. *Belle Époque Tropical*. Trad. Celso Nogueira. São Paulo, Companhia das Letras, 1993.

Drummond: Da Rosa do Povo à Rosa das Trevas

NIETZSCHE, Friedrich. *Genealogia da Moral*. Trad. Paulo César Souza. São Paulo, Brasiliense, 1988.

_____. *Obras Incompletas*. Trad. Rubens Rodrigues Torres Filho. São Paulo, Abril Cultural, 1983.

NUNES, Benedito. *João Cabral de Melo Neto*. Petrópolis, Vozes, 1971.

OEHLER, Dolph. "Art Névrose: Análise Sócio-psicológica do Fracasso da Revolução em Flaubert e Baudelaire". *Novos Estudos Cebrap*, n. 32. São Paulo, mar. 1992, pp. 99-110.

_____. *Quadros Parisienses: Estética Antiburguesa. 1830-1848*. Trads. José Marcos Macedo e Samuel Titan Jr. São Paulo, Companhia das Letras, 1997.

_____. *Le Spleen contre l'oubli. Juin 1848. Baudelaire, Flaubert, Heine, Herzen*. Trad. Guy Petitdemange. Paris, Payot, 1996.

PAES, José Paulo. "O Pobre Diabo no Romance Brasileiro". *Novos Estudos Cebrap*, n. 20. São Paulo, mar. 1988.

PAQUOT, Thierry. *A Utopia: Ensaio Acerca do Ideal*. Trad. Maria Helena Kühner. Rio de Janeiro, Difel, 1999.

PÉCAUT, Daniel. *Os Intelectuais e a Política no Brasil: Entre o Povo e a Nação*. São Paulo, Ática, 1990.

PRAZ, Mario. *Literatura e Artes Visuais*. Trad. José Paulo Paes. São Paulo, Cultrix/Edusp, 1982.

PREMINGER, Alex & BROGAN, T. V. F. (eds.). *The New Princeton Encyclopædia of Poetry and Poetics*. New Jersey, Princeton University Press, 1993.

PUCELLE, Jean. *Le Temps*. Paris, PUF, 1967.

RAYMOND, Marcel. *De Baudelaire al Surrealismo*. Trad. Juan José Domenchina. México, Fondo de Cultura Económica, 1995.

RICOEUR, Paul. *De l'interprétation: Essai sur Freud*. Paris, Seuil, 1965.

ROUANET, Sérgio Paulo. *Édipo e o Anjo: Itinerários Freudianos de Walter Benjamin*. Rio de Janeiro, Tempo Brasileiro, 1981.

ROSENFELD, Anatol. *Texto/Contexto*. São Paulo, Perspectiva, 1969.

SARTRE, Jean-Paul. *Baudelaire*. Trad. Aurora Bernárdez. Madrid, Alianza Editorial, 1984.

_____. *Que É Literatura?* Trad.Carlos Felipe Moisés. São Paulo, Ática, 1993.

_____. "L'Engagement de Mallarmé". *Obliques,* n. 18-19, 1979.

SCHWARTZMAN, Simon. "O Intelectual e o Poder: A Carreira Política de Gustavo Capanema". In: VVAA. *A Revolução de 30: Seminário Internacional*. Brasília, UnB, 1983: 365-398.

SCHWARZ, Roberto. *O Pai de Família e outros Ensaios*. Rio de Janeiro, Paz e Terra, 1978.

_____. *Ao Vencedor as Batatas*. São Paulo, Duas Cidades, 1977.

Bibliografia

_____ . *Um Mestre na Periferia do Capitalismo: Machado de Assis*. São Paulo, Duas Cidades, 1990.

_____ . *Que Horas São?* São Paulo, Companhia das Letras, 1987.

_____ . *A Sereia e o Desconfiado*. Rio de Janeiro, Paz e Terra, 1965.

SILVA RAMOS, Péricles E. da. *Do Barroco ao Modernismo*. Rio de Janeiro, LTC, 1979.

SIMON, Iumna M. "Esteticismo e Participação". In: PIZARRO, Ana (org.). *América Latina: Palavra, Literatura e Cultura*. São Paulo, Memorial da América Latina; Campinas, Unicamp, 1993, vol. 3.

STAIGER, Emil. *Conceitos Fundamentais da Poética*. Rio de Janeiro, Tempo Brasileiro, 1975.

STAROBINSKI, Jean. *Montaigne em Movimento*. Trad. Maria Lúcia Machado. São Paulo, Companhia das Letras, 1993.

_____ . *Jean Jacques Rousseau: A Transparência e o Obstáculo*. Trad. Maria Lúcia Machado. São Paulo, Companhia das Letras, 1991.

_____ . *La Mélancolie au miroir: Trois lectures de Baudelaire*. Paris, Julliard, 1989.

STEINER, George. *Linguagem e Silêncio*. São Paulo, Companhia das Letras, 1988.

SUBIRATS, Eduardo. *Paisagens da Solidão: Ensaios sobre Filosofia e Cultura*. Trad. Denise Bottmann. São Paulo, Duas Cidades, 1986.

SUSSEKIND, Flora. "Rodapés, Tratados e Ensaios: A Formação da Crítica Brasileira Moderna". *Papéis Colados*. Rio de Janeiro, Editora UFRJ, 1993.

TORRES FILHO, Rubens Rodrigues. *Ensaios de Filosofia Ilustrada*. São Paulo, Brasiliense, 1987.

VALÉRY, Paul. *Variedades*. Trad. Maiza Martins de Siqueira. São Paulo, Iluminuras, 1991.

_____ . *Tel Quel 1: Cosas calladas. Moralidades. Literatura. Cuaderno B 1910*. Trad. Nicanor Ancochea. Barcelona, Les Ediciones Liberales/Editorial Labor, 1977.

_____ . *Oeuvres*. Org. Jean Hytier. Paris, Gallimard, 1957, 2 vols. (Bibliothèque de la Pléiade).

VERNANT, Jean-Pierre e VIDAL-NAQUET, Pierre. *Mito e Tragédia na Grécia Antiga*. Trad. Anna Lia, A. A. Prado, Filomena Y. H. Garcia e Maria da Conceição M. Cavalcante. São Paulo, Duas Cidades, 1977.

WILLIAMS, Raymond. *O Campo e a Cidade – na História e na Literatura*. Trad. Paulo Henriques de Britto. São Paulo, Companhia das Letras, 1989.

_____ . *The Modern Tragedy*. Londres, Penguin, 1966.

WISMANN, Heinz (org.). *Walter Benjamin et Paris*. Paris, Éditions du Cerf, 1986.

Título	Drummond: Da Rosa do Povo à Rosa das Trevas
Autor	Vagner Camilo
Projeto Gráfico e Capa	Ricardo Assis
Revisão	Geraldo Gerson de Souza
Editoração Eletrônica	Aline E. Sato Amanda E. de Almeida
Formato	16 x 23 cm
Tipologia	Sabon
Papel	Pólen Soft 80 g/m² (miolo) Cartão Supremo 250 g/m² (capa)
Número de Páginas	328
Fotolito	Binhos
Impressão e Acabamento	Lis Gráfica